DE L'ART

ET

DU BEAU

PARIS. — J. CLAYE, IMPRIMEUR

RUE SAINT-BENOIT, 7.

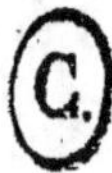

DE L'ART

ET

DU BEAU

PAR

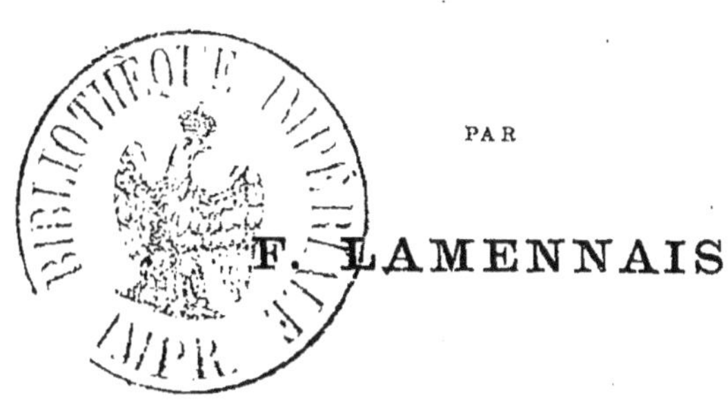

F. LAMENNAIS

Tiré du 3ᵉ volume de l'*Esquisse d'une philosophie.*

PARIS

GARNIER FRÈRES, LIBRAIRES-ÉDITEURS

6, RUE DES SAINTS-PÈRES, ET PALAIS-ROYAL, 215

1865

AVIS DES ÉDITEURS.

A l'époque où parut l'*Esquisse d'une philosophie* (1841), les critiques signalèrent avec enthousiasme dans ce livre inachevé les magnifiques chapitres sur l'*Art* et sur le *Beau*. Si l'ouvrage fut discuté, ces pages éloquentes eurent un succès sans contradicteur et prirent place dès lors parmi les plus belles que l'auteur ait écrites.

C'est cette partie du livre, détachée de l'ensemble et formant néanmoins un tout complet, que nous offrons séparément au public en un volume.

Au moment où l'art, sous prétexte de vérité et de naturel, semble ne viser qu'au trivial, au désenchantement de toutes choses, et glisse de plus en plus sur la pente du réalisme, il nous a semblé que cette éclatante protestation en faveur du beau idéal et des idées spiritualistes contre le matérialisme à la mode appelait une réimpression et offrirait aux lecteurs, outre l'attrait durable qui s'attache à de tels chefs-d'œuvre, un intérêt en quelque sorte nouveau, celui de l'actualité.

DE L'ART

ET

DU BEAU

CHAPITRE PREMIER.

CONSIDÉRATIONS PRÉLIMINAIRES.

Le développement de l'activité humaine dans ses rapports avec le monde physique, lié au développement intellectuel indéfiniment progressif, n'a comme lui aucunes bornes assignables. Il continue donc de s'opérer, et même avec une rapidité plus grande, à mesure que s'opèrent les développements de notre nature dans un autre ordre; et ces développements divers n'étant que les éléments du développement de cette même nature essentiellement une, ils s'enchaînent l'un à l'autre, ils se pénètrent l'un l'autre, se supposent et se produisent mutuellement.

Ainsi le développement dont l'Art est l'expression suppose le double développement des facultés de l'être organique par lesquelles, en relation avec le monde phénoménal, nous percevons le réel, et des facultés propres de l'être intelligent par lesquelles, en relation avec le monde des essences, nous percevons le Vrai. Car l'Art implique le Beau essentiel, immuable, infini, identique avec le Vrai dont il est l'éternelle manifestation, et quelque chose qui le rende accessible à nos sens, qui le détermine au sein de la Création contingente; et comme le Vrai ou l'Être infini est, dans son unité, la source d'où dérive l'inépuisable variété des êtres finis qui le manifestent dans l'univers, le Beau infini est la source d'où dérive le Beau créé, ou la variété inépuisable des formes limitées qui le manifestent dans l'espace et le temps.

L'intelligence pure perçoit le Vrai, l'idée dans sa pure essence, indépendamment des conditions qui la spécifient dans un être effectif; elle perçoit, par exemple, la sphère idéale abstraitement séparée de toutes ses manifestations possibles au sein du monde phénoménal. Mais dans l'ordre selon lequel s'opère le développement de l'homme, avant de percevoir l'idée pure, il la perçoit sous les conditions de son existence créée, unie au phénomène, incarnée dans le phénomène, manifestée par le phénomène. Or la manifestation de l'idée, du Vrai par le phénomène, étant proprement le Beau fini, le Beau qui est l'objet de l'Art, il s'ensuit que l'homme a le sentiment, la perception du Beau avant d'avoir celle du Vrai pur, et qu'ainsi, sous ce rapport, l'Art précède la Science. Cependant, comme on le voit, l'Art implique essentiellement l'intelligence, puisqu'il implique la vision de l'idée, et ses progrès dépendent en partie du progrès de l'intelligence, puisqu'il doit s'élever d'autant plus que l'intuition de l'idée est plus nette et plus vive. De là vient qu'aucun œuvre d'art ne sauroit être exécuté par des forces purement mécaniques. L'instrument de l'art doit être nécessairement intelligent. Tout ce que font les machines est du métier.

Puisque le Beau n'est, dans son essence, que la manifestation du Vrai, et que rien ne sauroit être manifesté que par la forme qui détermine et spécifie l'Être, il s'ensuit que le Beau est l'Être même en tant que doué de forme, et qu'ainsi la forme est l'objet propre de l'Art, non pas simplement la forme nécessaire, immatérielle, éternelle de l'idée pure, mais cette même forme réalisée sous les conditions de l'étendue dans le monde contingent des phénomènes, et conséquemment l'Art implique deux éléments inséparables, l'élément spirituel ou idéal dont le type premier est l'infini, l'élément matériel dont le type premier est le fini. L'un correspond à l'unité primordiale, absolue, et se résout en elle; l'autre aux manifestations limitées, partielles, diverses, dès lors, de cette unité première, et se résout en elles. Le rapport naturel de ces deux éléments, l'unité et la variété, constitue l'harmonie essentielle à l'Art.

On voit encore qu'il a, par l'un de ses éléments, une relation directe aux sens et aux facultés organiques, à l'aide desquelles nous percevons les existences phénoménales. Le tact, à cet égard, en offre comme une origine obscure, au degré où il peut produire la perception des formes. Mais ses développements dépendent tout entiers du sens de la vue et du sens de l'ouïe, immédiatement relatifs à la lumière et au son, ou aux deux moyens généraux de la manifestation de la forme. D'ailleurs la vue et l'ouïe, nous reportant au dehors de nous, sont les sens propres de l'intelligence qui perçoit le Beau dans sa source, dans son essence et son unité. Le goût et l'odorat, au contraire, nous ramènent au dedans de nous, à notre individualité, à notre organisme, en nous concentrant dans la sensation, et en outre ils ne produisent pas la perception de la forme.

Dans sa partie sensible ou dans celui de ses

éléments dont le type premier est le fini, l'Art est donc uniquement relatif au sens de la vue et de l'ouïe. Les autres sens n'ont avec lui qu'une liaison éloignée, occasionnelle et presque nulle, ou plutôt lui sont, au toucher près, complétement étrangers. Notre nature, sous ce rapport, détermine dans l'Art deux grandes divisions correspondantes, l'une au sens de la vue, l'autre au sens de l'ouïe. De secrets liens les unissent sans doute, elles ont l'une et l'autre une source commune, un terme commun; mais elles sont en même temps spécifiées par des différences aussi réelles, aussi profondes que le sont pour nous ces deux modes divers de percevoir et de sentir.

L'Art impliquant le sensible, le fini, comme un de ses éléments, Dieu n'est point l'objet de l'Art. Mais, sous la forme finie, extérieure, sensible, qui est l'objet de l'Art, se révèle quelque chose de lui, c'est-à-dire le type immatériel de cette même forme, l'éternelle idée qu'elle manifeste et qui l'illumine comme un rayon du Beau infini.

Le Beau infini est le Verbe ou le resplendissement, la manifestation de la forme infinie qui contient dans son unité toutes les formes individuelles finies.

Plus une forme finie s'en rapproche ou plus elle implique dans son unité relative de formes diverses harmoniquement liées, plus elle a de beauté ou plus elle participe au Beau infini, éternel.

Cependant la beauté dans la créature a encore une étroite relation au Bien, parce que le Beau et le Bien se résolvent dans le Vrai, qui est leur commun principe.

Supposez une forme de l'ordre le plus élevé réalisée dans l'univers, cette forme incarnée constituera un être individuel, et cet être, dont la forme est impérissable, pourra être ou bon ou mauvais : d'où un double caractère de la même forme indivisible, selon la diversité des rapports dans lesquels l'être qu'elle spécifie est avec Dieu, selon que par son amour prédominant il tend vers lui ou vers soi, selon qu'il viole les lois qui doivent le ramener au centre universel, ou qu'il y obéit; car l'amour aussi s'empreint dans la forme et s'y manifeste. Appliquons ceci à un exemple que nous puiserons dans les croyances chrétiennes, parce qu'il éclairera d'autant mieux notre pensée que ces croyances sont plus absolues.

Au point de vue du christianisme, le Beau essentiel, en tant qu'objet de l'Art, c'est-à-dire manifesté sous les conditions de la limite ou de l'organisme, est le Christ, en qui l'idéal existe à son plus haut degré. Qu'est-ce, en effet, que le Christ? Le Verbe *fait chair*, le Dieu-Homme, l'être en qui l'amour substantiel a consommé l'union du fini et de l'infini, et qu'il pénètre, qu'il anime, comme il anime Dieu même. Le Verbe est descendu jusqu'à l'humanité, l'humanité s'est élevée jusqu'au Verbe. Sous cette forme sensible, expression de notre nature, resplendit la forme incréée, inaccessible aux sens, en qui se contemple le souverain Être et par laquelle il se connoît. Le Créateur et la Création que l'homme résume en soi, sont là tout ensemble distincts et un, celui-là incorporé dans son œuvre, celle-ci spiritualisée dans son exemplaire éternel. C'est le Beau complet, le Beau dans ses rapports avec le Vrai et le Bien.

Le Beau dans ses rapports avec le faux et le mal, le Beau séparé de Dieu ou correspondant à l'individualité pure, a son type dans Satan, la plus parfaite des natures créées, mais la plus éloignée de Dieu, la plus perverse, la plus souffrante. La forme reste avec sa beauté essentielle, impérissable, et l'on frémit en la voyant. Le mal est là, l'idéal du mal incarné dans cette forme. Les ténèbres rayonnent de cette face, la haine scintille dans ces yeux, l'orgueil inflexible siége sur ce front. Cette forme ravissante, isolée du Créateur, isolée de la Création, est suspendue dans le vide comme un météore effrayant.

Il y a donc deux genres de beauté, la beauté matérielle ou individuelle de la forme, et la beauté idéale de cette même forme où resplendit le Beau infini de qui elle découle et auquel elle demeure unie. De l'union de ces beautés résulte la Beauté suprême, sous le point de vue de l'Art.

La beauté déchue, concentrée en soi et dès lors en rapport inverse avec le Beau infini, est encore beauté, en ce sens qu'elle exprime la nature essentielle de l'être, son type idéal, éternel; mais cette beauté même, modifiée par l'état désordonné de l'être ou exprimant aussi cet état, s'empreint d'un caractère qui repousse et glace, comme une manifestation du mal. Dans les teintes louches et flétries de la fleur, vous découvrez les traces de la larve hideuse qui la dévore intérieurement et l'infecte de son venin.

Le laid est ou une forme qui nous répugne, par une secrète disconvenance avec notre mode particulier de sentir, mais celui-ci n'est que relatif, ou une disproportion marquée dans une forme naturelle, une violation de ses lois harmoniques, et c'est le laid absolu. La laideur, néanmoins à travers laquelle reluit, en quelque sorte, le Beau idéal dans ses relations avec le Vrai et le Bien, peut occuper dans l'Art un rang plus élevé, plaire davantage, toucher, émouvoir plus profondément que la simple beauté physique.

Quelques-uns ont cherché le principe de l'Art dans l'imitation. Évidemment l'imitation en est un des éléments, mais elle n'en est pas le principe. L'Art n'est qu'une face du développement de l'homme, de ses puissances actives. Il naît d'un ordre de besoins nouveaux que produit en lui l'évolution de ses facultés supérieures, il marque une phase de sa croissance. Absorbé d'abord dans la vie purement physiologique, son action première, déterminée par d'aveugles appétits relatifs au corps, a pour unique but de les satisfaire. Il tend à l'utile exclusivement, en cela semblable à l'animal privé d'intelligence, de la vision du Vrai, et par là même du sentiment du Beau. Dès que ce sentiment apparoît dans l'homme, il se manifeste dans ses œuvres où commence à briller la lumière nouvelle qui l'illumine intérieurement. Comme les rayons réfractés par l'atmosphère dissipent peu à peu les ténèbres de la nuit et annoncent le lever de l'astre caché encore sous l'horizon, l'Art annonce le lever de la science dont il est l'éclatante aurore. Car tout se tient, tout s'enchaîne : aucun progrès ne s'opère brusquement, ne s'accomplit dans une sphère isolée. Ce qui a précédé l'Art, ce qui le suit, en est inséparable. Le Beau qui implique le Vrai, implique aussi l'utile; il s'unit, s'incorpore à lui. Leurs lois, quoique diverses, se lient en vertu d'une harmonie

1.

fondamentale qui les ramène à l'unité. Les proportions les plus parfaites dans leur rapport avec le Beau sont également les plus parfaites dans leur rapport avec l'utile. Dans un organisme vivant, les formes les plus belles sont en même temps les mieux appropriées à leurs fonctions. Nul art ne dérive de soi, ne subsiste par soi-même, pour ainsi dire solitairement. *L'Art pour l'art* est donc une absurdité. Le perfectionnement de l'être dont il manifeste les progrès en est le but. Il est comme le point de concours de ses besoins physiques et de ses besoins intellectuels et moraux, et les arts, en effet, peuvent être classés selon leur relation à ces besoins divers. Du besoin de se créer des abris, des demeures de plus en plus commodes et du désir de les orner; du besoin de s'assembler pour accomplir des actes soit religieux, soit civils, est née l'architecture avec ses annexes, la sculpture, la peinture, qui se développent sous l'influence de plusieurs autres besoins inhérents à la nature supérieure de l'homme. Sœur de la poésie, la musique opère la liaison des arts qui s'adressent directement aux sens avec les arts propres de l'esprit, et leur objet commun est de satisfaire des besoins de l'ordre moral, de seconder les efforts de l'humanité pour atteindre sa fin, de la soulever de la terre et de lui imprimer un mouvement perpétuel d'ascension. Se figure-t-on un art qui ne soit bon à rien ? un art de bâtir sans un but d'utilité pratique ? un art de la parole indépendant de l'effet que la parole doit produire, et un effet de ce genre qui, bon ou mauvais, n'ait pas en soi, et dans celui qui l'a cherché, voulu, un caractère moral ? Non-seulement donc l'Art a sa racine dans les puissances natives, radicales, essentielles de l'homme, il en est l'exercice, la manifestation sous un certain mode ; mais encore, en unissant les lois de l'organisme aux lois de l'intelligence et de l'amour, il les dirige vers le même terme, la perfection de l'être dans ce que sa nature contient de plus élevé : merveilleux enchaînement qui nous fait comprendre par ce qui se passe en nous l'harmonie de tous les ordres d'êtres, leurs relations mutuelles, leur commune tendance, et l'unité de la Création, image et reflet de l'unité de Dieu même.

De ces considérations, il s'ensuit que l'Art n'est point arbitraire, qu'il ne dépend point des fantaisies capricieuses d'une pensée sans règle, qu'ayant, comme les êtres eux-mêmes, des conditions essentielles, nécessaires d'existence et de développement, on ne peut, sans le détruire, ni en changer les bases à jamais invariables, ni en altérer les lois. Ces lois résultant de l'union des lois de l'ordre physique et des lois de l'ordre intellectuel, l'Art, sous ce rapport, correspond à la faculté qu'on a nommée imagination, ou au pouvoir que l'homme possède de revêtir l'idée d'une forme sensible qui la manifeste extérieurement, d'incarner dans la Nature les types éternels, et l'Art est pour l'homme ce qu'est en Dieu la puissance créatrice : d'où le mot de *poésie*, dans la plénitude de sa primitive acception [1].

Cependant, si les œuvres de l'Art dépendent radicalement de la nature des choses et de leurs lois, sur lesquelles l'homme ne peut rien, ils dépendent encore de la manière dont il sent et conçoit ces mêmes choses. L'artiste se manifeste donc individuellement dans son œuvre, il lui imprime son caractère propre, nouvelle source de variété. Et, comme l'individu est lui-même l'expression du milieu social où il vit, que nul n'échappe à l'influence de tout ce qui constitue la société humaine à une époque déterminée, à l'influence des doctrines reçues, des croyances établies, de la civilisation, des mœurs, de la philosophie, de la religion, l'Art, chez les différents peuples, aux différentes périodes de leur développement et du développement général de l'humanité, dont il représente les états successifs, éprouve des modifications profondes. Le Beau en est l'immuable objet, mais l'esprit l'aperçoit sous des aspects divers ; et ce qu'il importe d'observer,

---

1. Ποίησις, de ποιεῖν, faire, produire, créer.

c'est qu'à mesure que la conception s'agrandit et se rapproche de son terme, le Vrai infini, l'Art aussi s'agrandit et se rapproche de son terme ou du Beau également infini. Par où l'on voit que l'Art est, ainsi que la science, indéfiniment progressif, qu'il est absurde de supposer qu'il existe pour lui une limite dernière éternellement infranchissable. Ce qui trompe à cet égard, c'est qu'au lieu de considérer l'Art dans ses relations générales avec le Vrai, d'où émane le Beau, on le considère dans ses relations avec une conception particulière du Vrai. Or, cette conception une fois reproduite, aussi parfaitement qu'elle peut l'être, sous la forme qui est celle de l'Art, il est certain que l'Art, ayant épuisé le type fini du Beau correspondant à cette conception finie du Vrai, et ne pouvant aller au delà, ne sauroit désormais, ou que tourner dans le même cercle, ou que décliner et se corrompre. Il faut pour avancer qu'il sorte de la voie déjà parcourue, que, par une conception plus parfaite du Vrai et du Bien, il découvre un type plus parfait du Beau; et comme la conception croît toujours, se développe toujours, l'Art pareillement croît et se développe, sans qu'il soit possible d'assigner à son progrès aucunes bornes. On doit bien entendre néanmoins que le progrès, continu dans le genre humain perpétuellement jeune, ne l'est pas dans chaque peuple qui vieillit et meurt comme l'individu ; et qu'en outre il offre, par la nature même de ses conditions, d'apparentes intermittences. Car, pendant que s'opère l'enfantement de la société nouvelle encore inconnue, pendant que s'élabore au fond de l'intelligence générale la conception correspondante au type futur du Beau, l'Art sommeille, ou ne présente que des reproductions altérées de l'ancien type, de froides imitations que n'anime point le souffle de vie, et des efforts en partie aveugles, d'imparfaites ébauches où se révèle seulement une sorte de vue lointaine et confuse du modèle que peu à peu le temps dévoilera.

CHAPITRE II.

Comme nous l'avons indiqué déjà, la notion de l'Art implique radicalement celle de création : car créer, c'est manifester extérieurement une idée préexistante, la revêtir d'une forme sensible; et Dieu, que Platon, dans son langage si poétiquement profond, appeloit l'*éternel géomètre,* est aussi le suprême artiste : son œuvre, c'est l'univers.

Qu'est-ce, en effet, que l'univers? la manifestation finie de l'Être infini, la réalisation extérieure et sensible des types immatériels qui subsistent distinctement dans son unité. Ainsi, Dieu étant lui-même le modèle qu'il reproduit au dehors en le créant, l'artiste divin s'exprime dans son œuvre, s'incarne en lui, se révèle par lui, et son œuvre dès lors manifestant, sous les conditions de la limite essentielle à la Création, l'Être ou le Vrai infini, manifeste le Beau infini, mais réfracté en quelque sorte, brisé, dispersé par l'épais milieu du monde des phénomènes, comme le rayon solaire se brise et se décompose dans le prisme.

Ici encore apparoît, sous un aspect nouveau, l'étroit enchaînement des différents ordres de faits accessibles à notre observation, et la féconde simplicité des causes premières qui se spécifient en chacun d'eux. Toute forme contingente ou matérielle représente son type idéal, et chaque type idéal, appartenant à l'unité de la forme divine, la reflète partiellement. Si donc tous les types subsistants en Dieu étoient actuellement réalisés, l'univers seroit l'expression parfaite de la forme parfaite ou infinie. Mais l'infini étant contradictoire à son essence, il s'ensuit que l'infini est le terme idéal dont il s'approche indéfiniment, sans jamais l'atteindre ; qu'ainsi l'œuvre de Dieu est éternellement progressif, et que, par la variété toujours croissante des formes finies harmoniquement liées entre elles, l'art divin tend incessamment à reproduire l'unité de la forme infinie, ou le Beau absolu et primordial.

Les lois de l'Art ne sont donc que les lois mêmes de la Création, sous une autre face, et cela doit être, puisque le Beau, objet propre de l'Art, n'est que le Vrai, identique lui-même avec l'Être.

Le sentiment du Beau naît en effet pour nous du spectacle de l'univers, lorsque, par la vision des idées, nous lions aux formes contingentes leurs types nécessaires ; lorsque à travers l'enveloppe matérielle visible à l'œil de chair, l'esprit découvre l'invisible essence. La Création prend alors un nouvel aspect, elle s'anime, se spiritualise ; tout un monde voilé jusque-là vit et palpite au sein du monde phénoménal. Sous chaque forme·passagère, en chaque être fugitif, reluit l'exemplaire éternel ; et comme Dieu se contemple en soi, dans les idées qui le manifestent à ses propres regards selon tout ce qu'il est, l'homme le contemple dans ces mêmes idées réalisées extérieurement. Inséparables de sa substance qu'elles déterminent en l'informant, elles sont en lui son être même, et son être est le lieu indivisible, immense, qu'il habite et qu'il remplit de soi. Incarnées au dehors de lui par la puissance créatrice, elles deviennent les êtres réels dont l'ensemble forme l'univers ; et Dieu, présent à tout ce qui est, puisque tout ce qui est tire de lui son être, est une effusion de son unité inépuisable et inaltérable, Dieu habite aussi, remplit de soi l'univers ; et l'univers, dès lors, selon la belle pensée des anciens, est vraiment le Temple de Dieu, le sanctuaire enveloppé d'une mystérieuse lumière, où il réside visible et caché.

Connoître, comprendre l'œuvre divin, voilà la Science ; le reproduire sous des conditions matérielles ou sensibles, voilà l'Art ; et ainsi l'Art entier

se résume dans l'édification du Temple, image imparfaite et finie du modèle infini en Dieu de la Création progressive. Comme, en effet, la Création est le
temple que Dieu s'est construit, la demeure qu'il
s'est faite au sein de l'espace, et où resplendit dans
ses innombrables reflets le Beau absolu; le temple
construit des mains de l'homme représente pour lui
la Création telle qu'il la connoît et la conçoit dans
sa cause première et dans les effets de cette cause
continuellement féconde, dans son unité et sa variété, dans ses lois de tout ordre, dans ses relations
avec la puissance, l'intelligence, l'amour, qui la
réalisent incessamment. Il est l'expression la plus
complète de la conception qu'il a du Vrai, du sentiment qu'il a du Beau, le centre où aboutissent, où
se combinent et s'unissent dans un harmonieux ensemble les manifestations de sa nature intellectuelle
et morale.

La Création émane de Dieu et tend à le reproduire par une évolution sans terme qui la dilate indéfiniment dans l'espace; et, en se dilatant, elle se
réfléchit vers son éternel principe, gravite vers lui;
aspire à s'unir à lui, à s'absorber en lui; et ces
deux mouvements qui représentent et la loi selon
laquelle elle existe et se développe, et la fin pour
laquelle elle existe et se développe, le mode essentiel de son existence et la raison de son existence,

accomplissent par là même en elle l'intime union de l'unité et de la variété, de l'infini et du fini.

Le temple aussi émane de la Divinité qui le remplit de soi, il est l'évolution plastique de l'idée que l'homme a d'elle, de sa nature et de son action manifestée dans l'univers; elle en est tout ensemble et la puissance génératrice, et la forme typique et la vie. Du sanctuaire qu'elle habite invisiblement, le temple, pour ainsi parler, rayonne au dehors, se dilate dans l'espace; et, par un mouvement opposé, toutes les parties du temple, étroitement liées entre elles, convergent vers le sanctuaire, gravitent vers le point central où réside leur principe, leur raison essentielle et primordiale, aspirent à se pénétrer, à se confondre en lui, pour accomplir l'union parfaite de la variété et de l'unité, du fini et de l'infini.

Le caractère du temple étant déterminé par une conception précédente de Dieu et de son œuvre, et des lois de son œuvre, évidemment il se modifie suivant la différence des conceptions philosophiques et religieuses; d'où les diversités que l'Art présente chez les divers peuples, et quelquefois chez le même peuple à des époques diverses. Ainsi l'art oriental et l'art égyptien diffèrent profondément de l'art grec, qui ne diffère pas moins de l'art chrétien, quoique, dans leur diversité même, ces arts dérivés de conceptions dissemblables conservent toujours quelque chose de commun, correspondant à l'unité de l'intelligence humaine. Voulant donc en ce moment embrasser d'une vue générale les branches principales de l'Art, leur génération et leur enchaînement, sans nous occuper encore des caractères particuliers qu'il peut revêtir, nous le considérerons tel qu'il se produit et se développe dans le temple chrétien.

Selon les dogmes du christianisme, le monde a été donné pour demeure à l'homme, qui, déchu de l'état d'innocence où Dieu l'avoit créé, et ayant entraîné la nature dans sa chute, accomplit sur la terre une vie d'épreuves et d'expiation, vie passagère dont le terme doit être l'éternelle possession de Dieu, avec lequel le Verbe incarné, le Dieu-Homme, le second Adam, chef et sauveur de l'humanité qu'il résume en soi, l'a réconcilié par le volontaire sacrifice de lui-même. L'homme donc, voyageur ici-bas, aspire à sa vraie patrie, s'avance vers elle souffrant et pleurant, jusqu'à ce que, ayant déposé sa dépouille périssable, il aille attendre, au sein des joies promises à ceux qui auront cru, espéré, aimé, le jour formidable aux pécheurs, glorieux pour les justes, où, revêtant de nouveau son enveloppe corporelle, mais spiritualisée, impassible, immortelle désormais, il se transfigurera, et avec lui la nature entière [1], comme le Christ sur le Thabor.

Le temple chrétien représente donc cette conception de Dieu et de son œuvre ; il représente la Création dans son état présent et dans ses rapports avec l'état, les lois et les futures destinées de l'homme. Symbole de la divine architectonique, le corps de l'édifice semble, ainsi que le modèle dont il reproduit le type idéal, se dilater indéfiniment, et, sous ces voûtes élevées qui s'arrondissent comme celle des cieux, il exprime, par ses fortes ombres et la tristesse de ses demi-jours, la défaillance de l'univers obscurci depuis la chute. Une douleur mystérieuse vous saisit au seuil de cette sombre enceinte, où la crainte, l'espérance, la vie, la mort, exhalées de toute part, forment, par leur mélange indéfinissable, une sorte d'atmosphère silencieuse, qui calme, assoupit les sens, et à travers laquelle se révèle, enveloppé d'une lueur vague, le monde invisible. Une secrète puissance vous attire vers le point où convergent les longues nefs, là où réside voilé le Dieu rédempteur de l'homme et réparateur de la Création, et d'où émane la vertu plastique qui imprime au temple sa forme. Dans ses axes croisés il offre l'image de l'instrument du salut

---

1. *Et vidi cœlum novum et terram novam. Primum enim cœlum, et prima terra abiit, et mare jam non est.* Johan., *Apoc.*, c. XXI, I.

universel ; au-dessus, celle de l'arche, unique asile, aux jours du déluge, des espérances du genre humain, et emblème toujours vrai du pénible voyage de l'homme sur les flots de la vie. Les courbures ogivales des arceaux, les flèches qui de partout s'élancent dans l'espace sans bornes, le mouvement d'ascension de chaque partie du temple et du temple entier, exprime aux yeux l'aspiration naturelle, éternelle, de la créature vers Dieu, son principe et son terme.

Tel est le commencement de l'Art, sa manifestation première dans ses relations avec l'idée chrétienne. Il élève une demeure à Dieu sur le modèle de celle que Dieu s'est faite lui-même, et Dieu remplit de soi le temple, image symbolique de la Création, comme il remplit de soi l'univers. Tous les arts sortiront de cet art initial par un développement semblable à celui de la Création même. Les êtres renfermés dans le monde naissant où ils n'ont qu'une existence virtuelle se dégagent peu à peu, s'individualisent dans le tout qui en contenoit le germe. Ainsi, de l'architecture, leur matrice commune, se dégagent, par une sorte de travail organique, les arts divers qu'elle contenoit virtuellement, et qui, toujours unis à elle, quoique distincts d'elle, s'individualisent à mesure que s'opère cette évolution correspondante à l'évolution de l'univers.

La surface solide de la terre se revêtit d'abord de végétaux de toute espèce, depuis l'humble mousse et le lichen rampant, jusqu'au cèdre dont la cime ondoie dans les nuées. Puis apparurent les animaux doués d'une vie plus puissante, de mouvement spontané, de sensibilité, d'instinct; puis enfin l'homme orné du don incomparable de l'intelligence.

Le temple a aussi sa végétation. Ses murs se couvrent de plantes variées; elles serpentent en guirlandes le long des corniches et des plinthes, s'épanouissent dans les ouvertures laissées à la lumière, se glissent sur les nervures des cintres, embrassent, comme la liane des forêts, les formes sveltes des pyramides semblables à des pointes de rocher, et montent avec elles dans les airs, tandis que le tronc des colonnettes pressées en faisceau se couronne de fleurs et de feuillage. La pierre s'anime de plus en plus; des multitudes d'êtres nouveaux, d'êtres vivants, se produisent au sein de cette magnifique Création que l'homme vient compléter et qu'il résume dans sa noble image.

La sculpture, on le voit, n'est que le développement immédiat de l'architecture. Elle procède d'elle naturellement, organiquement pour ainsi dire. Qu'est-elle, en effet, d'abord? Quelque chose d'inachevé, d'embryonnaire, un simple relief qui, croissant peu à peu selon les lois de sa forme, se détache enfin du milieu où il a pris naissance, comme l'être organisé, après avoir acquis les conditions de sa vie propre, se détache des entrailles maternelles.

Mais la sculpture ne reproduit qu'imparfaitement les merveilleuses richesses de l'œuvre de Dieu. Elle ne sauroit rendre les effets variés de la perspective, de la lumière et des couleurs, ni rassembler sous un seul point de vue, en un cadre étroit, les objets si divers que la Nature offre à nos regards dans leur harmonieux ensemble, et les scènes compliquées de la vie. De là une nouvelle branche de l'Art, la peinture. Et voyez comme son développement s'enchaîne à ceux qui ont précédé, n'en est que l'extension, le complément. Ces voûtes grises et ternes, le ciel du temple, prennent une teinte azurée : les reliefs se colorent. A ce premier moment, la peinture, encore absorbée dans la plastique, commence à peine à naître. Son enfantement s'achève, elle vit maintenant d'une vie distincte, et cette vie est dans l'Art ce qu'est dans l'univers celle qui développe les êtres innombrables en qui la forme se manifeste dans son infinie variété, la puissante vertu qui réalise au sein du monde phénoménal les essences éternelles, en les revêtant d'une enveloppe sensible. Il n'est rien, en effet, que la peinture ne représente à la vue; elle achève, sous ce rapport, la création du temple, reproduction humaine de l'œuvre divin; et, en reproduisant la forme extérieure des êtres, elle reproduit encore ce qu'il y a de plus intime en eux, l'esprit qui les anime, les sentiments, les idées mêmes, dans leur manifestation relative au sens destiné à percevoir la lumière. La lumière elle-même se colore de mille nuances diverses, en pénétrant à l'intérieur de l'immense édifice à travers des fleurs transparentes dont elle projette au loin les reflets; et cette lumière tout à la fois idéale et réelle, vague splendeur d'un astre mystérieux, prête aux formes, dont le temple est peuplé, une expression indéfinissable.

Mais ces formes créées par l'Art ne se meuvent pas; le temple n'offre pas encore une complète réalisation de son type, l'univers, car dans l'univers nul repos, tout y est en mouvement, et ce mouvement, réglé par des lois constantes, manifeste sous un autre aspect l'ordre, l'harmonie, la variété dans l'unité, et l'éternel développement de l'être. Or, la puissance de l'homme a des bornes infranchissables. Il ne sauroit transmettre à ses œuvres la vie dont la source n'est pas en lui, souffler sur la pierre et l'animer. Que fera-t-il donc pour exprimer sa conception des choses dans leur rapport avec le mouvement, pour la ramener dans la sphère de l'Art? Toutes les religions, quelles qu'elles fussent, ont résolu ce problème, car toutes ont eu leurs danses sacrées, analogues à leur caractère. Dans les religions de la Nature, les chœurs représentoient par des évolutions symboliques les mouvements, tels qu'on les concevoit, des corps célestes dans leurs orbites, les révolutions apparentes du soleil et de ses satellites autour de la terre qu'il féconde, et les phénomènes généraux des forces génératrices. Le christianisme pour qui la Nature n'est que la voie qui conduit à Dieu, le christianisme préoccupé principalement de la régénération spirituelle de l'homme, a aussi ses chœurs dont les mystiques évolutions expriment, non les mouvements du monde matériel, mais le mouvement final de la créature vers Dieu dans ses relations avec les mystères de la foi chrétienne, et avec le Dieu-Homme, le Verbe incarné, invisible et présent sous les voiles du sanctuaire.

Ici commence pour l'art une autre série de développements en rapport avec l'ouïe et le son, comme les premiers sont en rapport avec la vue et la lumière, ceux-ci plus extérieurs, ceux-là plus intimes, plus rapprochés des opérations pures de l'esprit. A mesure que les êtres s'élèvent, la forme que l'œil perçoit exprime moins leur nature. Un autre moyen devient nécessaire pour la manifester, et si l'univers étoit muet, ce que l'univers contient de plus parfait resteroit enseveli dans des ténèbres éternelles. Mais la Création a une voix qui se spécifie dans chaque ordre d'êtres, et dans chaque espèce d'êtres, et dans chaque être individuel. Et puisque le temple exprime la Création, en est l'image, la reproduction plastique, le temple aussi a sa voix qui, se modifiant par de successifs degrés, comme celle de la Création, donne naissance à des arts divers, issus d'une commune racine.

Cette racine, en ce qui touche l'élément sensible de l'Art, est le son ou la voix universelle en qui rien ne s'est encore individualisé. Reportez-vous par la pensée au fond des vastes solitudes d'un monde nouveau, de ses forêts, de ses savanes traversées par des fleuves sans nom, de ses montagnes d'où se précipitent d'impétueux torrents, du pied desquelles s'échappent d'innombrables ruisseaux qui lentement coulent sur un lit de mousse, ou s'épanchent en nappes sur les prairies de la vallée, et prêtez l'oreille. De tout cela il s'élève une voix formée de mille voix, de la voix des grandes eaux et de celle des sources qui tombent goutte à goutte des rochers; de la voix des vents qui bruissent dans la cime des arbres et murmurent dans l'herbe, de la foudre qui déchire les nuées; de la voix des myriades d'êtres vivants qui pullulent au sein de ce monde primitif. Cette voix est la voix de la Nature, indistincte, confuse, mais majestueuse, solennelle, immense, pleine de mystère et de vagues émotions.

Des profondeurs du temple sort pareillement une voix qui monte dans les airs et se propage au loin. Solennelle aussi, mystérieuse, et comme l'écho d'un monde invisible, elle remue les secrètes puissances de l'homme, elle éveille en lui toute une vie interne, assoupie jusqu'alors. Qui, dans la campagne, vers le soir, à l'heure où s'éteignent les feux du couchant, où la nuit étend ses ailes sombres sur les bois, les prés, les buissons, les eaux, pour abriter le sommeil des pauvres créatures fatiguées ; qui, à cette heure de calme et de silence, quand vient à soupirer la cloche du hameau, ne se sent pas comme emporté en des régions inconnues, aériennes, peuplées de formes indécises, de pensées rêveuses et de pressentiments infinis ?

Cette voix correspondante à la voix de la Nature, se spécifie comme elle, s'individualise en chacun des éléments divers qu'elle contient virtuellement, se développe pour manifester la variété dans l'unité. Tous les arts dérivés du son se produisent, s'engendrent l'un l'autre, à mesure qu'achève de se réaliser la Création humaine. Pénétrez au dedans du temple : un mystère de vie va s'y accomplir. La sculpture, la peinture y ont semé avec profusion les êtres de tout ordre. Déjà vous les voyez tressaillir, en quelque façon, par le jeu des ombres mobiles et de la mystique lumière que projettent entre les hautes arches les lampes et les torches enflammées. Sous l'influence de cette lumière, les fleurs qu'elle colore ouvrent leur calice, exhalent leurs parfums. Puis, soudain, l'air frémit; une voix retentit sous les longues voûtes, d'autres voix lui répondent; elles se mêlent sans se confondre; les ondes harmonieuses se plient, se replient, s'entrelacent, s'affoiblissent, s'enflent, s'affoiblissent encore, pressent leur mouvement, le ralentissent. On entend le tonnerre gronder, les vents murmurer, et, au milieu de ces bruits formidables de la nature inanimée, les accents doux, joyeux, plaintifs, tendres, passionnés, de ce qui vit et sent.

Ainsi, dans son évolution, l'Art continue de manifester l'univers ou l'œuvre de Dieu. Expression de la forme intime des êtres, de ce qui les distingue, les caractérise, le son exprime encore leurs rapports, leurs lois, fondement et raison des lois de l'Art, qui, en manifestant ces rapports dont l'ensemble constitue l'ordre, manifeste l'ordre même, l'éternelle harmonie, le Beau absolu. L'artiste en a donc en soi le sentiment, la vision première. Il le découvre sous l'enveloppe qui le rend accessible aux sens, le reproduit sous cette enveloppe, et c'est ainsi qu'il crée. Comme les arts plastiques et comme la peinture, la musique a son type idéal, ses vives aspirations vers un modèle parfait, qui, fuyant toujours, l'entraîne à sa suite en des espaces illimités ; et ce modèle, ce type auquel elle aspire, qu'est-ce, sinon l'harmonie suprême, la parole, le Verbe ou le retentissement, le son, la voix une et infinie de Dieu même ? Écho affoibli et vague de cette voix, elle ne manifeste directement aucune essence, elle n'en révèle pas l'idée pure, distincte, elle n'agit pas immédiatement sur l'esprit pour y développer la connoissance et la conception ; mais elle donne à l'homme la conscience de Dieu incarné dans son œuvre ; elle l'introduit par la sensation dans le monde idéal, dont la directe intuition ravira plus tard son intelligence progressive.

Figurez-vous être, au déclin du jour, dans l'immense cathédrale chrétienne. Une frayeur religieuse, quelque chose de semblable à ce vague sentiment de l'infini qu'on éprouve au sein des grandes solitudes de la nature, vous saisit à l'aspect de ces vastes nefs, de ces gigantesques piliers dont les sommets se perdent dans les ombres croissantes. Avec les dernières lueurs, la nuit éteint les derniers bruits ; un silence mystérieux vous enveloppe de toute part. Au dehors de vous des ténèbres muettes; au dedans l'invisible souffle d'une puissance inconnue qui vous pénètre et vous domine irrésistiblement. Séparé de ce qui frappe les sens, il se fait en vous comme un travail étrange; des esprits passent devant l'œil interne, l'imagination se peuple de fantômes sans corps; le temps, qui n'a plus de mesure, semble lui-même s'être évanoui. Tout à coup, dans le lointain, apparoît un point lumineux, puis un autre, puis un autre encore; vous commencez à discerner les masses de l'édifice, les murs pareils aux flancs d'une montagne escarpée, les fortes arêtes des angles, les courbures des arcs, les énormes pendentifs. La lumière augmente : sur ces masses, qu'unissent des lignes harmonieuses, se montrent les plantes, les animaux, les formes innombrables des êtres sortis de leurs entrailles inépuisablement fécondes. Éclatants de mille couleurs dont les reflets se croisent et se mélangent, ils portent à vos sens comme une révélation de la vie, et les suaves vapeurs qui parfument l'atmosphère en accroissent encore l'impression. Lorsque au milieu de ce monde naissant vibre soudain la voix tour à tour majestueuse, douce, sévère de l'orgue, qu'elle remplit de ses accords indéfiniment variés les voûtes frémissantes, ne diroit-on pas la voix de tous ces êtres dont la création vient de s'opérer

sous vos yeux? Mais leur langage indéterminé ne
parle qu'à ce qui sent, et non pas à ce qui pense.
Tel est le caractère de l'art musical. Il manifeste, à
notre égard, les conditions organiques internes de
la vision du Vrai et du Beau, bien plus que le Beau
même et le Vrai dans leur immatérielle essence, et
par là il forme la liaison entre les arts directement
relatifs aux sens et les arts de l'esprit. Ceux-là
s'efforcent d'atteindre à la pensée par la sensation,
ceux-ci de joindre à la pensée une sensation correspondante. Leurs procédés inverses expriment le
double mouvement de la Création vers Dieu, de
Dieu vers la Création. Les premiers, s'élevant du
phénomène à l'idée immuable, spiritualisent le
réel ; les seconds, descendant de l'idée au phénomène, incarnent le Vrai.

Au degré de développement où nous venons de
le considérer, le temple, incomplet encore, n'a
point achevé son évolution. Symbole de l'univers, il
le représente et tout ce qu'il renferme, sous les
conditions de l'Art, à l'exception de l'homme, en ce
que sa nature a de plus intime et de plus parfait.
Qu'à la voix des êtres inférieurs il mêle sa voix, sa
parole, son Verbe, sublime manifestation de l'intelligence qui le distingue d'eux, aussitôt toute cette
création s'agrandit, se dilate, resplendit d'une lumière nouvelle, s'anime d'une nouvelle vie. Un lien

plus étroit unit les deux mondes, le monde des phénomènes et le monde idéal. Destiné lui-même à se développer indéfiniment, le Verbe humain, à sa naissance, lorsque sortant du sein de la nature organique il apparoît au dehors tel qu'une fleur à demi éclose et revêtue encore de ses premières enveloppes, est ce qu'on nomme Poésie. La Poésie c'est l'univers et, dans l'univers, Dieu vu, senti, saisi à la fois par toutes les puissances de l'être. La pensée pure le découvre en soi, la Poésie le contemple dans son œuvre, et dans ses relations avec toutes les parties de son œuvre. Elle exprime ces relations telles que l'homme les conçoit par une intuition première, avec les sentiments qu'excite en lui ce magnifique spectacle ; elle exprime l'homme même selon tout ce qu'il est, elle évoque au dehors ce que recèlent ses plus secrètes profondeurs, elle est le retentissement de sa nature entière si variée, si riche.

Plastique de l'ouïe, si on peut le dire, la musique, elle aussi, revêt d'un corps l'idée immatérielle, mais d'un corps aérien, qui échappe à l'œil, et que saisit seul le sens le plus délié, le plus délicat. Mais elle émeut plutôt qu'elle n'éclaire ; elle ne produit pas la vision de la réalité spirituelle, elle y prépare en quelque sorte par une interne aspiration, elle en donne le pressentiment. Comme les lueurs indécises de l'aube, glissant sur de vagues horizons, montrent seulement les masses confuses des objets dont l'astre du jour manifestera les formes distinctes, elle annonce le monde idéal et ne le révèle pas. La Poésie qu'elle précède dans la génération de l'Art, et qui procède d'elle par ce qu'elle a de sensible, le son et ses lois harmoniques, le rhythme, la mesure, le nombre, l'accent ; la Poésie détermine ce qu'elle laisse indéterminé, en spécifiant par la parole et manifestant l'idée pure. Ainsi par elle s'opère, dans une région plus élevée, l'union du réel et du Vrai, de la pensée et de la sensation, de la Nature et de son type éternel.

En mariant sa voix à la voix des êtres inférieurs, qui, du sein du temple, monte vers les cieux comme l'hymne universel de la Création, l'homme, en effet, exprime sa conception du temple même et du Dieu qui l'habite. Il dit en ses chants ce qu'est ce Dieu, il dit quels sont les liens qui l'unissent à ses créatures, les lois de celles-ci, le but final de leur existence. Il attire à soi, il anime de soi, de sa pensée, de son amour, tout cet univers qu'il domine et résume. Point de concours des deux mondes, du monde intellectuel et du monde des sens, la Poésie donc en est l'harmonie, elle est l'Art même parvenu à son plus haut terme ; car, en même temps que l'idée s'y montre sans voile, dans sa primitive splendeur, elle peint à l'esprit, elle déploie à ses regards les vives images des corps, elle reproduit les formes, les couleurs, rendues visibles intérieurement, et tout ensemble, à l'aide de l'élément sonore du langage, elle touche, elle émeut par ses ravissantes mélodies.

En se spiritualisant encore, l'Art commence à perdre un de ses caractères; il tend à se transformer en pure science, la pensée se dégageant toujours plus de ses corporelles enveloppes, et se rapprochant par son expression du Vrai immatériel. Toutefois, cette phase de son développement est indispensable pour le compléter en soi, et pour qu'il achève de manifester la conception du Temple ou le type, l'exemplaire éternel de la Création. En effet, l'homme occupe dans la Création divine une place fixée par ses rapports avec la Création elle-même et avec son Auteur, ou par les lois universelles et les lois de sa propre nature. Or, pour obéir à ces lois, il faut qu'il les connoisse, il faut qu'il connoisse Dieu et l'œuvre de Dieu. Dans le langage religieux, cette connoissance prend les noms de dogme et de morale. La morale et le dogme doivent donc avoir leur manifestation dans le temple; et la voix encore en est le moyen, car elle s'opère par la parole qui communique la pensée, l'idée; qui révèle, enseigne. Mais l'enseignement a un double objet, éclairer l'esprit et entraîner la volonté, déterminer des actes, conséquemment ébranler, remuer les puissances affectives et les sens même; car la volonté, résultat complexe de l'intelligence et de l'amour, dépend de toutes ces choses. L'enseignement donc rentre par ce côté dans la sphère de l'Art; il devient l'art oratoire, l'éloquence; et l'art oratoire se lie à la danse ou au mouvement rhythmé par l'action, le geste, à la musique par l'harmonie, à la poésie par les images et l'expression des sentiments.

Transportons-nous derechef au milieu des solennités du temple. L'orgue se tait, les chants s'interrompent. Vers un lieu qui s'élève entre les voûtes et le parvis, on voit s'avancer le ministre de la parole. Ses vêtements symboliques, sa lente démarche, son front grave et sévère, inspirent le recueillement. Debout, immobile, il promène ses regards sur la multitude en attente. Puis de ses lèvres commence à couler, tel qu'un fleuve de vie et de lumière, l'enseignement qui éclaire et nourrit l'esprit. Il dit ce que Dieu est en lui-même, ce que peut exprimer le langage humain des mystères de sa trine unité. Il raconte les merveilles de sa puissance dans la Création, ses bienfaits envers l'homme, l'ingratitude de celui-ci, sa révolte, le premier péché, ses suites lamentables, l'incarna-

tion du Verbe, son passage sur la terre, ses souffrances, sa mort, pour accomplir la rédemption du
genre humain. Il menace le pécheur, il ouvre devant lui l'éternel abîme, le presse, l'adjure de s'en
détourner, de mettre à profit les jours de la miséricorde. Ses yeux, sa voix, son geste s'animent; de
sa poitrine haletante sortent des accents qui vont
remuer les entrailles les plus endurcies. Comme les
épis dans la campagne, comme une mer agitée
d'un mouvement intérieur, la foule tressaille; les
têtes plient, elles s'abaissent, courbées par le souffle
invisible, on entend des soupirs, des sanglots
étouffés. Peu à peu ces tempêtes se calment. Le
ministre de Dieu épanche sur les hommes, avec les
flots de sa suave parole, toutes les espérances de la
foi, toutes les joies de l'amour. A travers les travaux de l'exil, les épreuves, les fatigues de cette
route mystérieuse où l'on trouve à chaque pas les
divines traces du Fils de l'homme, il conduit le
juste vers la patrie où s'évanouissent toutes les
douleurs dans une félicité ici-bas incompréhensible,
dans l'immuable possession du Vrai, du Bien, du
Beau infini, là où, par l'union réelle et mystique
des créatures avec le Christ, du Christ avec son
Père, toutes choses seront à jamais consommées
dans l'unité. Et à mesure que descendent de la
chaire sacrée ces consolantes promesses, ces su-

blimes enseignements, les sons affoiblis de la voix
du prophète, l'inspiration de ses regards, le repos
de ses traits, image du repos futur qu'il annonce,
émeuvent, pénètrent ceux qui sont·là sous le
charme de sa puissance, et portent jusqu'aux sens
l'impression de cette paix, de cette joie inépuisable,
inénarrable, dont l'homme régénéré s'abreuvera
sans fin dans les demeures éternelles.

L'éloquence, on le voit, est sœur de la poésie,
car la poésie n'implique pas essentiellement un
mètre, un rhythme symétrique. Unies par d'étroits
liens, elles diffèrent surtout en ce que, dans la
poésie, l'image et le sentiment prédominent, et la
pensée dans l'éloquence. Celle-ci termine l'évolution de l'Art. Au delà commence la pure science,
avec ses procédés exclusivement logiques et ses
formes abstraites. Mais ni la Science, ni l'Art ne
reproduisent complétement le Vrai, le Beau, le type
idéal de la Création : et c'est pourquoi la Science et
l'Art, après avoir épuisé, dans la sphère correspondante à chacune d'elle, leur puissance, pour ainsi
parler, de manifestation, viennent se replonger dans
le sanctuaire d'où elles sont émanées, s'y absorber
en quelque sorte dans le mystère de l'infini, comme
la Création même éternellement croissante gravite
vers Dieu, en qui seul elle peut s'identifier avec son
modèle, aspire à se replonger, à s'absorber en Dieu.

CHAPITRE III.

Le temple chrétien nous a offert, dans un exemple particulier, l'image du développement général de l'Art, de son évolution progressive, semblable à celle de la Création qu'il reproduit sous le point de vue du Beau, comme la Science la reproduit sous le point de vue du Vrai : et le Vrai et le Beau étant identiques par leur essence, la Science et l'Art originairement émanés de la même source se résolvent, quant à leur objet, dans une même unité, celle de l'Être. Mais après avoir observé en quel ordre s'opère la génération des diverses branches de l'Art, nous avons à considérer le caractère distinctif, les lois propres, les formes variées de chaque art divers : comme, après avoir contemplé la Création dans son ensemble, on doit, pour la bien connoître, l'étudier encore dans les différentes classes d'êtres qu'elle renferme.

L'architecture est née avec l'homme, car l'homme

eut toujours besoin d'abri contre l'inclémence de l'air et les attaques des animaux durant son sommeil; et lorsque cet abri nécessaire ne se présentoit pas de soi-même, il falloit que l'homme se le créât. Dans les flancs des montagnes il se creusa des grottes. Avec des pierres ou de l'argile il imita ces grottes dans la plaine; il les imita près des forêts avec des branches d'arbre, des écorces, du gazon, du feuillage; et l'art de bâtir fut ainsi le premier art pratique, art fécond, art matrice de tous les autres arts, comme la masse solide de la terre est la matrice universelle des êtres qui ont successivement apparu à sa surface.

Par ce qui la caractérise spécialement, l'architecture représente donc le monde inorganique : aussi ses lois premières, comme les lois de ce monde, sont-elles des lois mathématiques, communes aux deux éléments qui s'unissent en elle, l'utile et le Beau. Dans ses rapports directs avec l'utile, indirects avec le Beau, elle dépend en effet des lois de la pesanteur, de la statique, de la cohésion et de la résistance des corps. Dans ses rapports directs avec le Beau, indirects avec l'utile, elle dépend des lois géométriques de la forme, ou des relations harmoniques des lignes. Et comme ces relations n'ont rien d'arbitraire, que la forme génératrice étant donnée, toutes les combinaisons d'où résultent les formes complexes qui en dérivent sont également données, il s'ensuit qu'il existe, outre les variétés que peut offrir chaque type particulier, différents ordres généraux de formes architecturales.

La première condition de la beauté de la forme en architecture est la symétrie, parce qu'elle seule détermine un centre autour duquel toutes les parties s'ordonnent régulièrement, et produit le sentiment de l'unité. Il en est autrement dans la Nature, telle qu'elle se présente à nos regards avec ses horizons qui fuient, changent, se renouvellent sans cesse. Rien n'y est symétrique à l'œil, parce que l'œil n'embrasse qu'une imperceptible portion de l'œuvre immense du Créateur, qui, toujours progressif, n'est jamais achevé. Mais cette immensité même, d'où naît le sentiment de l'infini essentiellement un, éveille au dedans de nous le sentiment d'une unité plus vaste, plus intime, de l'unité absolue, mystérieuse, d'où émanent toutes choses et où toutes choses aspirent à rentrer. Dans l'Art, au contraire, l'œil embrasse à la fois tout l'ensemble de l'œuvre, et l'unité dès lors y doit être apparente, immédiatement saisie par la vue. Toutefois l'Art lui-même a tenté de reproduire ce caractère de la Nature, de se rapprocher d'elle à cet égard : et pour cela qu'a-t-il fait? Il a d'abord accru les proportions de son œuvre, et, multiplant les détails, il en a exclu la symétrie, ne la conservant que dans les masses et dans les grandes lignes. De là des effets nouveaux pleins de puissance, quelques-unes de ces impressions indéfinies que l'on éprouve dans les gigantesques monuments consacrés à la foi chrétienne.

Mais si la symétrie, dans l'architectonique de l'Art, est un des éléments de la beauté, il n'en est pas le seul. La forme doit offrir encore une certaine élégance indéfinissable, parce qu'elle correspond à quelque chose d'immatériel, d'inexprimable dès lors dans le langage des corps, et l'artiste ici cesse d'être guidé par des lois positives précises. Si l'expérience vient à son aide, ce n'est guère qu'indirectement : elle lui enseigne ce qu'il doit éviter, beaucoup plus que ce qu'il doit faire. A moins qu'une vision immédiate, indépendante des règles et des calculs fondés sur les règles, ne lui révèle intérieurement le modèle idéal que son art doit réaliser, il n'aura point en lui le souffle créateur, il ne produira qu'une œuvre sans vie.

Cette vie qui anime l'œuvre où s'est incarné l'invisible exemplaire, cette vie qu'on sent en lui, qui s'exhale de lui, ne résulte pas uniquement de la beauté intrinsèque des formes. Ces formes doivent parler, et c'est ce qu'elles disent qui complète l'art. La construction la plus savante, la plus régulière,

la plus irréprochable à cet égard, n'est pas un édifice, dans le sens de l'Art, s'il n'exprime une pensée, s'il n'émeut celui qui le contemple, s'il ne le
ravit, pour ainsi parler, dans une sphère au-dessus
des sens. Sous ce rapport, l'architecture ou l'harmonie des formes présente quelque chose de semblable à ce qu'on retrouve dans la musique ou dans
l'harmonie des sons. Ni l'une ni l'autre ne manifestent l'idée telle qu'elle est en tant qu'objet de la
connoissance, l'idée pure, nette, précise, ou ne la
déterminent, mais elles déterminent dans l'être qui
voit ou entend un certain état interne ou des sentiments correspondants à un ordre d'idées. Celles
que fait naître la vue de l'Alhambra diffèrent totalement de celles qu'inspirent la cathédrale gothique, ou les temples d'Ellora.

On peut diviser l'architecture en architecture
religieuse et architecture civile, l'une symbole du
dogme, l'autre symbole du principe caractéristique
de la société et des mœurs qu'il engendre. Ainsi
l'histoire des peuples est écrite dans leurs monuments, non l'histoire fugitive des accidents de leur
existence, mais l'histoire plus profonde de leur vie
morale et intellectuelle, de la nature de leurs
croyances, de leur conception générale des choses :
et comme en pénétrant au-dessous de la surface
dans les entrailles de la terre, on y découvre les

débris d'êtres qui ne sont plus, le squelette brisé, dispersé, d'un monde antique qui s'est évanoui ; en pénétrant dans les entrailles du temps, on y découvre aussi les fragments épars et mutilés d'un autre monde, du monde primitif de l'homme, les débris pétrifiés de religions éteintes, les ossements gigantesques de ces êtres puissants qu'on appelle sociétés, nations, les membres disjoints, incomplets de vastes organismes que la pensée cherche à reconstruire et qu'elle reconstruit en effet, à mesure que les lois de Dieu et de l'univers nous sont mieux connues.

Nous ne suivrons point l'art dans l'inépuisable variété de ses développements et des formes qu'il a revêtues. Ce seroit nous détourner de notre but, et quelques exemples suffiront pour éclaircir et pour justifier les principes généraux que nous avons établis déjà, et ceux qui nous restent à établir.

Les religions de l'Inde renferment toutes une idée panthéistique, unie à un sentiment profond des énergies de la Nature. Le temple dut porter l'empreinte de cette idée et de ce sentiment. Or le panthéisme est à la fois quelque chose d'immense et de vague. Que le temple s'agrandisse indéfiniment, qu'au lieu d'offrir un tout régulier saisissable à l'œil, il force, par ce qu'il a d'inachevé, l'imagination à l'étendre encore, à l'étendre toujours, sans qu'elle arrive jamais à se le représenter tout ensemble comme un et comme circonscrit en des limites déterminées, l'idée panthéistique aura son expression. Mais, pour que le sentiment relatif à la Nature ait aussi la sienne, il faudra que ce même temple naisse en quelque manière dans son sein, s'y développe, qu'elle en soit la mère, pour ainsi parler. C'est là, c'est dans ses ténébreuses entrailles que l'artiste descendra, qu'il accomplira son œuvre, qu'il fera circuler la vie, une vie qui commence à peine à s'individualiser en des productions encore à l'état de simple ébauche : symbole d'un monde en germe, d'un monde qu'anime et qu'organise dans la masse homogène de la substance primordiale le souffle puissant de l'Être universel.

Une pensée différente domine l'Égypte, pensée grave et triste dont nulle autre ne la distrait, qui, du Pharaon environné des splendeurs du trône jusqu'au dernier des laboureurs, pèse sur l'homme, le préoccupe incessamment, le possède tout entier, et cette pensée est celle de la mort. Ce peuple a vu le temps s'écouler comme les eaux du fleuve qui traverse ses plaines nues, et il s'est dit que ce qui passe si vite n'est rien, et, se détachant de cette vie caduque, il s'est reporté par sa foi, par ses désirs et ses espérances, vers une autre vie permanente, immuable. Pour lui l'existence commence au tombeau; ce qui précède n'en est qu'une ombre, une fugitive image. Ainsi ses conceptions religieuses et philosophiques, ses dogmes, en un mot, venant aboutir à ce grand mystère de la mort, son temple a été un sépulcre. Il l'a creusé comme le temple indien dans les profondeurs de la terre: mais ce qu'il exprime, ce n'est plus l'union absolue de Dieu et de la Nature se développant en Dieu par un travail interne de Dieu même. L'homme est présent partout dans le temple égyptien, c'est l'homme qu'il rappelle, mais dans ses rapports avec le monde que recouvre la tombe comme le voile mystérieux d'Isis. Par la grandeur des masses, la largeur des bases, les fortes proportions des parties diverses, il fait naître le sentiment d'une durée sans bornes. Le flot des siècles qui entraîne tout le laisse inaltérable. Symbole de la demeure future de l'homme, de la demeure où la mort l'introduit, il exhausse pour le recevoir ses voûtes moins pesantes; ses colonnes montent; la symétrie devient apparente; les ornements plus multipliés prennent des formes plus élégantes. Toutefois c'est encore un tombeau; la vie est au delà, en d'indivisibles régions dont les astres enflammés du firmament marquent la route. Dans le temple nul mouvement. Les moyens mis en œuvre pour élever la pensée au-dessus du temps et de ses vicissitudes, produisent une impression insurmontable d'immobilité, et, dans les images qui le représentent, l'homme même ressemble par sa pose, par la roideur des membres, les traits sans expression, à une momie dans un cercueil.

Transporté dans la Grèce, l'art égyptien s'y modifia profondément. L'humanité acquit chez les Grecs une pleine conscience d'elle-même; elle se sentit distincte de Dieu et de la Nature, au sein desquels l'avoit absorbé le panthéisme oriental. L'infatigable activité, l'abondance de vie qu'elle trouvoit en soi, lui ouvrirent d'autres perspectives, empêchèrent qu'elle fût dominée par cette sombre idée de mort où l'Égypte étoit ensevelie. Tout au contraire, avide de jouissances, elle se plongea avec une ardeur enthousiaste et naïve dans l'existence présente qui lui sembloit inépuisable. Repliée sur elle-même, elle chercha ses horizons en soi, et s'enivrant de sa propre excellence, elle en vint jusqu'à s'adorer. Pour l'imagination des Grecs, Dieu n'étoit que le type idéal de l'homme, et c'est pourquoi ils multiplièrent les Dieux presque à l'infini. L'homme dès lors, l'homme parfait, l'homme divinisé fut le modèle du Beau. Le temple, conçu comme le séjour de ces divinités humaines, se rapprocha par ses dimensions et par ses formes de l'habitation de l'homme réel. L'unité y devint plus sensible, en même temps que la Beauté, la grâce, l'exquise harmonie des lignes et des proportions ramenées à celles de l'homme, portèrent l'art, sous ce rapport, à son plus haut point de perfection. Élargissez le temple grec, cette harmonie se perd, parce qu'elle a son principe dans l'harmonie du corps humain, dont la beauté s'altère toujours plus au delà d'une certaine grandeur que déterminent des lois invariables. Mais de là aussi il résulte que l'art grec n'exprime ni le vague infini de Dieu, ni l'immensité de la Nature, et que les puissants effets qui émanent de ces sources fécondes lui sont étrangers. Il ravit par un charme plein de douceur et de mélodie, par je ne sais quoi d'achevé, de pur et de suave, mais sans jamais transporter l'homme au-dessus de la terre et au-dessus de lui-même; il reste constamment l'objet de sa contemplation. Rien ne l'entraîne dans les espaces illimités de la rêverie, dans les profondeurs du mystère; rien n'éveille en lui les aspirations vers un terme inconnu qui fuit toujours, ni les joies du monde invisible, ni ses tristesses inénarrables.

Ainsi les Grecs développèrent l'art merveilleusement sous une de ses faces, et, dans ses progrès comme dans sa décadence, il suivit les phases de leur pensée et de leur civilisation, en conservant jusqu'à la fin son caractère fondamental; car, en

tout ordre de choses, il existe une relation inaltérable entre la cause primitive et ses successifs effets,
entre la production, variable seulement en certaines
limites, et son principe générateur.

Les Romains n'eurent jamais de conception religieuse et philosophique qui leur fût propre, et, au
temps de leur grandeur, ayant adopté la conception
grecque, ils adoptèrent aussi, par une conséquence
nécessaire, l'art grec, qu'en tout genre ils se bor-
nèrent à imiter. Leur génie les entraînoit dans une
autre sphère[1]. Peuple guerrier et politique, la domination fut son but constant, son but exclusif; et
ce qui le distingue de tant d'autres peuples qui
brillèrent aussi par les armes, ce qui indique en
lui le sentiment profond, quoique vague et confus,
de l'unité où tend le genre humain, c'est que toujours sa force fut dirigée par une sagesse prévoyante
et calme; qu'il ne sut pas seulement conquérir,
mais organiser ses conquêtes, se les assimiler; c'est
qu'à l'instinct du commandement qui lui étoit
comme naturel, il joignit la science administrative

1. Excudent alii spirantia mollius æra,
    Credo equidem; vivos ducent de marmore vultus,
    Orabunt causas melius, cœlique meatus
    Describent radio et surgentia sidera dicent :
    Tu regere imperio populos, Romane, memento;
    Hæ tibi erunt artes, pacisque imponere morem;
    Parcere subjectis, et debellare superbos.
                    Æneid., lib. VI, v. 846-852.

et que, plus qu'aucun autre peuple ancien, il cultiva, développa celle du droit. Détourné par ses graves pensées, par cette vie toute pratique, des spéculations de la philosophie et de la culture des arts, il ne vit guère dans l'une qu'un amusement de l'esprit, et dans les autres qu'une sorte d'ornement propre à relever l'éclat du pouvoir, et des jouissances pour la richesse.

Toutefois, comme on le reconnoîtra surtout quand nous parlerons de l'architecture civile, l'art grec subit chez les Romains des modifications relatives en partie aux applications nouvelles qu'il reçut, en partie à l'idée qui dominoit le peuple-roi, à ses habitudes, à ses mœurs. Voulant imprimer à ses monuments une plus haute majesté, quelque chose de sa propre grandeur, il en accrut les dimensions, ce qui eut pour effet d'altérer l'élégance délicate, l'exquise simplicité, la parfaite harmonie des formes de l'art grec. Et, en même temps, tout ce qui se rattachoit à la *Ville éternelle* participant à ses destinées, les monuments romains durent offrir un caractère particulier de stabilité et, pour ainsi dire, de durée impérissable. D'où l'introduction de la voûte, commandée d'ailleurs par les nécessités mêmes de ces vastes constructions, et qui multiplia les courbes dans l'architecture. Presque entièrement rejetées des Grecs, leurs temples aux profils si gracieux tout ensemble et si arrêtés, ne présentent que des combinaisons de la ligne droite. Ils semblent ne s'en écarter qu'à regret, même dans la colonne, que, le plus souvent, ils ont soin d'y raccorder par les cannelures qui en dissimulent la rondeur. De la voûte cependant sont sorties des beautés dignes de l'art, et, comme un art nouveau, lorsqu'en s'exhaussant elle devint le dôme des immenses basiliques chrétiennes; et le germe de cette transformation apparoît déjà dans le Panthéon d'Agrippa, modèle, à notre gré, de l'architecture religieuse romaine.

A raison de causes nombreuses qu'il seroit trop long d'exposer, il se passa des siècles avant que le Christianisme pût enfanter un art correspondant à sa conception de Dieu, de la Nature et de l'Homme. Lorsque après les persécutions il lui fut permis de se produire au grand jour, il dut consacrer à la célébration de ses mystères des édifices auparavant destinés à d'autres usages, en les accommodant aux exigences particulières de son culte. Ainsi modifiés ils servirent de type aux premiers temples qu'élevèrent les chrétiens, et Saint-Paul de Rome avec ses hautes nefs, Saint-Paul, dont l'origine remonte à Théodose le Grand, en offre un remarquable exemple. Sans se détacher entièrement de l'art grec, on s'en éloigna toujours davantage, et de ces changements successifs naquit et l'architecture byzantine et celle qu'on a nommée romane , analogue au caractère grave et simple du Christianisme dans les premiers temps. Le cintre romain s'y marie avec élégance à la colonne grecque, altérée néanmoins dans ses proportions, et l'on commence à y discerner, avec une pensée mystique inconnue des anciens, un sentiment nouveau de la Nature, une tendance à la reproduire dans sa grandeur et sa variété, quelque chose de triste et de solennel qui porte aux rêveries mystérieuses.

Ce n'étoit pourtant pas encore l'expression parfaite de l'idée chrétienne, telle que l'Église la développa. Elle ne reçut sa pleine manifestation que dans la cathédrale si improprement appelée gothique, véritable création du génie chrétien. Peu importe-ce qu'il put emprunter à l'architecture byzantine et à l'architecture arabe. Ces emprunts, que d'ailleurs on a exagérés, ne constituent point l'art qui, du douzième au quinzième siècle, couvrit l'Europe de ses monuments. Ce qui les caractérise, c'est l'unité de pensée, c'est le travail organique qui de tant d'éléments divers a fait un seul tout, de tant de formes diverses une seule forme, dont les innombrables parties s'enchaînent, s'appellent, s'engendrent l'une l'autre, concourent harmonieusement à un but commun, se fondent en un corps unique et vivant.

Nous avons essayé, dans le chapitre précédent, d'expliquer la cathédrale chrétienne. Ajoutons, qu'elle présente une évidente combinaison des architectures antérieures, sans néanmoins en être ni la reproduction, ni l'imitation. Tout y est natif, inspiré. La ressemblance dérive d'idées analogues, mais rattachées à une conception générale différente. Ainsi les cryptes ménagées au-dessous des parvis rappellent les temples souterrains de l'Égypte et de l'Inde. La voûte et la colonne, étroitement unies dans l'édifice supérieur, y représentent l'art romain et l'art grec, mais modifiés selon le caractère de la conception qu'ils doivent exprimer. Les arcs des voûtes forment en se croisant l'ogive montante, qui s'appuie sur des groupes de colonnes effilées. Chaque type a perdu quelque chose de sa beauté propre, mais l'ensemble a gagné en profondeur d'effet, en harmonie grandiose. Le temple indien donne le sentiment du travail interne de la Nature et de ses énergies. Ici la Nature apparaît dans la magnificence de son développement accompli. Or, les lignes arrêtées, inflexibles, les formes rigoureuses de l'architecture grecque et romaine, sont étrangères à la Nature dont l'expression, essentielle à l'art chrétien, constitue en partie sa puissance. Ces formes, ces lignes, introduites sans modifications dans la cathédrale chrétienne, y créeroient des dissonances choquantes. Plus achevés, les détails mêmes nuiroient à l'effet total, détruiroient ou affoibliroient l'impression générale qui doit se résumer dans un mystérieux sentiment de l'infini, dans une sorte de vision vague du monde caché sous le voile flottant des phénomènes, et dans une aspiration véhémente à ce monde éternel, future demeure de l'homme purifié. Ce n'est donc pas pour avoir manqué de la faculté de sentir le Beau tel qu'il est l'objet de l'art grec, et de l'habileté d'exécution nécessaire pour le reproduire, que les artistes du moyen âge se sont ouvert une voie différente, mais parce qu'ils ont eu l'exquise aperception d'un autre genre de Beau, d'un Beau plus-élevé, plus spirituel, réalisé par eux avec une perfection égale à celle que l'on admire dans les chefs - d'œuvre de l'antiquité. Les types finis du Beau offrant la même diversité que nos conceptions du Beau idéal, il s'ensuit que l'Art, quoique un dans sa source, participe aussi à cette diversité, et que, n'ayant point, sous ce rapport, de modèle absolu, on ne sauroit le soumettre à des règles exclusives.

Un changement nouveau s'opéra au temps de la Renaissance. L'esprit religieux s'étant affoibli, il se fit une alliance entre l'art antique et l'art chrétien : l'ogive et le plein-cintre se mêlèrent. On emprunta au temple grec ses lignes élégantes, en conservant

la variété des ornements délicats du gothique, et
en substituant aux formes légères et sveltes des
tours dont la pointe se perd dans les nues la voûte
latine devenue le large dôme des Brunelleschi et
des Michel-Ange. L'idée et le sentiment chrétien
subsistent encore, à un certain degré, dans ces magnifiques monuments, mais ils y ont subi des modifications profondes. Les pensées de l'homme et ses
désirs qui se détachoient de la terre, et montoient,
et montoient encore, sans fin, sans terme, comme
l'édifice des âges de foi, se sont arrêtés et s'inflé-
chissent avec les courbes du dôme, qui semblent
les retenir dans une sphère moins haute. Le christianisme s'est, en quelque sorte, implanté dans la
vie terrestre, et chaque jour il y pousse de plus
nombreuses racines, chaque jour ses branches
s'abaissent pour abriter le voyageur insouciant et
distrait. Enfin le caractère de la vieille cathédrale
disparoît entièrement. L'art païen a envahi le
temple, il y règne presque sans partage, et ce
temple, qui n'est plus l'expression de l'univers et
du Dieu qui le remplit de soi, sera Saint-Pierre de
Rome, le symbole imposant d'une autre grandeur et
d'une autre puissance, de la puissance et de la
grandeur de la Papauté qui l'éleva près des palais
superbes d'où elle commande au monde.

Le principe caractéristique de la société dérivant

de sa religion ou de sa conception des choses, l'architecture civile dut offrir partout une ressemblance marquée avec l'architecture religieuse ; on dut reconnoître en elles l'ineffaçable empreinte d'une origine commune. Il nous reste peu de monuments de l'Orient, et ces monuments mutilés sont comparativement trop modernes pour que nous puissions constater en détail cette analogie. A Bénarès quelques édifices, quoique postérieurs de bien des siècles aux temples de Salcette et d'Ellora, quoique d'une époque où la séve religieuse antique étoit presque tarie, présentent néanmoins dans leur masse compacte où domine l'expression de la force, de visibles rapports avec l'art primitif, né du sentiment exalté des énergies de la Nature unie à Dieu, absorbée en Dieu. Des relations semblables peuvent encore être aperçues, soit dans les descriptions que les anciens nous ont laissées des vastes constructions de Ninive et de Babylone, soit dans les débris qui couvrent les lieux aujourd'hui déserts, où l'orgueil des monarques persans éleva jadis leurs immenses palais et leurs sépulcres immenses.

Les pyramides d'Égypte, qui ne sont aussi que des sépulcres, formoient, dans cette terre de la mort, les vrais palais des rois [1], et s'il s'est conservé

1. Monument à la fois religieux et civil, l'obélisque dérive évidem-

quelques autrés traces des royales demeures des Pharaons, leurs ruines se confondent tellement avec les ruines des temples, qu'il seroit au moins bien difficile de les en distinguer; circonstance, au surplus, qui confirme ce que nous avons dit de l'unité fondamentale des diverses branches de l'art.

Elle n'est pas moins remarquable chez les Grecs. Entre le Parthénon et les Propylées, on reconnoît une parenté manifeste : même caractère, mêmes lignes, même élégance gracieuse et noble. En ce pays où le peuple régnoit, point de palais fastueux, mais des édifices destinés à tous, des théâtres, des portiques, et partout le sentiment de l'homme dans sa beauté et sa liberté. Sa maison est le temple en petit; le temple est sa maison agrandie, ornée, proportionnée à sa nature idéale. L'art s'épanouit avec volupté, comme la fleur sous un ciel serein. Il recherche la lumière, les souffles caressants, les suaves harmonies, les riantes perspectives. Descendu de l'Olympe, il y remonte par les douces pentes du mont parfumé.

L'architecture civile prit à Rome beaucoup plus de développement que dans la Grèce; elle y fut appliquée à des monuments beaucoup plus variés, et c'est surtout dans ces monuments que l'art romain

ment de la pyramide et la lie aux autres parties de l'architecture égyptienne.

se sépare de l'art grec, par l'emploi constant de la voûte, moins légère et moins élégante que la colonnade et son architrave, mais d'une majesté plus sévère et d'une plus grande solidité. On voulut qu'ils vainquissent le temps, qu'ils participassent à l'éternité du peuple-roi, aux destins de l'empire fondé sur le sol prophétique du Capitole; point central, mystérieux, d'où la puissance romaine étendit ses rayons sur le monde entier, et où le monde entier, ses dieux en tête, vint fléchir le genou et s'organiser dans l'unité.

Guerrière et conquérante, Rome brilloit encore par la science du droit et le génie administratif; et, après qu'elle eut attiré à soi les richesses de l'univers, corrompue par le luxe, dévorée de l'ardeur des jouissances, elle se précipita, bacchante effrénée, en des orgies sans exemple, sans nom, dans tout ce que purent enfanter de plus excessif des mœurs cruelles et voluptueuses, et toutefois empreintes d'une étonnante grandeur.

Cette société se retrouve avec ses caractères dans les productions de l'art. Les arcs de triomphe, élevés jusqu'au fond des plus lointaines provinces, les magnifiques colonnes d'Antonin et de Trajan, les palais même des gardes prétoriennes près de quelques demeures impériales, rappellent et l'esprit martial, et la fierté et la gloire du peuple qui soumit tous les autres peuples. Ces monuments, les premiers surtout, sont purement romains. On croit voir, en les contemplant, les nations se courber pour passer sous ces voûtes ornées de leurs dépouilles.

La grave et vaste basilique où le magistrat rendoit ses arrêts, offroit quelque chose d'analogue aux formes solennelles de la jurisprudence et à l'austérité de la loi. Le génie de l'administration se montroit partout, dans les ponts qu'on admire encore, dans les masses colossales des aqueducs et leurs coupes hardies, dans les portes des villes, d'une beauté si simple et d'un aspect si imposant, dans une multitude d'autres ouvrages d'utilité publique, dont plusieurs ont duré jusqu'à nos jours. Mais, à partir des temps où le luxe envahit l'empire, où le Romain, fatigué de ses vieilles vertus et se plongeant avec fureur au sein des plaisirs, embrassa la vie comme une courtisane, ce qu'il demanda principalement à l'Art ce fut de servir et d'exciter ses désirs insatiables. De là tant de monuments entassés, pressés sur le sol qu'ils surchargent, théâtres, arènes, thermes, portiques, molles et somptueuses villas. Quelle frénésie de convoitise, quels prodiges de puissance, du Colisée, ce temple du meurtre, aux palais sous-marins de Caprée! L'Art cependant, las de flatter les passions sensuelles et féroces, eut aussi son côté moral; il avertit l'homme de la fragilité de son existence d'un moment, de la vanité de ses grandeurs qui se résolvent en un peu de poussière, et le caractère du peuple romain primitivement agriculteur, et qui toujours conserva le goût de la nature champêtre, est encore rappelé par ses tombeaux dispersés le long des chemins dans la campagne. On diroit que ceux qui reposent là, fuyant le tumulte des cités pour revenir s'asseoir au foyer rustique, surpris par le soir se sont endormis sur le bord de la route.

Avant de parler de l'architecture des nations chrétiennes, laquelle ne se développa qu'assez tard, nous nous arrêterons quelques instants à celle des Arabes. On y trouve une confirmation des principes exposés précédemment. Les peuples musulmans n'eurent jamais d'architecture religieuse : pourquoi? Parce que leur religion, pur déisme, sépare totalement Dieu de son œuvre, ne le fait connoître ni en lui-même ni dans ses rapports avec la Création, le reléguant au fond des impénétrables ténèbres de son unité absolue. L'univers dès lors n'est point pour elle l'expression de l'Être infini. Ne correspondant par ses dogmes à aucune conception des choses, elle n'a en soi aucune vertu plastique. Le temple est arbitraire et vide, il ne procède point d'elle : *prolem sine matre creatam*. Et c'est par une raison semblable que, chez les chrétiens, le protestantisme s'est montré si stérile au point de vue de l'Art. Il a des lieux de réunion, il n'a point de temples, parce qu'il n'a point de sanctuaire où réside la force génératrice du temple, la Divinité dont il émane.

Mais si l'Islamisme n'a pu enfanter une architecture religieuse, exprimer par elle une pensée qui lui manquoit, l'Arabe civilisé a empreint de son génie d'autres monuments, où l'art, quelque emprunt qu'il ait pu faire à l'architecture byzantine ainsi qu'à celle de l'Hindoustan, se manifeste sous des faces nouvelles. Né sous un ciel de feu, dans une contrée en partie couverte de montagnes arides et de plaines de sable parsemées de rares oasis, ce peuple dut à son climat, aux habitudes qu'il produisit, aux mœurs qu'il engendra, les principaux traits qui le caractérisent. Vivant sous la tente, et trop souvent de rapine, pour suppléer à ce que le sol lui refusoit, errant avec ses coursiers et ses chameaux d'un lieu à un autre sans jamais se fixer en aucun, l'esprit d'indépendance, le courage audacieux, la fierté personnelle, durent surtout le distinguer. Les liens de famille et de tribu furent les seuls qu'il connut, avec ceux de l'hospitalité par lesquels il se rattachoit à l'humanité dont le séparoit son existence isolée et nomade. Actif seulement aux jours du combat, lorsque ses besoins ou ses convoitises le poussoient à quelque entreprise, replié d'ailleurs en lui-même, immobile sous les larges plis de son manteau de poil, toutes ses énergiques facultés se concentroient dans la vie interne. La simplicité même de cet état primitif le détournoit de la science, dont la culture exige une civilisation plus avancée. Que lui restoit-il donc? La poésie, mais une poésie à part, en harmonie avec son soleil, ses solitudes brûlantes, avec ses souffrances et ses joies, ses instincts, ses aspirations. Allant où l'esprit l'emportoit, il se créa, pour les habiter, des régions plus belles, plus heureuses. Son ardente imagination peupla l'univers d'êtres invisibles, de génies puissants, bons et mauvais, que l'homme initié aux arts magiques pouvoit s'assujettir par la vertu de certains charmes. Cette croyance inculquée dès le berceau, nourrie par des récits merveilleux que les générations se transmettoient, changeoit à ses yeux l'aspect du monde, l'enchantoit en quelque manière. Rien, dans ce qui frappoit ses regards, ne lui dondoit le sentiment des grandes énergies de la Nature; il y substitua ces forces d'un autre ordre, personnifiées, volontaires et libres, indépendantes des lois fatales de la Création inférieure; et lorsque, haletant sur une terre nue, dans une atmosphère embrasée, il s'abandonnoit à ses vagues désirs, ce qu'il aimoit à se représenter, c'étoient des eaux et des ombrages, une lumière affoiblie et douce, dont les reflets se projettent à travers un épais feuillage sur les ondes limpides de la source près de laquelle il respire la fraîcheur avec volupté. Tel étoit pour lui le type parfait de la beauté dans la Nature.

De la combinaison de ces choses est née l'architecture arabe. Elle ressemble à un rêve brillant, au caprice des génies, qui s'est joué dans ces réseaux de pierre, dans ces délicates découpures, ces franges légères, ces lignes volages, dans ces lacis où l'œil se perd à la poursuite d'une symétrie qu'à chaque instant il va saisir, qui lui échappe toujours par un perpétuel et gracieux mouvement. Ces formes variées vous apparoissent comme une puissante végétation, mais une végétation fantastique; ce n'est point la nature, c'en est le songe. La lumière voilée prend des teintes moelleuses, une sorte de velouté aérien, analogue à ce monde de féerie, et qui en augmente l'illusion. Partout des canaux murmurants, des fontaines jaillissantes, une impression de langueur qui assoupit les sens. Que l'amour, un amour plus passionné, plus sensuel que tendre, anime ce magnifique palais, toute la vie de l'Arabe est là dans son exemplaire idéal. De conception dogmatique des choses, de pensée sociale, nul vestige. Cette ravissante demeure n'est destinée qu'à l'individu, ne rappelle que lui. Les mœurs hospitalières des fils d'Ismaël auront pourtant aussi leur expression plus rapprochée des habitudes simples de son primitif état. Sur les sentiers arides du désert, près d'une source et de quelques palmiers, il élèvera des abris, des lieux de repos pour le voyageur, des caravansérails, des tentes de pierre.

Jusqu'à l'invasion des peuples du nord, l'architecture civile des nations chrétiennes, du moins en occident, fut, comme leur architecture religieuse, exclusivement romaine. Puis l'art s'affaissa sous les ruines de l'empire, mais pour renaître avec un caractère nouveau. Il reparut informe encore, lorsque l'institution féodale commença elle-même à s'organiser. D'autres idées, d'autres mœurs marquèrent de leur empreinte ses rudes productions. Il se résuma d'abord tout entier en deux édifices, l'église et le château, auxquels on pourroit joindre, comme une sorte d'intermédiaire, le couvent. A cette époque de violence et de désordres, celui-ci recueilloit au fond des forêts et des vallées incultes, à l'ombre de la croix protectrice du foible, ceux qui, portant avec douleur le poids de la société ou d'eux-mêmes, cherchoient dans le travail du corps le repos de l'esprit, la paix dans le sacrifice de soi, la liberté dans l'obéissance, les joies intimes de l'homme intérieur dans la contemplation de Dieu et des mystères de la vie future. Que leur falloit-il? Une demeure simple, pauvre et sévère, conforme à la profession qu'ils faisoient de détachement du monde et des choses du monde. Cependant, à mesure que ce détachement même devint une source de richesse et de pouvoir, le monastère s'agrandit, s'orna, sans néanmoins perdre entièrement son caractère primordial. De modestes cellules groupées autour d'un cloître, tel en fut le type, qui rappelle tout ensemble la vie retirée et la vie commune. La pauvreté est dans la cellule, la richesse dans le cloître où se déploient toutes les beautés, toutes les magnificences, toutes les délicatesses de l'art. On y peut suivre son progrès, depuis les premiers essais du roman jusqu'à la perfection du gothique; après quoi l'art, passant à travers la Renaissance, se transforme et retombe dans l'imitation de l'antique. Le couvent, comme l'église, annonce alors l'affoiblissement de la foi, une préoccupation dominante de l'institution positive, humaine; il exprime enfin l'idée terrestre substituée à l'idée mystique.

Le château féodal, situé d'ordinaire sur le sommet de rochers presque inaccessibles, ressemble à l'aire de l'aigle. Son aspect sombre, ses tours massives percées d'ouvertures étroites, ses créneaux pareils à d'énormes dents, éveillent le sentiment d'un pouvoir redoutable, d'une domination farouche et mêlée toutefois de je ne sais quelle fierté rude et noble. En le voyant, on a sous les yeux le spectacle d'une société divisée en elle-même, où les armes remplacent le droit et la loi. Symbole de la puissance solitaire et indépendante, de la force et de la grandeur personnelle, il représente merveilleusement ces temps d'anarchie où, les liens de l'humanité n'existant plus dans l'ordre politique, l'homme individuel, sans souci d'autrui, se faisoit lui-même toute sa destinée.

Lorsque la police des États prit une forme moins irrégulière, qu'une meilleure organisation de la justice et de la force réprimante ramena quelque sécurité et avec elle un développement d'industrie et de richesses, le château, peu à peu, descendit de ses rocs escarpés ; il cessa d'être une citadelle pour devenir la demeure pacifique d'un pouvoir garanti par les lois et sûr de lui-même. L'art y réalisa progressivement ses types variés, en suivant toutes les phases de l'architecture religieuse. Aux massives constructions des siècles antérieurs succéda le gothique élégant de légèreté et riche de détails ; vint ensuite la Renaissance, dont le style, qui marque pour le temple un commencement de décadence, est au contraire admirablement approprié aux édifices destinés aux usages de la vie domestique et civile; enfin reparut l'art grec et romain, mais alourdi ou maniéré, privé de sa grandeur et de sa grâce native. L'architecture arabe elle-même pénétra chez les nations occidentales, à Venise surtout à cause de ses relations multipliées avec l'Orient; et, dans le reste de l'Italie, à Rome, à Florence, à Pise, à Sienne, à Vicence, à Vérone, les palais se modelèrent en quelque sorte sur les idées, les mœurs, les habitudes sociales des âges où il furent élevés, sur la nature même des gouvernements; car ils présentent des caractères très-différents dans les pays soumis à un seul et dans les républiques, là où régnoit sans contestation une puissante aristocratie, et là où des luttes intestines entre les factions tour à tour victorieuses faisoient de la cité comme une arène où les partis se disputoient la domination. Il y eut des temps où les villes, partagées entre des familles ennemies, ressembloient à des forêts de tours, où chaque palais étoit une forteresse; et, quoique plus modernes, quelques-uns de ceux qu'on admire à Florence ont encore, dans leur masse austère, quelque chose de cet aspect. Le palais ducal de Ferrare, avec ses fossés et ses ponts-levis, et le palais du doge à Venise n'offrent-ils pas le même contraste que les gouvernements de ces deux cités; celle-ci obéissant à un homme investi par elle d'une haute magistrature ; celle-là gouvernée par un maître qui ne relève que de soi ?

Un autre genre de monuments appartient à l'époque de l'affranchissement des communes, cette grande révolution qui en préparoit une plus grande : nous voulons parler des hôtels de ville. Ce n'est point le château royal ou aristocratique ; c'est le palais du peuple, le lieu où s'assemblent les citoyens pour exercer leur souveraine puissance, délibérer sur leurs intérêts, où siégent les magistrats librement élus. Orné au dehors, modeste au dedans, il rappelle l'opulence de la communauté et l'égalité de ses membres. Les lignes en sont simples et sévères. Point de larges frontons couronnant des portails énormes ; rien non plus de petit, d'étroit et d'abaissé. De tous ceux qui entreront là aucun ne courbera la tête, mais aucun ne l'élèvera au-dessus de celle d'autrui. Le beffroi, s'élevant au-dessus de l'édifice, achevoit d'en marquer le caractère. Voix solennelle de la cité, il convoquoit le *populaire* à la maison commune, l'appeloit aux fêtes publiques ou à la défense de ses droits, s'il arrivoit qu'ils fussent menacés.

Lorsque les grandes monarchies européennes achevèrent de se former, lorsque le pouvoir devint absolu, l'architecture aussi exprima ce pouvoir d'un seul dans une société moralement décrépite, qui, brillante encore de la gloire des armes, voit, au sein de la corruption que voile un instant la politesse et l'élégance des mœurs, s'éteindre chaque jour son antique esprit et ses croyances antiques. Tout s'efface devant le souverain qui absorbe en soi la nation esclave. Quand il eut dit : l'*État c'est moi*, il fallut lui bâtir une demeure proportionnée à cette monstrueuse prétention. Alors, ramené presque au métier, l'art sans inspiration s'enfla, pour ainsi parler, au lieu de s'agrandir; il construisit, sous le nom de palais, une maison gigantesque, transformée depuis en bazar par un ignoble et cauteleux despotisme de boutique.

On le voit, dans chacune de ces branches, l'Art, comme nous l'avons établi d'abord, n'est que la forme extérieure des idées, l'expression du dogme religieux et du principe social dominant à certaines époques. Imiter l'art ancien, le reproduire est donc un précepte absurde et faux; parce qu'il exigeroit que l'artiste fût pénétré de la conception antique, qu'il y crût; parce que cette conception ne représenteroit point l'état actuel de l'intelligence et de la société. Aussi, quelque habile qu'elle fût, l'imitation ne put-elle jamais imprimer à ses productions le caractère de vie inséparable de cette spontanéité qui réalise immédiatement un modèle interne. De là vient que l'Art, reflet et symbole des croyances des peuples, de ce qui les constitue intellectuellement ce qu'ils sont, parcourt des cycles successifs, offre des périodes de croissance et de dépérissement. Il se perd quand l'artiste, entraîné par le mouvement contemporain, n'a plus foi à la conception à laquelle se rattachent ses œuvres, ou quand ses œuvres ne se rattachent à aucune conception. C'est ce qu'on a vu dans la Grèce, à Rome ; c'est ce que nous voyons de nos jours, avec cette différence que maintenant l'art, après avoir subi l'influence d'un matérialisme grossier et d'un scepticisme presque universel, tend à sortir de cet abaissement, exprime à sa manière l'inquiète recherche d'un type du Beau correspondant à l'idée inconnue, au dogme pressenti, mais obscur et confus encore, que l'humanité en souffrance appelle ardemment.

Si l'art n'est point l'imitation de l'art ou de ses créations accomplies déjà, il n'est pas davantage l'imitation de la Nature, en ce sens qu'il s'efforce de reproduire, non les apparences phénoménales, mais leur archétype idéal, tel qu'il subsiste en Dieu, immuable, éternel comme lui. Pour que les grands monuments de l'art s'harmonisent avec la nature, il faut que l'art même modifie celle-ci. Les jardins que Le Nôtre a portés à un si haut point de perfection en offrent un remarquable exemple.

Qu'est-ce que l'artiste s'y est proposé? De fondre par degré l'œuvre de l'art dans l'œuvre de la nature. Et pour y parvenir, qu'a-t-il fait? Il s'est emparé de la nature elle-même, de la nature vivante; il en a lié les lignes et les plans aux plans et aux lignes architecturales, jusqu'à ce que, par une sorte d'affranchissement successif, la nature, dégagée des liens que l'art lui imposoit, reprenne, avec sa liberté, son caractère natif et propre. Passant ainsi, par d'insensibles nuances, d'une impression à une autre impression, de manière qu'elles s'unissent en un sentiment indivisible, on perçoit le Beau simultanément sous ses deux formes les plus générales, celle qu'il revêt dans la Nature, et celle qu'il revêt en nous-mêmes, laquelle, exprimant ses relations avec notre intelligence, représente les phases de son développement.

Mais le Beau étant essentiellement un, il existe des rapports intimes, de secrètes harmonies entre ses manifestations dans la Nature et ses manifestations dans les œuvres de l'homme. La lumière grise et terne ou brillante et dorée, le ciel habituellement serein ou orageux, l'aspect riant ou âpre du sol, les formes des plantes, leurs couleurs, toutes ces choses et mille autres encore réagissent sur l'art, contrastent ou s'harmonisent avec ses monuments, en accroissent l'effet ou l'altèrent. Transportez le Parthénon dans une contrée brumeuse et froide, il y sera étranger, il ressemblera au Grec lui-même exilé de sa patrie, et regrettant, sur les bords de quelque fleuve glacé, le soleil de l'Attique et ses douces brises, et ses gracieuses collines, et ses horizons enchantés. Chaque édifice a son site propre d'où dépend sa beauté pittoresque. Le château féodal se dresse, comme le spectre de la guerre, sur un roc isolé et nu. Le monastère recherche le silence et l'ombre des bois, le calme des eaux tranquilles. L'église champêtre s'élève sur la pente du coteau, au-dessus des cabanes du pauvre, pour le bénir et le protéger. Partout vous trouverez de semblables harmonies, et partout elles ajoutent au charme de l'art un autre charme non moins ravissant. Elles associent la pensée de l'homme à la pensée de Dieu, et sa vie passagère à la vie perpétuelle de la Création ; elles opèrent la mystique union de sa nature à la Nature universelle, de ses œuvres et de l'œuvre divin, dont il aspire, par un puissant instinct qui révèle sa grandeur, à reproduire le type éternel.

CHAPITRE IV.

Comme l'architecture correspond au monde inorganique ou à la masse solide de la terre, matrice
commune des êtres, la sculpture correspond au
monde organique, et le reproduit dans la variété
de ses deux règnes végétal et animal, se développant toujours jusqu'à ce quelle arrive au dernier
terme de la série des êtres animés ou au plus parfait de ces êtres, l'homme. On voit déjà quel étroit
lien l'unit à l'architecture. Sans celle-ci elle man-
queroit et de principe générateur, et de raison, et
de lieu, car le lieu doit être fourni par l'art même
aux œuvres de l'art, dont les lois, sous ce rapport,
représentent celles de la Nature. Chaque contrée a
ses productions harmoniques entre elles et toutes
empreintes d'un même caractère, déterminé par
celui du sol. Les productions de l'architecture, ou
les arts dont elle est la mère, varient également
comme elle, suivant le type ou l'idée première qui

a présidé à leur évolution; elles en conservent immuablement le caractère indélébile : et c'est pourquoi autres ont été la sculpture égyptienne et la sculpture grecque, celle-ci et la sculpture chrétienne; et la peinture, comme on le verra, et généralement tous les arts sont assujettis à la même loi d'unité.

Deux choses, en outre, sont à remarquer dans le développement de l'Art. Son objet étant la reproduction du Beau, infini par son essence, et ne pouvant le reproduire que sous des conditions finies, ses moyens doivent former une série ascendante ou comme autant de degrés par lesquels l'Art s'élève vers son type éternel. En second lieu, cette série représente celle des formes créées, de plus en plus complexes, de plus en plus parfaites; de sorte que le développement de l'Art correspond au développement de la Nature, n'est, à l'égard de la puissance créatrice de l'homme, que ce développement même dans ses rapports avec le Beau : ce qui doit être, puisque le Beau est radicalement identique avec l'Etre.

Voyons, en effet, comment la sculpture naît, comment s'opère son évolution. Originairement l'édifice est nu. Sa beauté consiste uniquement dans l'élégance et l'harmonie des lignes, et dans leur intime relation avec la pensée qu'elles expriment, ainsi que nous l'avons expliqué. Le modèle interne que l'artiste s'efforce de réaliser, ne l'est qu'imparfaitement encore. Son œuvre est incomplet, il ne satisfait qu'en partie le besoin qu'il éprouve de reproduire l'exemplaire idéal, la ravissante image que sans cesse il contemple, que ses désirs haletants embrassent avec amour comme une apparition divine. Une simple moulure terminoit en s'élargissant la colonne ; elle enroule maintenant ses volutes, s'épanouit en feuillage. Des plantes variées tressent leurs guirlandes sur les frises des entablements. De la pierre animée sortent çà et là des animaux inachevés encore. Les murs se couvrent de bas-reliefs où ces êtres divers viennent se grouper autour de l'homme, se lier, se mêler aux scènes de sa vie. Les formes se prononcent toujours davantage, elles s'agrandissent, deviennent plus saillantes, jusqu'à ce qu'ayant, pour ainsi dire, accompli leur croissance, elles se détachent enfin du milieu où elles étoient comme enveloppées. Sous ce rapport, la statue, et spécialement celle qui reproduit la forme humaine, est le terme de l'Art, elle en complète le développement, comme le développement de la Nature, sur le globe que nous habitons, a pour terme la production de l'homme, le plus parfait des êtres créés. Aussi toute la sculpture aboutit-elle à la statuaire, et c'est par elle principalement qu'elle se caractérise chez les peuples où la culture sérieuse de l'Art permet de l'étudier dans ses phases successives et ses variétés.

Bien qu'elle ait sa racine dans l'architecture, elle se distingue d'elle par une différence qu'il importe de remarquer d'abord. Simple combinaison de lignes et de plans, l'architecture est tout extérieure, elle n'attire au-dessous des surfaces ni l'œil ni la pensée, semblable en cela au monde inorganique, dont elle est l'expression directe. La sculpture, au contraire, qui manifeste les êtres organisés, et correspond au monde de la vie, ne se renferme pas dans la forme extérieure, l'enveloppe superficielle ; il faut qu'au-dessous on sente, on devine ce qu'elle recouvre, les parties profondes de l'organisation, il faut que la poitrine respire, que le sang circule, que les muscles palpitent sous la surface du marbre ; que quelque chose de plus intime encore, selon la nature des êtres qu'elle offre à nos regards, se révèle et révèle en même temps le type idéal que l'art a pour but de réaliser.

Que son caractère et ses progrès dépendent surtout de la conception de ce type, c'est ce que montre clairement l'histoire de la sculpture. On peut attribuer quelque influence sur ses développements primitifs aux matériaux qu'elle employa, le bois, l'argile, la pierre, les métaux ; mais cette influence ne fut que secondaire et presque imperceptible ; car, de quelque façon que ce soit, l'idée parvient toujours à se créer son corps. Chez les peuplades grossières et sauvages, il ne présente qu'une ébauche informe, presque aussi éloignée du Beau que l'instinct des êtres inférieurs est éloigné de l'intelligence humaine. Ces premiers linéaments de l'art offrent encore cependant la visible empreinte des sentiments, des pensées, des mœurs de ces hommes placés au degré le plus bas de la vie sociale : et comme, en plusieurs de leurs ouvrages, dans leurs armes, leurs vêtements, leurs meubles, en un mot, ce qui correspond immédiatement à leurs besoins, apparoît une finesse, une délicatesse de travail, une habileté, un goût d'exécution qui souvent étonne, on est bien forcé de reconnoître que la choquante imperfection de leurs œuvres d'un autre genre a pour cause au moins principale l'imperfection de leurs idées, de leur conception du Vrai et du Beau. Il suffiroit, pour dissiper toute espèce de doute à cet égard, de suivre, chez les peuples les plus avancés, le développement de la sculpture, d'observer les profondes modifications qu'elle subit sous l'influence des religions diverses et des différentes civilisations qu'elles engendrent, c'est-à-dire, selon la manière dont l'homme conçoit Dieu, l'univers, ses lois générales, et se conçoit lui-même.

Dans l'Asie orientale où, par une conséquence nécessaire de la doctrine panthéistique des émanations divines et de leurs avatars, les phénomènes du monde extérieur, ombres flottantes, maïa trompeuse et insaisissable, se résolvoient dans certaines puissances, certaines énergies idéales, qui se résolvoient elles-mêmes dans l'unité de la substance absolue ; en ces régions, et sous l'empire de ces antiques croyances, l'Art se réduisoit forcément à des symboles convenus. Un seul être et, dans cet être universel, éternel, des fantômes sans réalité, des visions fugitives : où trouver là des types à reproduire, des modèles que l'artiste pût revêtir d'un corps ? Que pouvoit créer l'homme, quand Dieu lui-même n'avoit rien créé, étoit impuissant à rien créer ? quand la Création apparente, prestige léger, s'évanouissoit comme un vain songe ? L'Art, c'est la reproduction extérieure de la forme. Or, de quelle forme typique, essentielle, immuable, auroient pu être doués les êtres finis, pures illusions, spectres fantastiques de ce qui n'est ni ne peut être ? D'une autre part, l'Être infini rigoureusement un n'a point de forme qui puisse être reproduite extérieurement. Dès lors, pour exprimer ce que la pensée concevoit en lui, ses secrètes puissances et leurs manifestations internes, il falloit que l'art se fît une langue emblématique, arbitraire. De là ces statues monstrueuses, à plusieurs têtes, à plusieurs corps, dont les membres s'entrelacent et se tordent comme les racines d'un énorme tronc , et où se combinent les formes des animaux et celles de l'homme; images symboliques de l'unité, de l'identité radicale du Créateur et de la Création.

Établies chez un peuple, les doctrines que nous venons de rappeler y opposoient évidemment un obstacle invincible au développement de l'Art. En niant le monde phénoménal, elles nioient l'Art même ; et encore ici nous voyons quel étroit lien enchaîne toutes les idées, toutes les vérités, comment tout sert à confirmer une conception générale des choses, ou à l'infirmer selon qu'elle-même est en harmonie ou en désaccord avec les faits et les instincts universels. Toute philosophie est dans l'Art, parce que tout l'Art doit être dans la vraie philosophie, et c'est pourquoi ils se vérifient l'un par l'autre. Otez Dieu de la Création, le Beau n'a plus de type essentiel; l'Art manque de raison, de vie, il n'en reste que le cadavre. Otez à la Création sa réalité, faites-en, comme l'Inde antique, un simple rêve de Dieu, le Beau n'a plus de forme sensible, et l'Art, impuissant à le manifester, s'évanouit au sein de l'unité incompréhensible, absolue.

La sculpture symbolique passa de l'Inde en Égypte, ou y naquit par des causes semblables. Elle

essaya de représenter, au moyen d'êtres allégoriques, les conceptions abstraites de l'esprit. Le
Sphinx parla une langue mystérieuse, comme ces
corps humains surmontés de têtes d'animaux choi-
sis pour emblèmes de certaines manifestations de la
Divinité. Ces bizarres simulacres étoient plutôt au
fond des caractères hiéroglyphiques que des œuvres
d'Art. Destinés à rappeler le dogme mystique, ils
appartiennent, par leur origine et leur caractère, à
l'époque sacerdotale, à cette époque où la science,
le pouvoir, le gouvernement, la direction des choses
religieuses et civiles, étant concentrés dans les colléges des prêtres, la société entière émanoit du
temple. Mais, dégagé plus tard, en partie du moins,
de ces entraves sacrées, l'Art s'affranchit dans la
même mesure. Toujours cependant assujetti aux lois
souveraines qui le régissent, toujours en harmonie
avec les pensées, les sentiments, les mœurs du peuple
au milieu duquel il se développoit, il affecta des
formes colossales, pesantes, expression de l'immobile éternité, et conserva une sorte d'affinité avec le
tombeau ; car l'idée de la mort resta constamment
l'idée dominante de l'Égypte. La momie enveloppée
de ses bandelettes fut le premier type de la statuaire,
et Sésostris, dont le génie guerrier ne laissa de repos
ni à lui ni au monde, est ainsi représenté dans une
statue encore existante. Néanmoins ce type primitif

se modifia successivement : mais , lorsque l'artiste souffla la vie dans le granit et le marbre, elle n'y pénétra que peu à peu et jamais assez pour imprimer le mouvement à cette pierre à demi animée. Les bras pendants, les jambes et les pieds collés l'un à l'autre, continuèrent de former avec le corps une ligne droite et roide : point d'inflexions, point de variétés de poses, une face muette. L'Art sans doute ne s'arrêta pas à ces imparfaits commencements ; il conçut mieux le modèle idéal qu'il a pour but de reproduire, et il fit des efforts heureux pour s'en rapprocher. Le dessin perdit de sa sécheresse, les membres s'assouplirent, les attitudes se diversifièrent, la chair palpita, le visage prit de l'expression. Toutefois, malgré ce progrès et dans ce progrès même, on put constamment discerner le caractère primordial. Ce ne fut plus la mort, mais le repos ; ce ne fut plus le sommeil de fer, la rigide insensibilité du sépulcre, mais le calme : et cette vivante immobilité, ces figures impassibles ont quelquefois une sorte de grandeur solennelle et de majesté formidable, qui donne l'idée d'êtres au-dessus de l'homme, et que l'art grec même, supérieur à tant d'autres égards, n'a point surpassée.

Celui-ci eut deux origines [1], l'une égyptienne,

1. Ce point important dans l'histoire de l'Art, nous paroît avoir

l'autre nationale, ou, plus exactement, dorienne. Les colonies qui, des bords du Nil, vinrent, à l'époque des rois pasteurs, s'établir dans la Grèce, y apportèrent leur religion, leurs sciences, leurs arts; d'où naquit une civilisation mélangée du génie des deux peuples, mais où dominoit l'influence de celui qui, possédant l'avantage immense d'une culture plus ancienne, en répandit les bienfaits sur des hommes d'une nature délicate et puissante, mais plongés encore dans la rude grossièreté de l'enfance. Si, après des siècles de développement sous une tutelle étrangère, des flots pressés de la race primitive n'étoient descendus des montagnes de la Thrace et de la Thessalie, pour renouveler, dans les contrées voisines de la mer et les îles adjacentes, l'élément grec affoibli; peut-être, absorbé par l'élément civilisateur survenu du dehors, eût-il enfin disparu totalement. L'invasion dorienne arrêta le progrès, ramena la barbarie; mais dans cette barbarie s'infiltra peu à peu, en se transformant, la civilisation qu'elle avoit remplacée. Ce fut alors l'élement grec qui absorba, s'assimila l'élément égyptien. Toutefois, avant qu'ils se combinassent, chacun d'eux avoit eu son expression, avoit produit un art qui lui correspondoit. Cher-

été mis désormais hors de doute par un critique habile et plein de goût, M. Fortoul, au travail duquel nous renvoyons.

chons d'abord ce que l'art grec-égyptien et l'art purement grec eurent de commun et, en même temps, de particulier au génie hellénique; puis ce qui les distinguoit l'un de l'autre, et enfin ce qu'ils devinrent après leur union.

Deux choses, sous le point de vue de l'Art, caractérisoient la race grecque, une perception exquise de la beauté de la forme, et un profond sentiment de la vie. Sa religion, dans les premiers âges, appartenoit à ces antiques religions de la Nature, qui apparoissent vaguement à toutes les origines. On en découvre de clairs vestiges dans les fragments venus jusqu'à nous des poëmes orphiques, empreints aussi de certaines idées d'un mysticisme oriental. Mais celles-ci, opposées au génie de ce peuple actif, enthousiaste de l'indépendance, dominé par les vives impressions des sens, s'effacèrent peu à peu, se desséchèrent, en quelque sorte, comme des plantes transportées de leur climat natal dans un sol étranger et sous un autre soleil. Au lieu de remonter, à travers le monde phénoménal, jusqu'à la conception abstraite des forces fatales qui le régissent, et, au delà encore, à la cause une et absolue dont elles émanent, et de se fixer immuablement dans cette contemplation, les Grecs, épris de ce qui frappe le regard, suivirent l'évolution des phénomènes, la génération des formes extérieures jusqu'au dernier terme de cette magnifique série ; et ce dernier terme, l'homme en un mot, leur offrant le modèle le plus accompli de la beauté sensible et la plus haute puissance de vie, ils incarnèrent en lui l'impérissable idée du souverain Être, unissant ainsi dans ce symbole vivant le fini et l'infini, Dieu, de qui sort la Création, et la Création que, dans la sphère accessible à notre expérience, l'homme résume et couronne.

Cependant, comme nous l'avons dit, le mélange des premiers habitants de la Grèce avec les colonies égyptiennes modifia, sans le détruire, le génie hellénique. Les procédés de l'Art et ses types, apportés de la vieille terre des Pharaons, avec ses dogmes, ses rites, la science et la philosophie de ses corporations sacerdotales, se perpétuèrent dans la société nouvelle. La statuaire conserva sa majesté calme, mais aussi sa froide immobilité. Seulement la forme se perfectionna. Sous le ciseau des Grecs, elle perdit sa roideur, elle acquit de la souplesse et de l'harmonie, elle devint plus vivante. C'étoient encore les Dieux de l'Égypte, mais ces Dieux se faisoient hommes. La beauté essentielle se fondoit dans la beauté humaine, s'y incorporoit, et en revêtant son caractère lui imprimoit le sien. Exempt d'influence étrangère, l'art dorien, au contraire, tel que nous l'offrent dans sa pureté les

marbres d'Égine, exprime le mouvement, l'activité,
le combat et les exercices qui le rappellent et qui y
préparent. L'idée divine n'y apparoît que sous des
emblèmes consacrés et traditionnels, pour satisfaire
en quelque sorte à des convenances en dehors de
l'Art. Admirable par l'étude de la forme humaine,
par la variété des attitudes, la hardiesse des poses,
l'énergie, la vie, cette sculpture, ardente de passion, est loin de s'élever à la grandeur idéale des
types conçus sous l'influence directe du sentiment
de l'infini. Elle a même le défaut voisin des qualités qui la distinguent. Pleine de mouvement et de
force, elle est tout nerf, tout muscle, mais un peu
maigre et grêle, anguleuse, tendue : d'où quelque
sécheresse dans la forme.

Telles furent les deux écoles qui se partagèrent
originairement le domaine de l'art chez les Grecs,
et comme elles avoient un centre commun dans le
génie propre de ce peuple, elles purent se rapprocher et s'unir, en se communiquant ce qui caractérisoit chacune d'elles. Cette fusion s'opéra vers
l'époque où Phidias orna le Parthénon de ses œuvres immortelles. La sculpture antique atteignit
alors son plus haut point de perfection. Elle manifesta tout ensemble la beauté idéale et la beauté
physique, l'imposante majesté, l'élégance exquise,
la noblesse et le mouvement passionné. Sous la

forme humaine, ravissante de grandeur, de grâce, d'harmonie, on découvrit le Dieu, et le Dieu ce fut l'homme encore, non l'homme imparfait que nous voyons, dans cette infime région des ombres, passer sous nos yeux en fuyant, mais l'homme dépouillé des conditions de sa mortalité, l'homme qu'au-dessus des temps la pensée contemple dans son exemplaire éternel. De là cette vie intarissable qui coule à flots dans le marbre et le bronze. De là ces souffrances dont on ne pourroit supporter le spectacle réel, et qui, devenues celles du Laocoon ou du Cimbre mourant, au lieu de repousser vous attirent par un charme indéfinissable. De là enfin la nudité chaste, ces formes parfaites qui, sans autre voile que leur beauté pudique elle-même, n'excitent aucune émotion sensuelle, ne laissent s'exhaler d'elles aucune vapeur qui trouble et enivre, qui ternisse la pureté du regard. C'est que la chair n'est que l'enveloppe transparente de l'esprit; c'est qu'à la vue de ces merveilles de l'art, la pensée, déployant ses ailes, quitte la terre et s'envole, transportée d'un céleste amour, vers le modèle idéal que reflète la corporelle image, et se fixe en lui uniquement.

Parvenu à ce degré d'élévation, l'Art eut son déclin. L'élément spirituel s'affoiblit; on tomba dans le culte exclusif de la forme; et comme sa puissance réside dans l'expression de ce qui n'est pas elle, de ce qui par sa nature est au-dessus des sens, réduite à elle-même on sentit que, pour apaiser l'instinctive, l'immortelle aspiration au Beau infini, quelque chose lui manquoit : et lui demandant ce qu'elle ne peut donner, on l'altéra progressivement, on la dégrada en croyant la perfectionner. La simplicité, la sobriété, parurent, sinon de la rudesse, au moins la négligence d'une incomplète exécution. Le goût mâle et sévère de l'âge précédent fit place à un goût recherché, maniéré ; la grâce dégénéra en mollesse et en afféterie. L'habitude familiarisant avec ces types abâtardis, ils devinrent celui de la beauté. On les exagéra, on les tourmenta toujours plus ; et, pour avoir voulu borner l'Art à la reproduction de la forme, on perdit peu à peu le sentiment de la forme même. Les chefs-d'œuvre anciens qu'on avoit sous les yeux, une certaine tradition qui retenoit encore, retardèrent quelque temps la décadence. Mais, quand le principe moral menaça de s'éteindre entièrement à Rome, où la sculpture s'étoit refugiée après la conquête de la Grèce ; quand les doctrines sensuelles d'une philosophie séparée de Dieu et concentrée dans la matière, pénétrant toute la société, y créèrent des mœurs monstrueuses, l'Art, frappé à mort, pencha rapidement vers sa fin. Épuisé, abruti par la corruption, il n'enfanta désormais que d'informes ébauches, des êtres avortés, des môles hideux. On suit de l'œil les progrès de la maladie qui le travailloit. Il conserve un reste de vie dans l'arc de Septime-Sévère; il expire dans celui de Constantin. Là commence l'ère de la barbarie. Il faut, à travers des siècles d'une stérilité absolue, arriver jusqu'au moyen âge pour voir apparaître, sous l'influence d'une conception nouvelle du Vrai et d'un nouveau sentiment du Beau, les premiers germes de sa tardive régénération.

Il avoit cessé d'être en se matérialisant : l'esprit le renouvela : car tout sort de l'esprit, tout vit de l'esprit; il est la vraie réalité, l'élément positif des choses, et les corps ne sont que ce qu'est l'écriture à la pensée; ils manifestent, ils expriment l'idée réalisée en eux sous les conditions de l'étendue, et en qui seule réside la vertu plastique. Ce que nous avons dit à cet égard des êtres en eux-mêmes et de leur génération dans l'univers s'applique également à leur reproduction par l'homme dans la sphère de l'Art; et l'Art procède comme la Nature, est assujetti aux mêmes lois.

Pour comprendre le caractère particulier de l'art chrétien, ce qui le distingue de l'Art tel qu'il se développa sous l'influence des religions antérieures, il est avant tout nécessaire de considérer, dans leur rapport avec le sujet qui nous occupe, les doctrines du christianisme, et de les comparer aux doctrines de l'Orient et de la Grèce.

L'Orient identifioit le Créateur et la Création, et dénioit dès lors à celle-ci une existence réelle. Nous avons expliqué comment cette négation du monde extérieur étoit une négation de l'Art même. Le christianisme, au contraire, sépare profondément Dieu de son œuvre, qui le manifeste au sein de l'espace, les choses visibles n'étant que l'image, le reflet des choses invisibles. Ainsi le christianisme affirme à la fois et la réalité de la Création contingente, et son intime liaison, sa relation nécessaire avec l'idée qui en est le type éternel. Le christianisme réunit donc les deux éléments de l'Art. Mais, ne s'arrêtant qu'à regret dans la Création, cherchant toujours en chaque créature sous l'enveloppe visible l'invisible essence [1], afin de s'élever par elle, de degré en degré, au principe infini de l'être, il s'ensuit que des deux éléments constitutifs de l'Art, celui par lequel il se rattache au divin exemplaire, l'élément idéal, doit prédominer dans l'art chrétien.

Les Grecs, comme on l'a vu, en divinisant l'homme, s'étoient élevés à la conception d'un ad-

______

1. Cette tendance à remonter du phénomène à l'idée, ou ce besoin de découvrir la raison des choses, a été la cause principale du développement de la science chez les nations chrétiennes.

mirable type du Beau. Cependant Dieu n'étant que l'homme même agrandi indéfiniment, l'homme parfait selon sa nature idéale, essentielle, aucune impulsion de la pensée ne sollicitoit l'art à franchir, pour ainsi parler, les limites de la beauté purement humaine ; de sorte qu'il dut nécessairement concentrer ses efforts dans le perfectionnement de la forme déterminée qui, pour les Grecs, étoit l'expression du Beau absolu.

Le christianisme n'absorbe point Dieu dans l'homme, comme les Grecs ; il n'absorbe pas non plus l'homme en Dieu, comme les religions orientales ; mais, la nature divine et la nature humaine subsistant distinctes, il les suppose unies d'une union infinie dans le type de l'humanité, le Christ, l'Homme-Dieu : et tout homme doit tendre à s'unir à Dieu, par le Christ et dans le Christ, de la même union infinie. Jusqu'à ce que cette union ne s'opère, l'homme infirme, souffrant, gémit dans l'obscure prison de ce corps périssable dont il sortira pour revêtir un autre corps plus délié, plus parfait, plus spiritualisé, *corpus spiritale*, suivant l'expression même de saint Paul.

Encore ici on voit que le christianisme renferme les deux éléments essentiels de l'Art ; mais que, par la pensée prédominante du monde spirituel, par le mépris de la chair destinée à se flétrir si vite, et qui se lie dans ses dogmes à l'idée du péché, il imprime à l'art une direction opposée à celle qu'il reçut chez les Grecs. Tout rappeloit ceux-ci à l'étude et à la reproduction de la forme corporelle; elle étoit le fond, la substance de l'Art.

Les croyances des chrétiens portent plutôt à la négliger, à la dédaigner : et, sous ce rapport particulier, l'Art émané du christianisme, quoique supérieur à d'autres égards, a certainement en soi une cause permanente d'infériorité. Il y auroit lieu de tirer de là des conséquences philosophiques d'une haute importance, mais qui ne sont pas maintenant de notre sujet.

Dans l'appréciation des œuvres de l'Art, on doit soigneusement distinguer ce qui tient à l'Art même, au principe virtuel de son développement, à sa tendance caractéristique, de ce qui dépend du génie de l'artiste, de son habileté personnelle ou de son inexpérience. Lorsque la sculpture renaquit après l'entière dissolution du paganisme et de l'empire, s'il restoit encore des modèles, l'idée à laquelle ils se rattachoient ayant fait place à une idée nouvelle, on ne les comprenoit, on ne les sentoit plus. La réprobation dont le christianisme avoit frappé les croyances antiques s'étendoit jusqu'à eux, et en voiloit la beauté même aux yeux d'hommes nourris dans la rudesse d'une vie de travail ou de combat, inaccessibles aux impressions délicates qui supposent un esprit et des sens exercés. La tradition de l'Art, ses règles, ses procédés techniques s'étoient presque entièrement perdus dans le naufrage de la vieille civilisation. Tout étoit à recréer, et l'on ne doit pas s'étonner dès lors de l'imperfection des premiers essais. Le même fait s'est reproduit chez tous les peuples, et à cet égard les Grecs ne font point exception. Mais le caractère distinctif de l'art grec et de l'art chrétien se manifeste dans un autre fait, dès l'origine de l'un et de l'autre. Exclusivement préoccupé de la forme sensible, l'art dorien rechercha la beauté du corps et négligea la tête, qui, à cette époque ancienne, offroit symboliquement sans doute, sous des traits humains, le type hideux de l'animal. Au contraire, l'art chrétien, préoccupé de l'idée pure, négligea le corps et s'absorba dans le soin exclusif de la tête où réside l'expression de l'homme intelligent. Dans la tête elle-même il subordonna complétement la beauté physique à la beauté morale; celle-là pour lui n'est qu'un moyen, et jamais un but ; et alors même que l'artiste en a le sentiment le plus vif, on voit qu'il s'arrête, pour qu'une certaine perfection de forme extérieure ne détourne pas la pensée du beau idéal, du modèle divin sur lequel il voudroit fixer uniquement sa contemplation.

Une autre cause encore s'opposoit à l'étude des formes du corps et au développement de cette partie de l'Art, quand il renaquit avec une nouvelle civilisation. Le nu répugnoit aux mœurs chrétiennes. Ce qui prouve néanmoins que cette cause ne fut que secondaire, c'est qu'elle n'entraînoit pas nécessairement l'incorrection et la roideur, l'absence de vie, de grâce et de mouvement qu'on remarque dans les statues du moyen âge, et dans les draperies même inflexibles, étroites, pendantes lourdement, et dont les plis sans variété ressemblent aux cannelures d'une colonne.

Les têtes, quant à l'expression, peuvent être rapportées à deux types généraux correspondants aux deux états radicalement contraires où, d'après la doctrine du christianisme, l'homme peut subsister, selon qu'il se trouve actuellement sous l'empire du péché, ou sous l'influence victorieuse de la grâce. L'idéal du premier de ces types est Satan, l'idéal du second est le Christ. De là deux divisions, deux branches distinctes de l'Art qui contrastent entre elles comme le bien et le mal dans la Création. Parlons d'abord de celle qui se rattache immédiatement au Christ.

En se faisant homme afin de régénérer l'humanité, le Verbe divin voulut, selon la foi chrétienne, s'assujettir, quoique exempt de péché, aux suites du péché, aux misères, aux souffrances, lamentable apanage de cette vie terrestre, et enfin à la mort dépouillée par lui, non de son caractère pénal, mais de la puissance absolue qui auparavant lui soumettoit l'homme, et le lui soumettoit à jamais. Tout ce que la nature humaine, dans sa primitive innocence, peut éprouver d'émotions pures, élevées, de joies saintes, de douleurs, le Christ l'a ressenti, sans que ces douleurs et ces joies altérassent la majesté calme et l'ineffable grandeur de l'Homme-Dieu. S'il souffroit, c'étoit pour autrui, c'étoit volontairement pour le salut de ses frères, d'où, sur son front illuminé de la splendeur du Verbe, dans son regard profond, sur ses lèvres mêmes sévères comme la vérité, une expression inénarrable de divine pitié et d'amour surhumain. Mais ce sacrifice accompli, les voiles s'effacent, l'enveloppe mortelle se transfigure, et du Christ glorifié rayonnent de toutes parts le Beau infini et la suprême béatitude.

Tel est, pour l'art chrétien, le type idéal dont le caractère doit se retrouver, indépendamment de la forme matérielle, en tout homme uni spirituellement au Christ, par la disposition dominante de sa volonté. Mais ce type varie indéfiniment selon la mesure de grâce départie à chacun, et en outre il est modifié par la condition même de la créature déchue. Car toute créature a péché, et dès lors porte en soi quelque empreinte du péché; de sorte que dans le plus juste on démêle des traces de l'originaire dégradation. La tristesse du repentir, la crainte de retomber, l'effort du combat, l'ardente aspiration au terme de cette lutte décisive, et tout ensemble la paix, la confiance, le désir, l'espoir, le pieux abandon et la céleste quiétude, forment en se mélangeant des nuances innombrables, depuis le premier mouvement par lequel le pécheur renaît a la vie spirituelle, jusqu'à l'extase où le saint, enivré de la lumière de Dieu, oublie la terre, s'oublie lui-même, absorbé, perdu dans la jouissance anticipée des joies éternelles. Or ces états divers, qu'est-ce, sinon des degrés de l'union réelle et mystique qui lie les membres au Chef, les fidèles au Christ, une échelle ascendante qui se termine à la transfigura-tion; et, quant à leur expression saisissable par l'Art, des modifications du type même du Christ? Ainsi le caractère de l'œuvre, sa beauté idéale, dé-pend primitivement de la conception du Christ, du modèle interne que l'artiste contemple en soi : et voilà pourquoi durant les siècles où il existoit un modèle commun correspondant à une conception uniforme de ce même Christ, on remarque dans toutes les têtes une expression fondamentale analo-gue à ce type. Quelque chose de semblable peut être, au reste, observé chez les Grecs mêmes. Chaque divinité avoit son type propre traditionnellement conservé, et de ces types différents émanoient différentes séries de formes dérivées où il nous est encore possible de le reconnoître.

De même que la grâce élève l'homme à Dieu auquel il s'unit par le Christ, la concupiscence lui imprime une direction contraire, le rapproche de Satan, l'unit à Satan, type du mal, de la souffrance extrême et de l'extrême dégradation. Or, la concupiscence ou l'amour désordonné de soi a deux branches relatives à la double nature de l'homme; elle est orgueil et volupté. De l'orgueil naissent les passions de l'esprit; de la volupté les passions sensuelles : et les unes et les autres n'étant, dans leurs divers degrés et leurs combinaisons diverses, que des individualisations du mal, elles ne sont non plus, quant à leur manifestation extérieure, que des modifications du type absolu du mal, du type de Satan. Comme, à partir du premier moment où la grâce prédomine, on arrive, par une série de nuances successives, à un dernier terme qui est le *Saint*, pleinement uni au Christ, et par le Christ à Dieu ou au Bien infini ; à partir du péché que transmet la génération, on arrive par une série analogue de nuances à un dernier terme qui est le *Damné*, pleinement uni à Satan, *le chef de ceux qui n'ont point de chef,* et par lui au mal essentiel, éternel, infini dès lors.

Le sentiment profond d'une des conséquences nécessaires du mal, qui est d'abaisser la créature mauvaise, de la ravaler au niveau des êtres inférieurs, a induit l'art chrétien à le représenter sous les formes hideuses d'animaux réels ou fantastiques. Ces bizarres créations, si multipliées dans les monuments religieux du moyen âge, ne sont que des images symboliques de Satan, dont toutefois le type idéal, loin d'exclure la beauté matérielle de la forme, l'implique au contraire, ainsi que nous l'avons expliqué ailleurs; et ce que ce type a de plus effrayant résulte du contraste heurté de la beauté physique et de la déchéance morale. Mais, entre deux conceptions également vraies à des points de vue différents, l'Art dut choisir, dans les premiers temps, celle que le peuple pouvoit le mieux saisir, et d'où sortoit pour lui l'instruction la plus salutaire.

Au type du damné appartiennent l'orgueil, la colère, l'envie, l'ironie amère et méchante, la stupidité brutale, et toujours la haine avec un fonds de souffrance incurable. Le type du saint se caractérise par je ne sais quoi d'humble et de sublime dans sa suavité ravissante, un amour ardent et calme à la fois, par l'expression indéfinissable de l'harmonie des puissances internes et le repos de la béatitude. Le damné vous attire vers des abîmes cachés, ténébreux, dont le pressentiment fait tressaillir d'une terreur secrète. Avec le saint vous vous élevez en de pures régions, où l'homme uni à Dieu se dilate à jamais au sein d'une félicité mystérieuse, immense.

Tels sont les types constamment reproduits, pendant les âges de foi, par la sculpture chrétienne; et, parmi les types secondaires dérivés du type idéal du Christ, il en est un qui lui appartient d'une manière exclusive.

Pour les peuples orientaux, la femme n'étoit qu'une manifestation particulière du principe passif de la génération dans l'univers, et quoique le mythe isiaque exprimât la même idée cosmogonique, il indique néanmoins un sentiment plus développé de la personnalité humaine. Si la déesse égyptienne représente la terre animée de ses forces fécondes, il représente aussi la femme réelle, l'épouse, la mère. Avec elle apparoît Orus, symbole général du terme de l'action génératrice dans la Création, et en même temps vrai fils d'Osiris et d'Isis, type divin de l'enfant qui complète la famille. Aux doctrines de l'Orient et de l'Égypte correspondoit originairement chez les Grecs la Vénus céleste, mère d'Éros, emblèmes l'un et l'autre des énergies essentielles qui concourent à la production de la vie. Lorsque ensuite l'homme, se dégageant de la Nature au sein de laquelle il avoit été jusque-là comme absorbé, se sentit distinct d'elle, cette Vénus et cet Amour primitifs revêtirent peu à peu un caractère exclusivement humain. Ce furent la femme, la mère, l'enfant, selon leur modèle idéal. Puis, les mœurs se relâchant, la femme perdit sa pureté première, elle devint la Vénus de Gnide et de Paphos, symbole de la volupté sensuelle, de la charnelle beauté qui enfante la convoitise aveugle, *Cupido.*

En recherchant les types divers que présente l'Art avant le christianisme, on trouve chez les anciens le type de la femme, sous ses différentes modifications d'épouse, de mère et de jeune fille; mais celui de la Vierge-mère, né du dogme chrétien, leur est totalement étranger. Sainte comme le Christ qui a pris en elle notre nature afin de la régénérer, elle est la femme selon l'esprit, comme la Vénus antique étoit la femme selon la chair. Ainsi dans la Vierge tout détache de cette pensée de la chair. Telle qu'une fleur aérienne, elle flotte au milieu d'une limpide lumière qui semble en la révélant la voiler encore. Un parfum exquis d'innocence s'exhale d'elle et l'enveloppe comme un vêtement. Sur son front serein et où cependant apparoît déjà le germe d'une douleur immense pressentie et pleinement acceptée, sur ces lèvres qui sourient à l'Enfant divin, dans son regard virginal et maternel, dans la pureté de ses traits pleins d'une grâce céleste, on reconnoît tout ensemble et la simple naïveté de la fille des hommes, et l'auguste grandeur et l'ineffable sainteté de celle en qui le Verbe éternel s'est incarné pour le salut du monde. Voilà la femme selon le christianisme, la seconde Ève réparatrice de l'humanité ruinée par la première; et lorsque après une vie cachée on la revoit au pied de la croix sur laquelle se consomme le volontaire sacrifice de son fils, lorsqu'elle est là défaillante sous le poids de ses inénarrables angoisses, et toutefois recevant de la main du Père le calice d'amertume et l'épuisant jusqu'à la lie, sans proférer une plainte : quelle distance de la mère du Christ à l'antique Niobé !

On conçoit aisément l'influence que durent exercer sur l'Art ces types si nouveaux. Il en est un encore que nous ne devons pas oublier. Partout et toujours l'homme a cru à la persistance de son être, partout et toujours il a eu l'instinct irrésistible d'une autre vie après cette vie si laborieuse et si fugitive; et c'est pourquoi partout aussi, recueillies, conservées avec un pieux respect, ses dépouilles périssables ont été pour les peuples un objet sacré : d'où la religion des sépultures.

La préoccupation dominante de l'existence future, unie à une doctrine éminemment spirituelle et à la croyance en la résurrection des corps, dut à la fois inspirer aux chrétiens une révérence particulière pour les derniers restes de l'homme, et empreindre leurs tombeaux comme leurs funérailles d'un caractère distinctif. Le simple cimetière de village est peut-être le plus touchant, à cause de sa simplicité même. Cette égalité de la mort dans une espérance et une foi communes, cette terre où germe invisiblement la moisson des élus, ce monde endormi de l'intelligence, abrité pendant son sommeil au sein de la Nature toujours jeune et toujours féconde, cette foule pressée qui se lèvera un jour pour prendre possession de l'avenir infini dont la séparent quelques touffes de gazon, ces croix et ces fleurs éparses, ce mélange de ce qu'il y a de plus doux et de plus formidable, des mystères de la vie et de ceux du trépas : quelle source de graves pensées et d'émotions profondes ! L'art ici n'est pour rien encore; mais il s'implantera dans ce sol, il s'y développera, et le cimetière chrétien, devenu le *Campo-Santo*, réveillera par d'autres moyens les mêmes sentiments sous une forme nouvelle.

A l'une des extrémités de la ville de Pise, sur une place solitaire d'où l'on découvre, avec la plaine voisine, les montagnes qui la bornent à l'horizon, quatre édifices s'élèvent irrégulièrement jetés en ce lieu désert : un baptistère, une cathédrale, une tour qui penche et un cimetière. Chacun de ces édifices est un monument remarquable de l'Art, et tous ensemble ils représentent merveilleusement la vie humaine. Entre la naissance et la mort, le baptême et l'inhumation, qu'y a-t-il en effet que la pensée et l'action religieuse, la pensée et l'action terrestre, dont les œuvres caduques penchent sans cesse vers une ruine prochaine? Nous n'avons ici à nous occuper que du cimetière qui a reçu le nom de *Campo-Santo*, parce que au temps où régnoit une foi fervente et simple, la terre qui en forme le sol fut apportée de la Palestine par les Pisans, dont les flottes alors rivalisoient avec celles de Venise et de Gênes.

Qu'on se figure un parallélogramme entouré de murailles sans aucun ornement, sans aucune ouverture, à l'exception d'une porte pratiquée au milieu d'un des grands côtés; au-dessus un toit peu large en saillie sur les murs et qui en suit les lignes sévères et monotones : voilà le *Campo-Santo* vu extérieurement. Qu'est-ce que cet édifice? Quel en est l'usage? Rien ne vous le dit. Cette enceinte mystérieuse est muette comme le cercueil dont elle reproduit la forme dans ses quatre pans d'inégale longueur sur lesquels s'appuie une toiture inclinée. Ainsi, complétement clos aux regards de ceux qui habitent encore les régions vivantes, il rappelle les secrets impénétrables de la mort. Et comme, après avoir franchi le seuil, on se trouve entièrement isolé de ces mêmes régions, il semble qu'on ait tout à coup passé d'un monde en un autre monde, du monde animé où la vie se révèle par le mouvement, la voix, dans un monde immobile et silencieux, où nul bruit n'entre, d'où nul bruit ne sort, où l'oreille ne saisit pas même l'ondulation mourante de la plus foible respiration. Quelle puissance d'effet dans ce symbolisme[1] ! Que de profondeur dans cette idée si simple !

S'étant ainsi créé son lieu, l'Art va le remplir de ses œuvres, que l'architecture, la sculpture, la peinture, concourront à réaliser. Ce qu'il doit reproduire, souvenons-nous que c'est un monde, un monde à part conçu par le christianisme. Et d'abord donc la pensée du Christ dominera toutes les autres. Pour cela que faut-il à l'art chrétien? Une croix qui monte du point central où convergent toutes les lignes. Autour s'étend la terre des morts, et quand l'œil se relevant cherche l'horizon de cette terre mystique, il ne rencontre que le ciel. Dans ses hauteurs où le regard se perd est le séjour vers

---

1. Pour le bien sentir, il suffit de comparer au Campo-Santo de Pise le Campo-Santo de Bologne, où l'on a transformé en cimetière les pièces et les cours d'un couvent ouvert de toutes parts. On diroit un musée de tombeaux, et pas autre chose.

lequel prendront leur essor, au signal qu'ils atten-
dent, ceux qui dorment là sous l'herbe verdoyante,
le peuple innombrable des trépassés. La demeure
passagère où ils reposent ensemble, ce monde mystérieux qui apparoît comme un crépuscule indécis
et une indécise aurore entre le temps et l'éternité,
est encore un temple, un temple bâti sur la route
de l'Église d'ici-bas à la céleste Jérusalem. Ainsi,
au delà de l'espace ouvert, le long des murs d'enceinte nus à l'extérieur, s'élèvent de légères ar-
cades, qui rappellent à la fois et la nef et le cloître,
la maison de Dieu et celle de ces hommes qu'une
véhémente aspiration aux biens éternels a détachés
de la vie présente si rapide et si vaine. Tout ce qu'a
de plus riche et de plus délicat l'architecture chrétienne a été prodigué pour orner ces nefs où partout la sculpture a semé, avec ses funèbres monuments, l'image de la mort, tandis que la peinture
achevoit d'exprimer, sur le pourtour de l'édifice, la
pensée intime et profonde que l'Art vouloit manifester. Aucunes paroles ne sauroient donner une
juste idée de la perfection de cette œuvre merveilleuse, ni des sentiments que l'on éprouve à son
aspect. On oublie la terre, on s'oublie soi-même :
ému d'une tristesse rêveuse, pleine de foi et pleine
d'espérance, l'esprit flotte vaguement dans un invisible univers.

Nous avons dit qu'en ce qui tient à la religion des sépultures, le christianisme avoit fourni à l'Art un type inconnu des anciens. Jamais, en effet, la sculpture antique ne représenta la mort comme l'ont conçue les sculpteurs chrétiens. Pour eux, ce n'est point l'absence, la cessation de la vie ; ce n'est point non plus le sommeil : c'est la translation dans une autre sphère, dans un autre mode d'existence ; c'est, sous l'enveloppe du corps qui se dissout, mais pour renaître, la vision interne d'un monde nouveau, de réalités jusque-là voilées, de mystères doux et formidables. Ces yeux fermés contemplent quelque chose intérieurement. Un calme sévère règne dans ces traits fixes, sur cette face immobile et transparente. Ce que la mort a atteint, c'est la chair ; mais au-dessous apparoît la vie, elle rayonne de ce front, à travers la matérielle écorce qui recouvre l'essence spirituelle et impérissable.

A mesure que l'Art se développa, il perdit de sa rudesse première. La correction de la forme et sa beauté, toujours subordonnées néanmoins à l'expression morale, offrirent un progrès, remarquable surtout dans l'école toscane. La sculpture fut de bonne heure cultivée avec soin à Pise, à Florence, à Fiesole, et peut-être est-ce à cette circonstance que la peinture, dans le même pays, a dû le caractère qui la distingue, la supériorité du dessin. Plus tard, la foi s'affoiblissant, l'Art péu à peu tendit à se matérialiser, et le mouvement de la Renaissance, la découverte des chefs-d'œuvre antiques, l'admiration qu'ils inspirèrent, favorisant encore cette tendance, l'Art dévia, il se fit païen, et, sans atteindre à la perfection de la forme extérieure dont l'art grec présente de si ravissants modèles, il cessa de reproduire le Beau idéal que l'on ne concevoit, que l'on ne sentoit plus. Nous ne suivrons point la sculpture dans cette voie de décadence, où, l'imitation se substituant à l'inspiration, la puissance créatrice s'éteignit entièrement. Il put y avoir de grands artistes, des artistes habiles, de génie même, il n'y eut plus d'Art, selon la haute acception du mot. De nos jours il essaye de renaître, et une juste louange est certainement due aux artistes supérieurs qui travaillent, non sans gloire, à le relever de ses ruines. Mais ils ne peuvent que ce que peut l'homme isolé, l'homme individuel; ils ne sauroient donner à la société ce qui lui manque, la conscience d'une foi qu'elle n'a pas; et, pour que l'Art devienne ce qu'il sera dans l'avenir, il faut que des croyances se fondent et se propagent; il faut que d'une conception plus étendue, plus nette de Dieu et de l'univers, de l'humanité, de ses lois, de ses fonctions et de ses destinées, sortent les types nouveaux qu'il réalisera.

CHAPITRE V.

Les corps ont une langue directe, immédiate, et les couleurs sont les mots de cette langue. Elle exprime la forme extérieure, comme la langue des sons exprime la forme interne, et ces deux langues sont intimement liées, ont une même racine, dépendent des mêmes lois fondamentales. Puisque la forme est une, il est bien évident que ce qui exprime la forme doit être également un. Or ce qui exprime, manifeste la forme, indépendamment de tout mode particulier de perception, est ce que partout on appelle lumière. La lumière donc correspondant à la forme essentiellement une est essentiellement une aussi. La diversité que présentent les manifestations de la forme, est donc uniquement relative aux divers modes de percevoir l'agent, le moyen universel de sa manifestation, ou à ses rapports différents avec les sens divers. Ainsi la lumière essentielle, immuable en soi, est son pour l'ouïe, couleur pour la vue, c'est-à-dire que, selon la nature de l'organe sur lequel elle agit, elle excite des sensations spéciales, mais toutes néanmoins représentatives de leur objet et du même objet. Si l'œil et l'oreille ne formoient qu'un même appareil physiologique, les sensations correspondantes à chacun d'eux s'uniroient dans une même perception plus complète.

Comme les sons, les couleurs sont pour elles-mêmes indéterminées, elles ne représentent comme eux que des formes vagues, flottantes, insaisissables. Dans le langage parlé, les consonnes déterminent le son, elles en marquent pour ainsi dire les contours en le limitant, et ainsi limité il exprime l'idée nette et précise qu'il doit manifester ou rendre visible à l'esprit. Dans le langage des couleurs, le dessin aussi détermine l'image, il en marque les contours en la limitant, et ainsi limitée elle exprime la forme nette et précise qu'elle doit manifester à l'esprit; car les sens ne sont que des intermédiaires, que les conditions organiques de la perception essentiellement spirituelle. Le dessin, dans le langage des couleurs, a donc les mêmes fonctions et la même importance que la consonne dans le langage parlé. Négatif comme elle, il est comme elle le moyen nécessaire par lequel s'opère la détermination extérieure de l'objet.

La couleur, en effet, n'est que la lumière elle-même, la lumière primitive décomposée, réduite à quelques-uns de ses éléments séparés des autres; et le dessin, c'est l'ombre ou une simple négation, négation qui a néanmoins indirectement, dans la pensée de l'artiste, une valeur positive, puisqu'elle correspond à ce qui détermine en lui le modèle idéal de la forme qu'il veut exprimer, ou à cette forme même, en tant que distincte de toute autre forme. Considéré comme une simple détermination des contours, le dessin n'a donc qu'une fonction négative; mais considéré comme le moyen par lequel l'artiste manifeste la forme qui est l'objet de sa vision interne, il a une fonction positive; car sans lui la forme, positive essentiellement, resteroit inapercevable. Il est, nous le répétons, à la couleur ce que la consonne est à la voyelle; il la détermine en la limitant. Elle ressembloit au vague langage des sons, qui ne parlent qu'aux sens et à ce qui en nous correspond directement aux sens : il en fait une langue articulée qui parle à l'esprit.

La manifestation du Beau infini ou de l'Être absolu est infinie comme lui, sans quoi, n'en étant pas la réelle manifestation, le Beau infini ou l'Être absolu, éternellement plongé dans des ténèbres impénétrables, seroit éternellement invisible, inintelligible. La lumière essentielle, indivisible, sans parties et sans bornes, est le moyen par lequel il est manifesté, et cette lumière est une avec ce qu'elle manifeste.

Ainsi le Verbe est lumière, et la lumière incréée, éternelle, est tout ensemble la splendeur du Beau et le Beau même. Mais, pour manifester le Beau fini, la même lumière doit être finie, limitée comme lui, et cette limite qui spécifie en la déterminant extérieurement chaque forme distincte, est rigoureusement nécessaire pour sa manifestation, impossible sans elle et contradictoire.

Aussi le dessin, expression de la limite, et fondement dès lors de tous les arts qui ont pour objet la manifestation de la forme dans ses rapports avec le sens de la vue, est-il commun à la sculpture et à la peinture. Et puisque la sculpture reproduit le type idéal, le Beau spirituel qui reluit à travers l'enveloppe corporelle, non moins parfaitement que la peinture, on voit déjà que cette haute partie de l'Art, après laquelle tout est secondaire, dépend entièrement du dessin; d'où la dénomination d'*arts du dessin*, pour distinguer ceux qui, par quelque procédé que ce soit, représentent à l'œil les formes sensibles.

La différence fondamentale de la sculpture et de la peinture consiste en ce que l'une dessine en relief son modèle dans une masse solide, et que l'autre le dessine sur une surface plane, de sorte que le relief résulte, pour celle-ci, d'un effet d'optique. A l'exception du coloris, le germe de ce que la peinture a de propre, mais simplement le germe, se retrouve néanmoins dans la sculpture; car la sculpture tient compte aussi du jeu de la lumière et de l'ombre; elle a aussi ses parties fuyantes, dans le bas-relief surtout. Or, du jeu de la lumière et de l'ombre dérive le clair-obscur, qui a tant ajouté à la puissance de l'art; et de la nécessité d'indiquer les plans successifs et l'interposition des milieux transparents pour marquer les rapports de distance, sont nées la perspective linéaire et la perspective aérienne.

A l'aide de ces divers moyens, la peinture, embrassant un champ plus vaste que la sculpture, peut représenter tous les objets et les relations entre ces objets, la terre et les innombrables accidents, le ciel et ses aspects variés, en un mot la nature entière, la nature morte et animée, passionnée et intelligente. Elle continue en quelque sorte l'œuvre de la sculpture, qui, supérieure à certains égards, plus monumentale et plus grandiose par sa parenté plus prochaine avec l'architecture, est resserrée, sous d'autres rapports, en des limites beaucoup plus étroites.

L'architecture et la sculpture se lient directement

au monde extérieur, qui en forme le cadre; elles s'harmonisent avec les lieux, la lumière et l'air. La peinture, elle, ramène ces choses dans le domaine immédiat de l'Art; elle crée les lieux, l'air, la lumière; elle en dispose et les combine et les modifie à son gré, reproduisant même, avec les êtres naturels, dans ces lieux de sa création, les œuvres de l'architecture et de la sculpture. Ce dernier art a bien essayé quelques ébauches de paysage[1]; mais, quelque admirable que soit ce travail dans sa sphère, l'effet n'en sauroit être en aucune manière comparé à celui du paysage peint. Il est même à remarquer que, pour arriver en ce genre à un commencement de vérité, pour obtenir une sorte de perspective purement linéaire, la sculpture est forcée d'adoucir les reliefs, de les indiquer à peine sur les plans reculés, c'est-à-dire de se réduire presque au simple dessin. Des reliefs plus saillants, plus rapprochés de la ronde-bosse, détruiroient toute espèce d'illusion, toute harmonie entre le fond et les objets qui s'en détachent, comme on en peut voir des exemples sur quelques tombeaux, magnifiques d'ailleurs, dans le musée du Capitole. Ainsi le vrai paysage appartient exclusivement à la peinture. Par elle donc, l'Art reçoit une immense extension,

1. Par exemple, dans les fameuses portes de Ghiberti.

car la nature entière passe en quelque sorte sous ses lois.

On ne doit pas croire cependant que la peinture se borne à la représenter telle qu'elle apparoît à nos yeux, qu'elle n'en soit que l'exacte image. Si c'étoit là sa fonction propre, le daguerréotype seroit fort au-dessus de Raphaël et du Poussin.

La peinture, comme tous les arts, a pour terme le Beau, et conséquemment, comme tous les arts, elle tend à reproduire le Beau infini. Or, selon sa notion la plus générale, le Beau n'étant que la manifestation de la forme, le Beau infini n'est autre chose que la manifestation de l'Être infini. Essentiellement un dès lors, indivisible, immatériel, le Beau infini n'a point, ne sauroit avoir d'expression sensible, et c'est pourquoi on l'appelle encore le Beau typique ou idéal. Donc la tendance de l'Art au Beau idéal, infini, correspond à la tendance universelle des êtres à l'Être infini, et en dérive primitivement. Et comme, par un mouvement perpétuel d'ascension, tous les êtres tendent vers Dieu, aspirent à s'unir, à s'identifier à Dieu, sans néanmoins y parvenir jamais, parce que au moment même où s'opéreroit cette union parfaite ils cesseroient d'exister individuellement; ainsi l'Art aspire au Beau infini, à s'unir, à s'identifier à lui, sans y parvenir jamais, parce que l'Art n'étant pas seulement la manifestation de la forme, mais sa manifestation sensible, et le Beau infini excluant, par son immuable essence, toute manifestation sensible, l'Art aussi cesseroit d'exister au moment même où s'opéreroit son union parfaite avec le terme de sa tendance.

D'une autre part, chaque être, chaque forme particulière participe au Beau infini dont elle émane, le rappelle, le manifeste partiellement, et elle le manifeste d'autant plus qu'elle occupe elle-même une plus haute place dans la série des formes créées, et que, considéré dans sa réalisation extérieure ou phénoménale, elle est individuellement plus conforme à son type essentiel; car c'est par ce type un, indivisible, éternel, qu'elle se rattache au Beau infini et le reflète immédiatement. Dans la reproduction des formes matérielles, l'art doit donc tendre à reproduire, non le simple phénomène, le pur fait sensible de la forme actuellement réalisée, mais l'exemplaire immatériel; et cet exemplaire constitue, pour chaque forme déterminée, un autre ordre, un ordre secondaire de Beau idéal, dont la splendeur doit rayonner à travers l'image corporelle, et qui aide à remonter vers le Beau absolu.

Or la Nature, au sein de laquelle s'incarnent les archétypes des êtres, leurs modèles divins, ne présente que des phénomènes, des formes corporelles, opaques enveloppes de l'invisible essence. L'Art n'est donc pas une simple imitation de la Nature ; il doit révéler, sous ce qui frappe les sens, le principe interne, l'idéale beauté que l'esprit seul perçoit et qu'éternellement Dieu contemple en soi. Cela est vrai de tout ce que la Création offre à nos regards, depuis la fleur qui penche sur les eaux, jusqu'à l'homme qui élève vers les cieux son front sublime.

Il se mêle toujours quelque chose de nous aux lieux que nous voyons. L'impression physique que nos sens en reçoivent se transforme au dedans de nous-mêmes, et y suscite, pour ainsi parler, une image idéale en harmonie avec nos pensées, nos sentiments, notre être intime. Que deux artistes peignent d'après nature le même paysage, leurs œuvres, l'une et l'autre matériellement exactes, pourront différer profondément, et aucune ne reproduira uniquement la nature ; elles seront empreintes d'un caractère directement émané de l'artiste. L'air, la lumière, les nuances des ombres, les teintes des objets, tout cela et mille autres choses s'éloigneront plus ou moins de la réalité, pour mieux correspondre à son type conçu par l'esprit, pour que cet ensemble s'anime et parle. Et, en effet, ce qui distingue particulièrement les grands maîtres, c'est qu'ils ont su prêter aux lieux un langage indéfinissable, qui touche, émeut, provoque la rêverie et l'attire doucement comme en des espaces infinis. Le

Poussin, Salvator Rosa, Claude Lorrain, possédoient merveilleusement le secret de cette langue, comme aussi quelques peintres hollandois. Dites-moi par quelle mystérieuse magie ils nous retiennent des heures et des heures, plongés dans une vague contemplation, devant ce que la Nature a de plus ordinaire et de plus simple en apparence : une prairie avec un ruisseau et quelques vieux saules ; une vallée que traverse un torrent grossi par l'orage dont les derniers restes, où se jouent les feux du couchant, fuient et se dissipent à l'horizon ; sur une grève déserte une cabane au pied d'un rocher nu, la mer au delà, une mer agitée, et, dans le lointain, une voile qui s'incline, entre deux lames, sous l'effort du vent. Ne voit-on pas qu'ici c'est la pensée de l'artiste, sa vie interne qui se communique à vous, s'empare de vous ; c'est l'art qui vous emporte sur ses ailes puissantes en des régions plus hautes que tout ce que peuvent atteindre les sens ?

Chaque plante a son modèle, son idéale beauté, comme elle a sa voix dans le concert harmonieux des êtres ; et à mesure qu'ils s'élèvent, cette beauté resplendit d'un plus vif éclat, cette voix devient plus expressive. Ne discernez-vous pas, sous la forme extérieure, dans les animaux de Paul Potter, une vie interne propre à chacun d'eux, une manifestation de leur nature essentielle et typique ? L'allure,

la pose, le regard, tout parle en eux. La peinture
peut même, comme la poésie, prêter aux êtres inférieurs une sorte de sens moral, les rapprocher de
nous sous ce rapport, parce que en effet notre influence les modifie profondément, imprime à leurs
instincts, plus développés à certains égards, une
direction supérieure à celle qu'ils recevroient livrés
à eux-mêmes. Le chien d'Eumée reconnoissant,
après tant d'années d'absence, Ulysse que nul autre
ne reconnoît, n'offre-t-il pas à l'Art un germe de
beauté indépendante de la forme matérielle? Quelle
distance, quant à l'expression, du cheval sauvage
des pampas, au cheval de Job, et plus encore à
celui que Virgile dépeint, associant son deuil au
deuil paternel, et versant de grands larmes en suivant le cercueil de Pallante [1].

Chaque sphère d'existence présente ainsi un type
idéal du Beau, distinct du pur phénomène sensible;
et ce Beau idéal, s'élevant avec les natures, atteint
dans le plus parfait des êtres connus de nous, dans
l'homme en un mot, son terme extrême. Mais dans
l'homme aussi il va s'élevant, selon la conception
que l'homme même s'est faite de son propre exem-

---

1.   Post bellator equus, positis insignibus, Æthon
      It lacrymans, guttisque humectat grandibus ora.
                          Æneid., lib. XI, v. 89.

7.

plaire immuable, éternel, et du Beau absolu qu'il reflète.

Pour exprimer cette conception, la peinture a, comme nous l'avons dit, deux moyens généraux qu'elle doit combiner, le dessin et le coloris. Ils correspondent respectivement, quant aux résultats de leur combinaison dans la langue des corps, et quant à ces résultats seulement, aux deux éléments essentiels de l'Art, qui sont aussi les deux éléments essentiels des êtres créés, l'esprit et la matière ; car, en déterminant la forme, le dessin manifeste, en tant que distinct, ce que voit l'esprit ; et, en donnant tout à la fois à cette forme déterminée une surface réelle et du relief, en la détachant du fond, la couleur la rend saisissable à l'œil. Le premier donc a un rapport direct à la pensée, la seconde un rapport direct à la sensation. D'où l'on peut déjà conclure, premièrement, que là où le coloris sera la préoccupation principale de l'artiste, l'art tendra à se matérialiser, et qu'il aura, au contraire, une tendance à se spiritualiser, lorsque l'artiste se préoccupera du dessin principalement ; en second lieu que, dans la combinaison de ces deux éléments essentiels, le coloris doit être subordonné au dessin ; autrement, la sensation prévalant sur la pensée, l'art s'abaisseroit, sa langue perdroit ce qu'elle a d'intellectuel pour prendre un caractère vague ; elle deviendroit, sous ce point de vue, ce qu'est la musique à la poésie.

La perspective n'est, nous le répétons, que l'observation des lois de l'optique dans la disposition des plans, en tenant compte de l'interposition des milieux plus ou moins opaques, plus ou moins transparents. Le clair-obscur résulte du mélange et de l'opposition de la lumière et de l'ombre, et conséquemment il se rapporte directement à la couleur. Aussi est-ce sur les sens que s'exerce son action. Il augmente l'effet par les contrastes. Il attire le regard sur un point vivement éclairé, tandis que le reste s'enfonce dans la nuit; ou bien il répand sur tous les objets une teinte sombre, une lueur crépusculaire où flottent des formes indécises, semblables à celles dont Byron a peuplé le monde du passé dans son drame de Caïn. Le clair-obscur fournit donc au peintre un moyen puissant pour émouvoir l'imagination, qui n'est que le travail de l'esprit pour passer soit de la sensation à l'idée, soit de l'idée à la sensation, et pour les unir. Il y a toujours par cela même en elle quelque chose de vague et d'indéfini, quelque chose de *clair* et quelque chose d'*obscur*, qui l'excite à pénétrer au delà, à chercher dans ce qui est ce qui n'est pas. Tel est comme moyen de l'Art, le caractère du clair-obscur, là s'arrête son effet direct; il transporte dans l'indéfini, et n'aide qu'incidemment à l'expression par le jeu contrasté de la lumière et de l'ombre, qui fait ressortir l'objet principal.

L'application de la couleur aux œuvres de la plastique et de la sculpture dut conduire promptement à l'emploi de la seule couleur dans certains détails d'ornement. Ainsi commença la peinture, dont les origines présentent beaucoup d'obscurité. Nous ne pouvons guère que conjecturer ce qu'elle étoit chez les anciens dans les temps reculés, et même à des époques plus récentes. Toutefois, par les restes qui s'en sont conservés jusqu'à nous dans les tombeaux et les temples d'Égypte, dans les nécropoles des Étrusques et sur quelques vases d'une haute antiquité, il paroîtroit que, monochrome, elle fut d'abord une simple imitation du bas-relief, ce qui n'étonnera pas si on se rappelle ce que nous avons dit des rapports immédiats qui lient cette partie de l'Art aux éléments primordiaux de la peinture. Un trait à la fois pur et hardi, avec le degré d'expression que, par ce seul moyen, il est possible d'atteindre, on ne sauroit chercher d'autre mérite dans ces premiers essais, et quelques-uns le possèdent en une mesure très-remarquable. A cet égard, la peinture suivit le développement de la statuaire, s'élevant avec elle jusqu'à ce profond sentiment du Beau, qui nous ravit d'admiration dans les chefs-d'œuvre de l'école grecque. Quoique nous n'ayons guère pour constater ce fait que les vases dits étrusques, ils suffisent amplement ; et l'on conçoit d'ailleurs que le progrès spontané de l'Art dut se manifester simultanément dans ses diverses branches. A toutes les époques il présente un certain caractère général facile à reconnoître au milieu de la variété de ses productions.

Dépouilles magnifiques des nations vaincues, les ouvrages des grands maîtres abondoient à Rome vers la fin de la république et sous les empereurs. Tous ont péri soit de vétusté, soit par des accidents fortuits, soit dans les désastres de la cité reine : pas un n'est venu jusqu'à nous. Cette perte est d'autant plus regrettable, que nous ne saurions nous faire une idée bien nette de ces monuments du génie ancien, d'après les descriptions qu'on nous en a laissées. Après avoir lu Pline, si l'on se demande ce qu'étoit l'Art dont il énumère les œuvres les plus renommées, on ne sait que répondre. L'enthousiasme qu'elles excitoient chez les peuples qui avoient sous les yeux les merveilles des Phidias, des Lysippe, des Myron, des Scopas et des Polyclète, prouve sans doute qu'elles offroient un haut degré de perfection, mais ne nous apprend rien ni sur les procédés de l'artiste, ni sur la nature des effets que l'on admiroit : tant il est vrai que l'Art n'est point une simple imitation de la Nature, qu'il existe pour lui un autre ordre de beauté et de vérité, autrement nous connoîtrions l'art ancien aussi parfaitement que l'art moderne. N'étant l'un et l'autre que deux empreintes du même type invariable, il ne resteroit pour nous d'obscur et d'incertain que ce qui touche les moyens matériels d'exécution, et des détails de pur métier.

Des tableaux en assez grand nombre ont été, le siècle dernier, et sont encore chaque jour exhumés des ruines de Pompéi. Si, comme il y a tout lieu de le croire, on peut juger de la peinture antique d'après ces productions, inférieures certainement et de beaucoup à celles des artistes célèbres, mais qui en représentent néanmoins une sorte d'image affoiblie, elle se seroit principalement distinguée par les qualités qui dérivent immédiatement de la sculpture, l'exquise pureté des lignes, la beauté des formes, l'élégance des poses, en un mot par la perfection du dessin, et conséquemment de l'expression; à quoi il faut joindre l'éclat, quoique trop vif peut-être, trop peu nuancé, du coloris. Du reste, peu de perspective, de perspective aérienne surtout. Un passage de Denys d'Halicarnasse semble indiquer que le clair-obscur n'étoit point inconnu des Grecs. Les monuments de la peinture antique échappés à la destruction n'en offrent néanmoins,

que nous sachions, aucune trace nettement recon-
noissable ; et toujours est-il bien certain qu'on n'en
fit que peu d'emploi et un emploi peu remarquable,
sans quoi l'histoire de l'Art l'auroit nettement
caractérisé.

On conçoit, au surplus, qu'avec les moyens que
nous venons de spécifier la peinture produisît de
puissants effets, analogues à ceux de la statuaire ;
que, dans l'imitation de certains objets isolés, elle
portât l'illusion des sens aussi loin que possible, ce
qui, après tout, ne constitue que l'une des moindres
parties de l'Art ; mais le paysage pour elle ne pouvoit être qu'une grossière ébauche, les fonds devoient manquer d'horizons lointains et les plans de
profondeur ; baignés d'une lumière trop uniforme,
ils se détachoient difficilement les uns des autres,
l'air y circuloit mal. Aucun des grands effets que,
depuis l'invention surtout de la peinture à l'huile,
l'Art a su tirer du contraste de l'ombre et de la
lumière, de l'empâtement de la couleur et de la
superposition de ses couches de différentes teintes,
qui attirent l'œil au-dessous de la surface et le
mettent comme en contact avec la vie interne, ne
paroissent pas avoir été pressentis même des artistes
anciens. On ne peut donc douter que la peinture
n'ait fait chez les modernes d'importants progrès,
et qu'à plusieurs égards Apelle et Zeuxis, ou plutôt

leurs œuvres ne fussent très-inférieures aux œuvres de Raphaël et du Titien.

Après la translation de l'empire à Constantinople, l'Art, quoique en décadence, continua d'y être cultivé. Tandis qu'il se perdoit presque entièrement dans l'Italie en proie à l'invasion, ravagée, bouleversée par des vainqueurs barbares, les Grecs en conservoient les procédés techniques, et aussi le sentiment dans une certaine mesure, grâce à leur heureuse organisation. Ce fut par eux qu'ensuite il se répandit de proche en proche, suivant le progrès de la civilisation, chez les peuples de l'occident et du midi de l'Europe, sur les rives du Tibre, comme sur les bords de l'Escaut et du Rhin : et puisque les écoles qui se produisirent depuis eurent toutes leurs racines dans l'art byzantin, il convient d'abord d'en rechercher le principe et le caractère.

Son principe fut l'idée chrétienne, et c'est pourquoi toutes ses productions viennent se grouper autour de deux types, le type du Christ et celui de sa mère.

Son caractère est le sentiment d'un Beau idéal plus élevé, plus indépendant de la forme matérielle, que celui dont l'art antique offre de si merveilleux modèles.

De là, naturellement, il résulta que l'art byzan-

tin, forcé d'ailleurs par le christianisme qui pro-
scrivoit le nu de négliger certains détails d'un ordre
inférieur, se concentra presque entièrement dans la
figure humaine, et que, dans la figure même, il
subordonna la beauté physique à la beauté morale;
seulement quelquefois il en relève l'effet par la pose
et le geste. Le fond d'or d'où se détachent ses personnages, les enveloppe par ses reflets d'une lumière mystique, et, les séparant de tout ce qui
rappelle le monde extérieur, leur crée un lieu à
part, qui leur prête une sorte d'aspect surnaturel.

Toutefois, indépendamment des progrès que le
temps amène en ce qui tient surtout à l'habileté
d'exécution et même à la beauté de la forme, dans
ses rapports directs avec les sens, on doit reconnoître dans l'art byzantin deux époques très-dis-
tinctes, l'époque primitive et celle du moyen âge,
correspondant respectivement à deux architectures
diverses, l'architecture gréco-romaine et l'architecture gothique. Nous ne considérons ici que leurs
différences générales, sans tenir compte des modifications nombreuses que subit la première, depuis
les anciennes basiliques jusqu'à Sainte-Sophie,
et depuis Sainte-Sophie jusqu'à Saint-Marc de
Venise.

Lorsque s'opéra la transformation de la peinture
païenne dans la peinture chrétienne, deux choses

exercèrent sur celle-ci une influence capitale, quoique secondaire, en ce sens qu'elle demeura subordonnée à l'influence supérieure et toute-puissante de la conception même d'où l'art nouveau devoit sortir. A l'idéal chrétien il falloit un corps, il falloit qu'il revêtit une forme sensible. Cette forme, on la chercha d'abord dans ce que l'art antérieur avoit produit de plus rapproché du type qui flottoit encore indécis et vague dans l'imagination de l'artiste; comme aussi dans une tradition historique en partie, en partie mystique, conservée parmi les fidèles sur les traits du Christ; et la forme même du temple, ses larges pleins, ses frontons, ses cintres, ramenoient, par une autre voie, à l'imitation de l'antique, en vertu de la secrète harmonie qui, selon les lois mêmes de leur génération, lie l'architecture à la sculpture, la sculpture à la peinture, et d'où résulte l'unité de l'Art.

Le Christ de ces premiers temps offrit donc comme une incarnation du Dieu d'Israël, dans la forme idéale créée par les Grecs, lorsqu'ils voulurent représenter leur Divinité suprême, *Pater Deum, hominumque,* quelque chose du *Zeus* d'Homère et de Phidias, avec un mélange de la sombre gravité du caractère juif. Aussi ce qui domina dans ce type primitif, ce fut plutôt le sentiment d'une puissance formidable, de la justice sévère et terrible de Jéhovah, que celui de la bonté compatissante et de la mansuétude de Jésus. Des mêmes sources dériva l'exemplaire typique de la Vierge. Elle attire bien moins qu'elle n'impose. La révérence qu'inspire cette face auguste, cette pensée mystérieuse réfléchie sur elle-même, cette austère sainteté, va presque jusqu'à la crainte; et la rudesse de l'art renaissant augmente encore la forte impression qu'on éprouve à la vue de ces deux figures surhumaines.

Ne nous arrêtons point aux nuances intermédiaires, passons tout d'un coup au moyen âge, au sein duquel tant de germes féconds et de natures si diverses commencèrent à se développer. Ici se produisent des types nouveaux, les types purement chrétiens de l'Homme-Dieu et de sa mère, dégagés, quant à la forme, de l'élément grec, et, quant à l'idée, de l'élément juif. Contemplez le Christ : en lui sans doute vous reconnoissez le Dieu, mais vous y reconnoissez aussi l'homme, et même l'humanité est ce qui vous frappe, vous émeut le plus. C'est vraiment là le *Verbe fait chair*, devenu volontairement comme l'un de nous. Dans ses traits règne une expression de grandeur et de majesté calme, de pitié douce et triste, de bonté ineffable, encore cependant mêlée de sévérité, car il est Juge en même temps que Sauveur, mais d'une sévérité que tempère une miséricorde immense. La Vierge également s'est rapprochée de nous. Elle n'a plus cet aspect austère et formidable qui intimidoit le regard. Une grâce interne et recueillie répand un charme tout-puissant sur cette figure d'une candeur céleste. Ce n'est pas l'innocence qui s'ignore elle-même, la tendresse instinctive de la mère, c'est la pureté inaltérable unie à la contemplation naïve et profonde, à un amour perpétuellement absorbé dans son objet.

A cette époque de l'Art, un changement s'opère dans le type général de la forme humaine. Elle s'harmonise, en s'allongeant, avec l'ogive étroite et montante qui l'encadre. Les proportions en sont moins parfaites. Un peu grêle, un peu roide, elle perd de sa beauté matérielle, mais elle acquiert une beauté d'une autre nature, une beauté idéale dont il n'existoit pas de modèle. Il semble que le corps lui-même plus léger, plus aérien, se spiritualise. Encore quelques pas dans cette voie, on arrive à l'ange. Le type de l'ange dérive en effet de celui de l'homme, tel que le conçurent les artistes du moyen âge. Alors la chair embarrassoit, on aspiroit à s'en délivrer ; et quand plus tard une réaction, née de l'étude de l'antique et de l'affoiblissement du principe chrétien, imprima de nouveau à l'Art une direction plus terrestre, le type angélique se modifiia dans le même sens que le type humain.

Tandis que la peinture croissoit par une sorte de travail organique, les moines, en ornant les manuscrits de miniatures qu'on admire encore, en secondèrent beaucoup le progrès. L'art chrétien reçut d'eux son véritable caractère. Pénétrés de la foi dont vivoit la société entière, inspirés par elle, ils contribuèrent à créer les types qui en étoient l'expression sensible. Le sentiment de la couleur, et du dessin surtout, leur dut en partie ses développements. Il y a loin sans doute, quant aux effets et quant aux procédés, d'une miniature à une composition qui recouvre une vaste surface ; cependant l'influence de ces œuvres délicates sur celles de plus grande dimension est visible dans les tableaux dont elles remplissent pour ainsi dire les marges.

Quelque profondes que fussent les modifications que la peinture éprouva durant le moyen âge, on ne laissoit pas d'y reconnoître des traces de son origine, et l'élément byzantin n'acheva de s'effacer qu'après la Renaissance, par des causes dont nous aurons à parler bientôt.

Divisé en deux écoles primitivement inconnues l'une à l'autre, l'école flamande et des bords du Rhin, et l'école italienne, l'art proprement chrétien correspondant à l'architecture romane et gothique finit en Italie au Pérugin, qui forme, selon nous, avec Fra Bartolomeo la transition de l'art antérieur à l'art moderne. Disons un mot de ces deux écoles, de ce qu'elles ont de semblable et de divers.

.Elles se ressemblent d'autant plus qu'elles se rapprochent davantage de leur source commune, l'art gréco-romain modifié originairement par l'idée chrétienne, et ensuite modifié encore d'une manière plus profonde par la même idée, telle qu'elle fut universellement conçue et sentie dans les âges suivants. Alors il exista une véritable unité de l'art; je veux dire que partout il reproduisit, en vertu, non de la pure imitation, mais d'une même cause génératrice, des types identiques quant au fond; et, comme il devoit être, cette unité se manifesta dans toutes les branches de l'Art, en peinture, en sculpture, en architecture. Le Christ, la Vierge, les saints offrent, quelles que soient d'ailleurs les différences d'exécution, un certain caractère invariable, celui que nous avons essayé de définir. Mais on découvre généralement dans l'école italienne une aspiration progressive à la beauté idéale de la forme, et dans l'école flamande, au contraire, une tendance croissante à représenter simplement la Nature telle que l'artiste l'avoit sous les yeux. Nous reviendrons plus tard sur cette opposition capitale, qui se perpétua et devint même plus sensible après la Renaissance. L'art flamand se distingue aussi par une couleur plus vive, plus éclatante, plus tranchée, indice d'une influence orientale directe ; et peut-être ce goût dominant de la couleur contribua-t-il à émousser le sentiment de la forme et de sa beauté idéale ; car celle-ci, saisissable uniquement par l'esprit, doit être cherchée au-dessus des sens, tandis que la couleur est du domaine immédiat des sens.

Nous sommes contraints de négliger une multitude de nuances et de faits secondaires dont se compose l'histoire si compliquée de la peinture, pour ne nous attacher qu'aux grands faits liés directement aux causes générales qui ont présidé à ses développements. Dans ce résumé rapide, nous ne la considérons que par son côté philosophique, et indépendamment des innombrables variétés qui résultent, soit de certaines circonstances accessoires et accidentelles, soit du mélange de principes divers. Ainsi les écoles du centre et du nord de l'Allemagne se distinguent de l'école flamande par des différences très-marquées. Ainsi on reconnoît déjà dans Giotto, entouré des débris de l'art ancien, une imitation des formes grecques, un goût de dessin qui annonçoit et préparoit les changements que l'on vit se produire bientôt après. Cependant Giotto appartient encore au moyen âge, et le continue par le caractère principal de ses œuvres. Nous expliquons une fois pour toutes quelles sont les limites où nous nous renfermons, quel est le but unique de ce chapitre, afin qu'on n'y cherche rien de plus.

Lorsque, par un retour vers l'antique redevenu l'objet d'une enthousiaste admiration, en même temps que l'esprit chrétien s'affoiblissoit, du moins sous la forme où il avoit jusque-là régné ; lorsque, disons-nous, s'opéra, sous l'influence de cette double cause, dans l'architecture et dans la sculpture, la grande révolution dont nous avons parlé précédemment, la peinture aussi en ressentit les effets, et, dans les voies nouvelles où l'engagea le mouvement général de l'Art et de la société entière à cette époque, elle fit, à plusieurs égards, d'immenses progrès qui durent vivement frapper les contemporains, comme ils nous frappent nous-mêmes.

Les temps font les hommes, et les hommes ensuite réagissent sur leur temps. Il y a des siècles où l'humanité, par un travail interne, par l'impulsion irrésistible des secrètes puissances qu'elle recèle en soi, semble s'élever au-dessus d'elle-même, où l'on diroit que, dans son voyage éternel vers Dieu, pénétrée d'une nouvelle effusion de vie, elle passe d'un monde dans un autre monde. Quelque chose

de semblable eut lieu vers la fin du quinzième et
le commencement du seizième siècle, âge fécond
en tous genres de grandeurs, âge de transformation, mais d'une transformation qui en présageoit
une plus profonde, celle qui s'accomplit sous nos
yeux.

Quelques-uns de ces hommes que, de loin en
loin, la Nature investit d'une sorte de souveraineté,
Brunelleschi et Michel-Ange, Léonard de Vinci et
Raphaël Sanzio, exercèrent sur l'art, à cette période de son développement, une influence principale. Le mouvement venoit de plus haut, mais ils le
hâtèrent et contribuèrent plus que nul autre à en
fixer la direction. L'esprit humain se replioit alors
en toutes choses vers l'antiquité, qui, sortant de la
poussière des siècles, reparoissoit environnée du
double prestige d'une beauté dont le type étoit depuis longtemps perdu, et de la nouveauté. Il faut
le dire aussi, après le moyen âge nourri d'une foi
poétique, mais imposée rigoureusement à la raison,
la pensée, lasse de cette contrainte, cherchoit une
autre sphère où elle pût s'étendre, déployer ses
forces, s'épanouir en quelque manière dans le sentiment de sa liberté, hors des limites au dedans desquelles les règles sévères et le dogmatisme absolu
de l'Église l'avoient jusque-là renfermée; et, d'une
autre part, la nature humaine que le spiritualisme

chrétien avoit élevée à une si grande hauteur, fatiguée de l'effort nécessaire pour s'y maintenir, abaissoit ses regards vers la terre et réagissoit contre l'ascétisme rigide qui, s'indignant des liens corporels, tendoit à se dégager complétement des sens. Ceux-ci reprenoient leur empire, et descendant des régions diaphanes, éthérées de la contemplation pure, l'homme, par la science, par l'art, par toutes les voies ouvertes à son activité, rentroit dans l'univers réel, dans le monde inférieur, et cependant divin aussi, des phénomènes.

C'étoit là une révolution, mais une révolution qui devoit avoir ses phases progressives, et dont le dernier terme, que l'humanité n'a pas encore atteint, résumera en les combinant les progrès partiels accomplis dans les âges antérieurs.

Le caractère le plus général de la transformation qui s'opéra dans l'Art au quinzième et au seizième siècles est une sorte de fusion du génie grec et du génie chrétien. Sans renoncer aux types consacrés et traditionnels, on les modifia, en s'efforçant d'y joindre la perfection de la forme matérielle. Cette recherche du Beau, non plus seulement dans l'expression du sentiment interne et de l'idée, mais encore dans la forme extérieure et sensible, imprimoit à l'art une direction nouvelle, une direction mixte d'abord, et qui, toutefois, s'infléchissant de plus en plus, devoit tôt ou tard avoir infailliblement pour résultat la prépondérance absolue du principe antique en lutte avec le principe chrétien; car leur tendance étant inverse, s'appliquer à développer l'un, c'étoit s'éloigner de l'autre, lui assigner une place inférieure, et le développement du principe antique, introduit à la Renaissance dans l'art exclusivement chrétien, caractérisoit, comme nous l'avons dit, la révolution qu'il subit alors.

Les chefs-d'œuvre de cette époque resteront certainement toujours une des gloires de l'humanité. Mais, si l'on y regarde de près, on reconnoîtra que, malgré les progrès incontestables dans certaines parties de l'art, leur beauté principale dérive encore de l'élément chrétien; car la décadence qui ne tarda pas à se manifester concourt avec l'affoiblissement graduel de cet élément, à mesure que prévaloit l'élément grec de la forme pure; et cela est visible dans Raphaël même. Quelle distance, quant à l'expression, de ses Vierges conçues d'après le type traditionnel du Pérugin, à celles à qui l'artiste immortel, inclinant déjà vers le matérialisme qui devoit dominer plus tard, donna pour type la *Fornarina* !

Le doute et le sensualisme pénétroient, vers ce temps, de toutes parts dans la vie. L'art religieux ne puisoit donc plus dans la foi énergique et naïve des siècles antérieurs ces inspirations premières qu'aucun travail de l'esprit ne supplée. Le génie des grands maîtres recueillit, pour ainsi parler, les derniers et magnifiques restes de cette foi qui seule auparavant animoit l'art, et certes on ne peut nier qu'on n'en retrouve la majestueuse empreinte dans leurs plus belles compositions. La Cène de Vinci, la Transfiguration, le Spasimo, la Communion de saint Jérôme, tant d'autres œuvres de cette époque féconde, en fournissent d'éclatants exemples. Mais, en même temps, reparoissoient les sujets païens, l'Olympe et ses Dieux, les allégories et les symboles mythologiques. Le pinceau moins austère se plaisoit à reproduire les scènes joyeuses ou tristes, calmes ou passionnées d'un monde qui se transformoit, les fantaisies d'une pensée plus libre. La philosophie, au Vatican même, se posoit en face de la foi, les Écoles d'Athènes devant la Dispute du Saint-Sacrement. Ainsi l'on déclinoit peu à peu en des voies nouvelles; à l'idéal chrétien, placé au-dessus de la sphère des sens, se substituoit l'idéal antique de la forme. Des hauteurs du spiritualisme, à travers des régions élevées encore, par une pente semée d'aspects ravissants, on descendoit vers les lieux bas où l'horizon se retrécit et où l'Art se perd. Tout sembloit contribuer à le pousser sur cette pente glissante; tout, jusqu'au coloris, si admirable d'ailleurs, des écoles de Naples et de Venise; car le coloris ne parle qu'indirectement à l'esprit, et sa beauté est toute sensible. La richesse des couleurs, en fascinant l'œil, détourne de la contemplation du modèle caché sous l'enveloppe matérielle. En vertu du mouvement donné, tout devoit enfin s'absorber dans celle-ci. On en devoit venir à ne plus comprendre, à ne plus sentir aucun genre de beau idéal, à se faire, au milieu de l'épaisse atmosphère des corps, des théories mortelles pour l'Art, et c'est aussi ce qui arriva. La recherche d'abord dominante, ensuite exclusive de la forme, l'envahissement de la peinture anatomique de Michel-Ange, préparèrent le naturalisme brutal de Caravage, contre lequel réagit l'école des Carraches, et dont' elle retarda les progrès sans les arrêter.

Jamais on ne vit mieux tout ce qu'a de faux et de destructif de l'Art véritable le principe d'après lequel il consisteroit dans la simple reproduction de ce qui frappe les sens. Si la brute, l'animal avoit un art, ce seroit celui-là, car l'animal ne voit rien au delà du phénomène sensible. Le privilége de l'homme est de pénétrer par la pensée jusqu'aux essences que l'œil interne découvre seul, et jusqu'à la source de toutes les essences, l'Être infini ou le Beau absolu. Le manifester dans les formes émanées de lui et qui le reflètent, tel est l'objet de l'Art,

8.

son but magnifique. Lorsqu'il l'oublie, lorqu'il s'en écarte, il descend des régions de l'intelligence dans celles de la pure sensation, et bientôt s'évanouit au sein de la matière ténébreuse et morte.

Malgré l'influence italienne, l'école flamande conserva toujours un caractère à part, dont la raison doit être principalement cherchée dans la différence des races et de l'histoire antérieure des deux peuples. Il y avoit en elle quelque chose de trop spontané, un génie trop original, pour qu'elle pût cesser d'être elle-même. De là vint qu'en cédant ainsi au mouvement général qui emportoit l'humanité hors des voies qu'elle avoit suivies pendant le moyen âge, elle ne remonta point comme l'Italie vers l'antiquité; elle ne substitua point l'idéal grec à l'idéal chrétien. De celui-ci, sans intermédiaire, elle tomba graduellement dans la simple imitation de la nature, non pas même d'une nature choisie, mais de la nature vulgaire que le peintre avoit sous les yeux. Quelques hommes éminents, Rubens surtout, ne laissèrent pas de porter l'Art à un degré d'élévation que l'on n'a pas dépassé. Mais leurs compositions se distinguent beaucoup moins par l'étude de la forme, par le goût dominant du Beau tel que l'avoient conçu les anciens, que par de puissants effets de couleur, et, qu'on me permette ce mot, une abondance de vie organique, qui domine sans doute le sentiment chrétien, mais sans l'étouffer complétement. Il y reste au moins comme un souvenir traditionnel et révéré, tandis que l'on en voit promptement disparoître jusqu'aux dernières traces dans la partie des Pays-Bas qu'envahit le protestantisme.

Là, nulle inspiration élevée, rien qui émane d'une large conception ou d'une forte croyance : de la vérité, mais une vérité dépourvue de poésie et de grandeur. La naïveté, le naturel, l'entente de la lumière et du clair-obscur, un travail patient, fin, délicat et néanmoins exempt d'afféterie, telles sont les qualités que l'on peut particulièrement louer dans l'école hollandoise. On y peut joindre encore un remarquable esprit d'observation appliqué aux mœurs populaires et bourgeoises, ainsi qu'une verve inépuisable dans la reproduction des scènes variées de la vie domestique. Cela est bien sans doute, mais n'occupe dans l'Art qu'une place si inférieure, qu'elle exclut toute comparaison avec ce qui en constitue le génie véritable et en caractérise l'état, dans ses relations avec celui de l'humanité et son développement au sein de Dieu et de l'univers.

Les premières œuvres dignes d'attention que la peinture présente en Espagne appartiennent, par le caractère des types et par l'expression, aux temps qui précédèrent la Renaissance. Mêmes formes allongées, mêmes poses, même gravité, même calme, ce calme recueilli qui naît du détachement des choses terrestres, d'une sorte de transfusion de la vie d'un monde en un autre monde. L'école proprement espagnole se développa plus tard, sous l'influence de l'art flamand et de l'art italien, du dernier surtout, modifié par l'esprit et les mœurs nationales. Ce qu'ont enfanté de plus magnifique les Velasquez, les Murillo, les Zurbaran, les Ribera, dérive visiblement de la source commune où Raphaël, le Dominiquin, Andrea del Sarte, le Titien, le Corrége, puisèrent leurs inspirations. Seulement ils n'ont pas au même degré le sentiment du Beau antique, et, comme les Flamands, on les voit descendre de ces hautes régions de l'Art à l'imitation, on oseroit presque dire brutale, de la Nature, en reproduire avec complaisance les types les plus vulgaires, quelquefois même les plus rebutants. Ce contraste étrange n'a pas sa raison dans le simple caprice de l'artiste, mais dans l'état du peuple, dans son génie, ses institutions, les idées et les habitudes particulières qu'elles engendrèrent.

L'opiniâtreté ibérienne, la fierté de la race gothe, l'enthousiame arabe, et quelque chose aussi de la férocité africaine, voilà le caractère espagnol. Après sept siècles de lutte contre les Maures, leurs vain-

queurs portèrent sur d'autres théâtres, en Europe
et dans l'Amérique nouvellement découverte, leur
activité guerrière, excitée encore par l'esprit d'aven-
ture qu'avoient éveillé les entreprises merveilleuses
de Vasco de Gama. Cette période, la plus éclatante
de l'histoire de cette grande nation, prépara celle
de sa décadence dont Philippe II put, de son lit de
mort, apercevoir déjà les symptômes infaillibles.
Il en étoit le principal auteur, car ce fut lui qui,
achevant l'œuvre commencée par son père, établit
sans retour le double despotisme, religieux et politique, sous lequel l'Espagne succomba. Depuis lors
on la vit décliner toujours plus. Le despotisme
religieux, organisé dans l'Inquisition, arrêta complétement le développement intellectuel et le progrès de la science. Le despotisme politique détruisit, au sein de la société, tout mouvement, toute
vie. L'un et l'autre opposant un invincible obstacle
à la libre action de l'homme, à l'évolution des forces
sociales qui poussent les peuples en avant, l'agri-
culture languit, l'industrie fut comme frappée de
mort. Les sources de la richesse publique ainsi
taries, la population diminua rapidement, et ce qui
en resta croupit dans l'indolence et dans la misère.
Ces effets se combinant avec le caractère national,
l'Espagnol, paresseux et pauvre, se fit mendiant, et
pour mendier avec orgueil, il divinisa la mendi-

cité. Elle eut ses temples qui furent les couvents, et la religion, ayant cessé d'être un objet permis d'exercice pour l'intelligence, se matérialisa, soit dans des habitudes dépourvues d'influence sur les mœurs, soit dans les pratiques d'un austère et sombre ascétisme.

Laissant à part ce qui émane directement de l'art italien, l'art espagnol, en ce qu'il a de propre, est le produit de ces causes diverses. Quelles que soient les différences par lesquelles d'ailleurs se distingue chaque artiste, quelle que soit la nature particulière de son talent, la variété de manières successivement adoptées par lui, tous ont un caractère commun, tous expriment plus ou moins vivement le génie national. Non-seulement ils ont représenté ce qu'ils avoient sous les yeux, un peuple de mendiants; mais ce type, ils s'y sont complu, ils l'ont sanctifié sous la robe du moine, déifié dans le Christ et sa mère. En quelle autre contrée, voulant peindre la Vierge montant aux cieux, auroit-on imaginé de la revêtir de haillons? Leur Beau idéal n'est ni celui du moyen âge, ni celui des écoles d'Italie. Entièrement absorbés dans le christianisme monacal, ils excellent à reproduire, avec un sentiment admirable, l'exaltation enthousiaste, l'ardeur entraînante de l'amour divin, l'extase de la contemplation. Nul en cela ne les a surpassés ni

égalés peut-être. Puis, frappés de la lutte énergique du moine contre lui-même, des rudes combats de la pénitence, et en saisissant avec une sorte
de verve sauvage les effets matériels, ils vous montrent des corps affaissés, émaciés, des prunelles
éteintes ou dardant de leur creux orbite un feu
sombre, des membres desséchés, des chairs d'un
jaune livide, ou d'une teinte verdâtre et cadavé-
reuse. Un autre côté, le côté féroce du caractère
national, qui se manifestoit par les auto-da-fé, véritables sacrifices humains, apparoît aussi dans ces
peintures horribles qui représentent, avec une fidélité hideuse, les plus atroces détails du supplice
des martyrs.

Si l'on suivoit l'art espagnol dans ses branches
diverses, on trouveroit également qu'il exprime les
idées, le génie, les mœurs du peuple chez lequel il
s'est developpé. Sa place, une des premières, nous
paroît néanmoins inférieure à celle que l'Italie a
droit de réclamer pour les chefs-d'œuvre de ses
grands maîtres, héritiers plus directs des hautes
traditions des âges précédents.

La sculpture, en France, a, comme partout, précédé la peinture, et peut-être est-ce à cette circonstance de temps que le premier de ces arts doit
parmi nous sa supériorité sur le second. Il eut
quelque chose de plus spontané, une croissance

plus libre et plus vigoureuse, une allure plus naïve. Quand la peinture, d'abord apportée d'Italie, se fut enfin naturalisée dans une école nationale, le grand mouvement imprimé à l'Art au quinzième siècle s'alanguissoit, et déjà commençoit la décadence. A la suite d'un travail profond qui avoit exalté toutes les puissances de l'homme, le calme renaissoit, un calme de lassitude et d'affoiblissement. Sous le sceptre absolu de Louis XIII et de son fils, l'élan hardi de la pensée, la passion, l'enthousiasme, s'éteignirent. Autour du monarque il se forma, sous l'influence d'idées convenues, une sorte d'arrangement artificiel des choses, un ordre matériellement régulier, auquel on ne sauroit refuser de la grandeur, mais une grandeur plutôt extérieure qu'intime, et qu'accompagnoient des mœurs graves à l'extérieur aussi, une politesse élégante et noble, un tact délicat, un goût fin et pur. La règle et l'étiquette régnoient souverainement; rien de soudain, rien de natif. Soigneusement contenu en des limites qu'il eût été dangereux de franchir, l'esprit tournoit dans un cercle tracé. Il est aisé de comprendre ce que put être l'Art, au milieu de tant de gênes et d'entraves. Ce fut, dans une société de convention, un art de convention, sans originalité, sans profondeur, qui s'élevoit peu, s'abaissoit peu, toujours décent et digne, mais

d'une dignité froide, toujours veillant sur soi
comme le sujet en présence du maître, une image,
un reflet de la nation et surtout de la cour. Ce
n'étoit pas le génie qui manquoit aux artistes, c'étoit
un milieu où ce génie pût se développer librement.
Trois hommes, en effet, se sont placés, en des
genres divers, au premier rang dans l'école française, et tous trois se sont affranchis de cette influence de la société. Le Poussin vécut et peignit à
Rome, au milieu des modèles éternels de l'Art.
Lesueur puisa ses inspirations dans le silence des
cloîtres, et Claude Lorrain dans la Nature. Non
moins vrai que les peintres Hollandois et Flamands,
il l'emporte sur eux par la chaleur, la grandeur, la
grâce, par la beauté idéale enfin. Lesueur retrouva
en lui-même, dans sa rêverie mélancolique et sa
foi naïve, les types religieux du moyen âge, légè-
rement modifiés par l'étude de l'antique. En un
temps où déjà les croyances s'ébranloient, où le
doute germoit au fond des esprits, Le Poussin fut
comme entraîné, à la suite de Raphaël même, vers
la peinture philosophique. Admirable de dessin,
d'expression, de composition, coloriste sage, doué
du sentiment de la nature et de celui de l'humanité,
supérieur en un mot dans toutes les parties de l'Art,
il ne lui manqua que ce qui manquoit à son siècle,
cette vive aspiration à un monde invisible, cette

sorte de vie interne, étrangère aux sens, qui correspond à l'élément mystique chrétien.

Après Louis XIV, il s'opéra, au sein d'une société que dissolvoit le matérialisme des idées et des mœurs, une dégénération si rapide et si complète de l'Art, qu'on ne sauroit même, sans le profaner, en appliquer le nom aux productions de cette époque honteuse. Plus tard apparut une nouvelle école, qui, n'ayant sa racine dans aucunes conceptions, aucunes croyances sociales, se caractérisoit uniquement par un retour au Beau antique dans ses rapports avec la pure forme. Dérivée de la statuaire qu'elle rappelle trop directement, empreinte d'une certaine sécheresse académique, dénuée de cette magie de lumière et de couleur qui vous transporte en une sphère idéale, ce fut, malgré le progrès incontestable qu'il manisfestoit, un art de simple imitation, de peu de puissance dès lors, et dépourvu de vie propre. En retraçant quelques-unes des scènes contemporaines, et s'associant ainsi au mouvement extraordinaire qui emportoit le monde, il s'ouvrit une voie qu'il auroit pu parcourir avec gloire. Mais le sens profond de leur époque ayant échappé aux artistes ballottés par le flux et le reflux des événements, ils ne surent s'élever au-dessus ni du fait contingent, ni de l'opinion variable. Puis, perdus dans cette espèce de chaos ténébreux, vides d'idées et de foi, livrés ou à la recherche inquiète d'un Vrai et d'un Beau inconnu, ou au découragement qu'engendre une recherche vaine, ils s'abandonnèrent les uns aux fantaisies d'une imagination sans but et sans règle, les autres à une fougue aveugle, brutale, désordonnée, tellement qu'on put croire à une volonté fixe et systématique d'inaugurer le triomphe final de la matière sur l'esprit. Les souffrances de celui-ci, ses anxiétes, au milieu des misères du présent et des obscurités de l'avenir, ces accablantes angoisses vivement ressenties par quelques hommes à part, ont répandu sur leurs productions la seule grande poésie à laquelle l'Art ait atteint de nos jours : et *Le départ des pêcheurs,* ce sujet si simple où le peintre, inspiré par je ne sais quelle secrète douleur qui semble être celle de l'humanité entière, a caché comme un mystère de tristesse immense, nous paroît être, sous ce rapport, le plus élevé de tous, l'œuvre capitale de ce siècle.

Lasse du stérile matérialisme qui menaçoit l'Art d'une complète extinction, l'Allemagne a tenté de le régénérer, en remontant jusqu'au moyen âge. Mais où retrouver la foi fervente et naïve de ces temps anciens, la vie poétique et mystique qui pénétroit les nations chrétiennes dans la vigueur de leur jeune croissance? Les sources internes de l'inspiration étant fermées, on n'a pu que reproduire plus ou moins heureusement des types conçus à une autre époque, et que maintenant les peuples ne comprennent plus, ne sentent plus; on a fait pour le Beau idéal chrétien ce qu'avoient fait pour le Beau antique les artistes de la Renaissance. Aussi cette école, estimable d'ailleurs, et qu'illustrent des hommes d'un talent réel, n'a aucun principe de durée. Forcément bornée à l'imitation, elle retomberoit même, par une autre voie, dans le matérialisme contre lequel elle s'est efforcée de réagir; car toute imitation de la simple forme, tout ce qui n'émane point directement d'un modèle idéal, d'une pensée intérieure qui aspire, en quelque manière, à se manifester au dehors, est du matérialisme, au point de vue de l'art.

Sa vie doit être cherchée, non dans le passé qui ne peut renaître, mais dans ce qui germe et se développe au sein du présent. Les artistes aujourd'hui, les artistes véritables, n'ont que deux routes à suivre. Ils peuvent, se renfermant en soi, individualiser l'Art, en s'exprimant, pour ainsi dire, eux-mêmes. Mais qu'est-ce qu'un homme dans l'humanité? Qu'est-ce que sa pensée, son sentiment, ses impressions personnelles? S'isoler de la sorte, c'est renoncer aux grandes inspirations, à éveiller des sympathies générales et profondes, à parler une langue entendue universellement; c'est, dès lors, tout ensemble et détourner l'Art de son but, le rétrécir, le fausser souvent, et se condamner à un oubli certain, car tout ce qui dure a une base plus large. Il peuvent enfin, descendant au fond des entrailles de la société, recueillir en eux-mêmes la vie qui y palpite, la répandre dans leurs œuvres qu'elle animera comme l'esprit de Dieu anime et remplit l'univers. Le vieux monde se dissout, les vieilles doctrines s'éteignent; mais, au milieu d'un travail confus, d'un désordre apparent, on voit poindre des doctrines nouvelles, s'organiser un monde nouveau; la religion de l'avenir projette ses premières lueurs sur le genre humain en attente, et sur ses futures destinées : l'artiste en doit être le prophète.

CHAPITRE VI.

De l'état le plus sauvage au plus haut degré de civilisation, chez tous les peuples, on trouve, avec un commencement de plastique, la danse et le chant; et, dans la génération de l'Art, la danse ou le mouvement rhythmique, qui manifeste l'ordre à la fois dans le temps et l'espace, lie la sculpture et la peinture, expression de l'ordre dans l'espace, à la musique, expression directe, immédiate de l'ordre dans le temps. Les lignes du mouvement, sa forme, sa figure, se rattachent aux arts du dessin; par l'élément rhythmique ou par son harmonie, il rentre dans les arts dérivés du son.

En ce sens élevé et général, la danse offre encore une réelle connexion avec l'art dramatique et l'art oratoire, par la pose, l'attitude, le geste, la mimique tout entière; et alors même à l'élément relatif à la vue se joint l'élément musical, l'intonation, l'accent, la voix articulée soumise à des règles harmoniques.

L'homme se meut en vertu d'une force primitive interne, inhérente à son être, et il se meut d'abord pour des fins de pure utilité, ou pour accomplir des actes instinctifs. Jusque-là, entre lui et les êtres inférieurs doués aussi de mouvement spontané, nulle différence que celles qui résultent de la diversité des natures et des organismes correspondants. Point d'art possible pour l'animal privé de la vision du Vrai, et conséquemment de la perception du Beau. On pourra, dans ses œuvres, admirer quelquefois une symétrie, une régularité, une beauté analogue à celle que présentent certaines productions de la nature inanimée; mais cette beauté qui reluit en des œuvres invariablement déterminées par des lois fatales, l'animal l'ignore, il ne la sent pas, et c'est nous qui la découvrons, qui remontons par elle à la source invisible, infinie, éternelle du Beau. Que l'oiseau dans son vol, la gazelle dans ses jeux, décrive des courbes plus ou moins élégantes, déploie plus ou moins de grâce, rien en cela qui ressemble à l'Art, et l'Art ne commence non plus à exister pour l'homme qu'après que l'intelligence a éveillé en lui avec des sentiments nouveaux de nouveaux besoins.

Sitôt, en effet, que l'homme a conçu quelque chose au delà de ce qu'atteignent les sens, qu'il a franchi les bornes de leur étroit domaine, attiré

par une secrète puissance, par un mystérieux attrait
en des régions illimitées où sans cesse il poursuit
je ne sais quelle vague image qu'il entrevoit obscu-
rément, comme une forme indécise à travers les
vapeurs du matin ; de ce moment, il s'efforce de la
reproduire dans ses œuvres, de la revêtir d'un corps,
d'exprimer de toutes les manières et par toutes les
voies, l'idée qui l'obsède. De là les arts divers qui,
procédant les uns des autres ainsi que les êtres et
les ordres d'êtres qu'ils manifestent au point de
vue du Beau, se dilatent, s'élèvent avec eux, et
forment dans leur unité, semblable à celle de la
Création, comme le grand clavier de l'harmonie universelle.

Le pas, voilà l'élément initial de la danse, parce
qu'il est pour l'homme le mode naturel du dépla-
cement spontané. En vertu même des lois physiques, chaque pas nécessitant une impulsion nouvelle et partant du repos pour aboutir au repos, se
divise dès lors en deux périodes, une période
croissante et une période décroissante d'action, ou
en deux temps, l'un fort, et l'autre foible : ce qui lui
est commun avec le son musical et avec tout mouvement progressif fini. Cette loi générale et nécessaire constitue le rhythme, qui conséquemment a
sa racine dans la nature absolue des choses. Nous
reviendrons ailleurs sur cette importante loi, en

traitant de la musique dont elle est le principal fondement.

De la durée égale des deux périodes du rhythme résulte le sentiment de la symétrie ou de l'ordre, et cet ordre symétrique devenant plus sensible encore dans une suite de mouvements ou de sons régulièrement enchaînés, la mesure naît du rhythme, elle en fait ressortir un des éléments essentiels, en même temps qu'elle ordonne et combine, suivant une loi d'unité, les rhythmes divers.

Les pas se succédant à des intervalles de temps égaux, c'est la marche rhythmée et mesurée. Elle appelle, en quelque manière, le son musical qui s'y marie naturellement. Point de danse muette ; et alors même qu'elle est privée de son complément nécessaire, c'est encore le sens interne de l'ouïe qui dirige et règle le mouvement, apprécie le rhythme et la mesure, et en produit le sentiment.

A partir de la simple marche, la danse se développe suivant les lois universelles de l'Art et suivant ses lois propres. Son développement se divise en deux branches : l'une relative à la direction indéfiniment variable du mouvement, soit rectiligne, soit courbe, se compose de toutes les combinaisons de toutes les lignes harmonieuses ; l'autre comprend les combinaisons également harmoniques des mouvements divers du corps entier, du tronc, des membres, du cou, de la tête et du jeu du visage.

Ce n'en sont là cependant que les éléments matériels. Comme tous les arts, la danse doit parler, elle doit être expressive, elle est un mode spécial de manifestation. La sculpture, la peinture représentent les formes extérieures : la danse représente, non les formes, mais le mouvement, le mouvement spontané surtout, et conséquemment l'instinct, la passion qui le provoque, la pensée qui le dirige. Par les évolutions des chœurs, elle peut, symboliquement au moins, exprimer les révolutions des mondes dans leurs orbites[1], ou l'ordre apparent de l'univers. Elle exprime aussi la nature vivante, en imitant les divers genres de progression des êtres animés; elle glisse, saute, bondit, et se rapproche du vol même. Toutefois, elle n'a qu'une relation indirecte, éloignée avec la création inférieure à l'homme, qui seul est l'objet de ses manifestations immédiates.

Tous les peuples on eu des danses religieuses analogues à leur culte dont elles formoient une partie essentielle; et c'est pourquoi partout aussi elles furent réglées, soit par des lois, soit par des

1. Dès la plus haute antiquité, les théologiens, les philosophes, les poëtes, se représentoient comme une danse céleste les mouvements périodiques des astres dans l'espace.

coutumes ayant force de loi. Quelques-uns même des mots qui, dans les langues anciennes, correspondent à celui de danse, impliquent une vive émotion interne, une sorte d'enthousiasme religieux. Les danses des bayadères étoient à l'origine et sont encore des danses sacrées, étroitement liées aux antiques idées théologiques et cosmogoniques de l'Inde. Elles expriment d'une certaine façon la nature intime de ses dogmes, l'esprit de ses croyances. Chez les Grecs, point de fêtes religieuses où la danse n'intervînt, quelquefois solennellement grave, restreinte à la marche rhythmée, quelquefois passionnée jusqu'au délire, haletante, échevelée, enivrée, comme dans les dionysiaques. Les unes se rapportoient aux conceptions élevées de la Cause suprême, de l'ordre intellectuel et moral ; les autres au sentiment des puissances aveugles, énergiques, indomptables de la Nature. La strophe et l'antistrophe des chœurs de la tragédie grecque correspondoient probablement à certaines danses déterminées. Des colléges de prêtres, les Saliens, exécutoient à Rome des danses accompagnées d'hymnes consacrés au dieu de la guerre. La Bible nous peint le Roi-prophète dansant, une harpe en main, devant l'arche du Seigneur. De véritables danses ont été anciennement introduites dans le culte chrétien, et s'y conservent encore en quelques pays[1]. Les rites accomplis autour de l'autel ne sont eux-mêmes au fond que des danses symboliques, non plus que les processions parmi lesquelles il en est de si touchantes. Celles qui ont lieu dans la campagne, au retour du printemps, pour appeler sur les travaux de l'homme la bénédiction de celui *qui fait croître et mûrir les fruits*, rappellent les *Arvalia* des Romains. Quoi de plus poétique, de plus grand et de plus doux, que celle où le Christ, sortant de son sanctuaire, vient mystiquement voilé, sous les feux du soleil versant des flots de vie et de lumière, recueillir au milieu des fleurs, des feuillages, des parfums, des chants d'amour et de joie, les hommages de ses frères délivrés et sauvés par lui?

Plus ils sont rapprochés de la nature primitive, plus les hommes ont de penchant à manifester les idées qui les préoccupent, les sentiments qui les émeuvent, par des moyens propres à frapper les sens; et, chose remarquable, aux époques de décadence et de corruption, ils se montrent également

1. « L'usage dans lequel étoient les anciens peuples de ne jamais séparer la danse de la musique se conserve encore dans les chants religieux des chrétiens d'Abyssinie, suivant ce que m'ont assuré les prêtres et le patriarche de cette Église, que j'ai eu occasion de consulter à ce sujet, dans les fréquentes visites que je leur ai faites au vieux Caire, où ils ont un hospice. » Villoteau, *Recherches sur l'analogie de la musique avec les arts qui ont pour objet l'imitation du langage*, t. I, p. 57.

enclins à ramener l'Art à la pure sensation, jusqu'à ce qu'enfin, privé de l'esprit qui l'animoit, il s'ensevelisse dans la matière inerte et ténébreuse. Les croyances, les mœurs des peuples enfants, leurs passions, quelles qu'elles soient, s'expriment par des mouvements rhythmés. Ils ont des danses guerrières, des danses funéraires, des danses qui représentent toutes les scènes de la vie, et où se révèle distinctement le caractère de chacun d'eux. Autres sont celles des nègres sous leur ciel brûlant, des races ardentes et molles des contrées voluptueuses, des régions embrasées ; autres celles des rudes habitants des zones septentrionales.

A mesure que, la civilisation se perfectionnant, le sentiment du Beau se développe, la danse, comme tous les arts, se développe également. Instinctive d'abord, spontanément inspirée par la nature, la symétrie, la mesure, le rhythme, s'y marquent de plus en plus : elle croît à la fois en variété, en unité ; elle aspire à réaliser un type idéal ou le Beau dans ses rapports avec les poses, les attitudes, les mouvements de l'homme ; et, de cette beauté purement extérieure, elle s'élève par le geste, par l'expression des traits, jusqu'à la beauté que l'esprit seul contemple, unissant ainsi aux arts qui ont pour objet immédiat la manifestation des formes sensibles, ceux dont l'objet direct est de manifester les sentiments, les passions et les idées mêmes. Et comme, en outre, ainsi que nous l'avons déjà remarqué, elle se lie d'une manière intime à la musique, et aussi aux arts dramatique et oratoire, on voit qu'aucun art n'offre une si grande complexité que la danse. Elle a pourtant ses limites propres, au delà desquelles, passant dans un domaine qui n'est pas le sien, elle tendroit à confondre, au détriment de l'art véritable, ce qui naturellement est distinct. Les exemples n'en sont pas rares dans les siècles de matérialisme. La mimique et la pantomime, pour lesquelles quelques anciens peuples se passionnèrent si vivement, étoient une sorte de danse. Les Grecs l'appeloient *orchèse*, les Latins *saltatio*. Renfermée dans ses justes bornes, cette danse expressive, qui forme encore un des éléments de la nôtre, est un des anneaux de la chaîne magnifique dont se compose l'Art entier, mais elle ne sauroit suppléer aucun des autres anneaux entre lesquels elle établit une liaison harmonique. On l'a néanmoins essayé en certains âges où la vraie notion et le sentiment délicat de l'Art s'étoient perdus presque totalement. Lors du déclin de l'empire, les Romains, dépravés par les jouissances des sens, réduisirent à une pure pantomime l'art dramatique, dénaturé dès lors complétement. Au quatrième siècle, on ne jouoit plus la tragédie, on la dansoit.

Ainsi, pour exprimer la représentation sur la scène des aventures de Niobé, de ce drame touchant et terrible, on disoit : *Saltare Nioben.*

Considérée en général, la danse a ses lois, analogues à celles de la sculpture et de la musique. Par ce qu'elle renferme de plus intime, elle doit correspondre à un ordre de pensées et de sentiments qu'elle manifeste à sa manière, en même temps qu'elle s'efforce de reproduire, sous des conditions extérieures, un modèle idéal de beauté, sans lequel aucun art n'existe. Cette beauté idéale se compose de deux éléments, la majesté, l'élégance, la grâce, l'harmonie enfin des lignes du corps, que recherche la statuaire, et l'harmonie des lignes du mouvement, correspondante au rhythme musical. Toute danse doit, comme le chant, procéder d'un motif principal, qui toujours reparoisse, que l'on sente toujours, dans la variété de ses développements, et qui les ramène à l'unité. Il forme, en un sens très-exact, la mélodie de la danse : tout le reste y doit être subordonné. Les mouvements secondaires, ceux des chœurs, l'accompagnent et le complètent en se liant à lui harmoniquement : ils en sont, pour ainsi parler, les accords. La vraie puissance de l'Art réside avant tout dans la mélodie fondamentale, et ensuite dans la perfection des **rapports qui l'unissent** à son complément harmonique. Ce qui ne fait ressortir que la souplesse et l'agilité musculaire doit être ménagé avec une sobriété extrême. Les tours de force, les simples ornements, plaisent un moment, étonnent, comme dans la musique, à cause de la difficulté vaincue; mais, étrangers à l'art réel, il est au moins très-rare qu'ils n'en affoiblissent pas l'impression.

Observons, à l'égard du rhythme, que les animaux mêmes le sentent, tant il a dans la nature de profondes racines. Il excite, comme on le sait, et soutient la marche du chameau, sans doute en stimulant la force productrice du mouvement. Il exerce sur l'homme même une action analogue. Le tambour, le cornet, le clairon, ne règlent pas seulement le pas du soldat, ils l'animent encore, et diminuent la sensation de lassitude. Déjà presque épuisé par les travaux du jour, le nègre fera souvent une longue route pour passer la nuit en des danses qui semblent réparer ses forces. Les faits de ce genre et, en général, la passion de la danse si vive chez les peuples de mœurs simples, spécialement en certains climats et dans certaines races, pourroient donner lieu à des recherches physiologiques curieuses. Le plaisir exalté, l'espèce d'enivrement qu'elle procure, n'est pas uniquement dû au sentiment de l'Art, puisque l'Art quelquefois y apparoît à peine. Il est présumable qu'il s'établit entre les danseurs, surtout de sexe différent, une secrète communication, une sorte de courant magnétique, qui agit puissamment sur l'appareil nerveux. Et quant à l'influence du rhythme sur la marche soit de l'homme, soit de quelques animaux, dont l'organisation devroit être, sous ce point de vue, attentivement examinée, leur mouvement progressif étant par sa nature essentiellement rhythmé, tout ce qui provoque en eux la sensation du rhythme doit aussi provoquer le mouvement qui y correspond, et en diminuer la fatigue proportionnellement à l'excitation.

Avant de quitter le sujet traité dans ce chapitre, il est bon de faire remarquer de nouveau l'intime liaison des diverses branches de l'Art, varié dans ses manifestations comme nos facultés, radicalement un comme l'homme même. D'où il résulte que l'objet de l'Art, c'est-à-dire le Beau, est aussi essentiellement un, absolu dès lors, infini en soi, bien que ses reflets dans la Création soient finis ainsi qu'elle; et c'est pourquoi, à quelque hauteur que l'Art ait pu s'élever, il tend toujours au delà, par un éternel mouvement d'ascension vers son dernier terme. Et le terme où il tend est aussi le principe d'où il sort, car il cesseroit soudain d'exister, si ce terme cessoit d'être, ou si, continuant d'être, l'homme cessoit d'en avoir le sentiment et la vision. Ainsi l'Art prouve Dieu, et la grandeur de l'homme uni à Dieu et possédant la conscience de cette union; il est le culte instinctif et naturel que rend à l'Être souverain la créature intelligente, puisqu'elle exprime par lui sa conception des choses et de leur suprême Auteur, l'admiration, l'amour, tout ce qu'elle ressent en soi à la vue du mystérieux modèle, de la beauté inénarrable qu'elle contemple avec ravissement.

CHAPITRE VII.

Nous entrons dans une sphère nouvelle où l'Art se transforme pour reproduire, sous d'autres aspects, le modèle dont la vague image, que nous voudrions saisir à la fois par toutes les puissances de notre être, nous attire, pour ainsi parler, en des régions correspondantes à nos modes divers de percevoir et de sentir. Cette véhémente aspiration à l'idéale beauté qui resplendit en tout ce qui est se confond avec la tendance innée en nous vers le principe d'où découlent les êtres dans leur inépuisable variété, la tendance vers l'Être absolu, qu'au sein de sa lumière et de son éternité nous découvrons de loin à travers le milieu obscur des phénomènes du temps. Une irrésistible impulsion nous porte à nous unir à lui toujours plus, et les joies si vives dont l'Art est la source ne sont que la conscience même de cette union plus grande, la jouissance intime attachée à l'accomplissement d'une loi naturelle, de la loi première de toute existence.

Relative à un mode de sensibilité différent de celui avec lequel sont en rapport la plastique et les arts du dessin, la musique, qui forme le passage de ceux-ci aux arts de l'esprit, occupe, dans la philosophie générale de l'Art, une place à part et très-importante.

Rappelons-nous d'abord quelques-unes des choses déjà dites.

Dieu se manifeste dans ses œuvres, puisqu'il est le type de la Création. Or le Beau n'étant, par son essence, que la manifestation du Vrai ou de l'Être, il s'ensuit que la Création en est l'expression finie, comme le Verbe, par lequel l'Être absolu se manifeste à lui-même selon tout ce qu'il est, en est l'expression infinie.

Mais l'Art est la reproduction du Beau sous une forme extérieure qui affecte les sens. L'œuvre de Dieu réunit donc toutes les conditions de l'Art, il est l'Art divin, dans lequel il faut considérer deux choses : le type éternel, infini, qui est Dieu même; ce même type incarné dans des formes sensibles qui, en le limitant, lui impriment un caractère fini.

De cet Art primordial, progressif comme la Création, dérive l'Art humain, lequel n'est que l'action de l'homme incarnant dans ses œuvres le type du

Beau tel qu'il le perçoit. Et puisque le Beau infini est identique avec l'Être absolu, avec Dieu, et le Beau fini avec l'univers où il revêt une forme sensible, le Beau, tel que l'homme peut le reproduire dans ses œuvres, a une nécessaire relation avec ses conceptions de l'univers et de Dieu. Il exprime par l'Art ces conceptions et les sentiments qui y correspondent, c'est-à-dire qu'il exprime, au degré où il les connoît, Dieu, l'univers, et ses rapports avec l'un et l'autre. Par où l'on voit que radicalement l'Art est un comme Dieu, un comme l'univers, et que par conséquent tous les arts, étroitement liés ensemble, sortent d'une même racine, et, quelles que soient les différences secondaires qui les spécifient, se résolvent dans une rigoureuse et fondamentale unité.

La diversité qu'ils présentent résulte d'abord de ce que Dieu ne pouvant se manifester extérieurement selon son unité infinie, absolue, chaque partie de son œuvre ne le reflète que partiellement, et dès lors appelle, en quelque manière, par une progression qui ne s'arrête jamais, son complément indispensable. Toutefois, entre ces manifestations partielles il existe un ordre d'enchaînement qui les ramène à une unité de plus en plus vaste, ou de plus en plus rapprochée de l'unité divine : d'où l'harmonie générale des êtres, harmonie qui implique la variété dans l'unité: car l'idée d'harmonie renferme celle d'au moins deux termes et de leur union.

En second lieu, l'Être absolu étant essentiellement un, la forme qui le détermine est également une. Or elle ne saurait être une, que le moyen de sa manifestation ne soit un aussi; car le moyen par lequel la forme se manifeste n'est que l'effulgence, l'irradiation naturelle de la forme même. Considéré dans sa plus grande généralité, ce moyen nécessaire de manifestation inhérente à la forme infinie et à toutes les formes limitées qui en dérivent s'appelle lumière.

Mais les formes limitées, c'est-à-dire existantes sous les conditions de l'étendue, se composant de deux éléments, de la forme intrinsèque qui les constitue ce qu'elles sont, et de la limite sans laquelle elles ne sauroient être réalisées dans l'espace, ont par cela même deux modes de manifestation, l'un relatif à la figure ou à la condition de leur existence extérieure, l'autre relatif à la forme intime.

Le premier de ces modes est la lumière dans ses rapports spéciaux avec le sens de la vue, qui, ne pénétrant point au-dessous des surfaces, au-dessous de l'enveloppe matérielle, ne perçoit que l'étendue configurée; le deuxième est le son, qui, perçu par l'ouïe, nous révèle ce qui se dérobe éternellement à l'œil dans les secrètes profondeurs de l'être. Et puisque le moyen général de manifestation est originairement un comme la forme elle-même, la lumière et le son doivent être identiques par leur essence, doivent être le même principe primordial subsistant sous des conditions diverses, et diversement perçu, selon ses rapports avec deux modes divers de sensibilité; et, en dégageant les phénomènes des circonstances secondaires qui les compliquent, la radicale identité de la lumière et du son doit apparoître dans celle de leurs lois fondamentales. Mais ce n'est pas ici le lieu de traiter cette question. En ce qui touche immédiatement l'Art, nous n'avons, quelle que soit la nature physique du son, à nous occuper que de ses seuls effets.

On a montré comment la danse forme la liaison des arts relatifs à la vue, avec ceux relatifs à l'ouïe. La statuaire, le dessin, n'ont qu'un instant, ne saisissent qu'une expression fixe; la danse y ajoute le mouvement et le règle par le rhythme musical. L'Art passe ainsi dans le domaine direct et réel de la vie; il devient l'homme même accomplissant, sous l'influence du sentiment qui le porte à rechercher en tout une certaine beauté idéale, les plus hautes fonctions de sa nature; et ce nouveau caractère coïncide avec le premier emploi du moyen général de manifestation correspondant à la forme intime, à l'élément spirituel de l'être dont il révèle

l'invisible essence : d'où l'on peut, ce semble, infé-
rer que le son n'est pas un simple ébranlement
vibratoire des milieux élastiques, mais qu'il implique une énergie spéciale, un principe agissant
par son efficace propre sur ce qui sent et perçoit en
nous. Quelle relation de cause à effet l'esprit peut-il
concevoir entre les ondes sonores, les vibrations de
l'air, de l'eau, ou des molécules d'un corps solide,
et les sensations, les pensées consécutives à ces
vibrations? N'est-il pas au moins présumable
qu'elles ne sont qu'un mode physique de transmis-
sion, le simple véhicule de ce qui agit véritablement
pour produire les phénomènes d'un ordre exclusif
des conditions de l'étendue?

Sous le point de vue le plus général, la musique,
ainsi que le disent formellement Platon et les
poëtes épiques et tragiques, étoit, pour l'antiquité,
l'expression de l'ordre en toutes choses. Embrassant
l'univers entier, elle comprenoit tout ce qui procède selon des lois constantes, tout ce qu'enchaînent
des rapports que peuvent saisir les sens et l'esprit,
l'harmonie des phénomènes physiques, des mouvements des astres qui s'accomplissent suivant des
proportions régulières de nombres, et forment, de
sphère en sphère, comme un vaste concert céleste ;
les bruits mystérieux de la nature vivante et inanimée, les mélodies sauvages des vents et des eaux,

le frémissement des feuilles agitées par la brise, les cris variés des animaux où se peignent leurs instincts, le chant des oiseaux ; puis, en s'élevant toujours, les manifestations dont la voix humaine est le moyen, depuis les premiers sons inarticulés jusqu'au vrai langage, et, à cause de leur naturelle liaison avec la voix, le geste, la danse, la palestre même ; enfin les lois morales de l'homme, rapportées au double pouvoir inhérent à la voix, le pouvoir d'exprimer, avec toutes leurs nuances, les sentiments et les passions, de les exciter, de les calmer, et celui de représenter la pensée et les idées pures.

De ces propriétés essentielles de la voix résultoit l'importance extrême de la musique chez les anciens. Elle étoit pour eux la parole même élevée à son plus haut degré de puissance, la parole agissant à la fois sur les facultés sensitives et intellectuelles. Et en effet, originairement inséparable du langage parlé, la musique comprenoit la poésie et l'art oratoire. Dire et chanter étoient autrefois la même chose, dit Strabon. La première forme du discours fut partout rhythmique et mesurée, assujettie à des règles sévères de prosodie et d'accentuation. L'invention de la prose appartient à des temps postérieurs de beaucoup. On ne s'habitua même que par degrés à rompre la mesure du vers. Cette innovation eut lieu, chez les Grecs, six siècles seulement avant notre ère, et trois siècles plus tard chez les Romains [1]. Aux époques primitives, les doctrines religieuses, les lois, les préceptes, les traditions, se transmettoient, sans l'écriture, au moyen du chant qui les gravoit dans la mémoire des hommes, en même temps qu'il excitoit en eux, par son action physiologique sur l'organisme les sentiments qui devoient s'y joindre, et ce chant n'étoit que l'expression naturelle de la voix, ramenée à certaines règles déduites de l'observation. Les inflexions diverses et les différents rhythmes, produisant des effets divers, furent rangés, d'après leurs caractères distinctifs, en des classes rigoureusement déterminées, qui devinrent le fondement des modes. Leurs instruments ne chantoient point, ils n'accompa-

1. Cadmus de Milet, qui vivoit sous Alyatte, roi de Lydie, père de Crésus, c'est-à-dire dans le vi[e] siècle avant J.-C., est le premier historien qui ait écrit en prose. Phérécyde et Hécatée l'imitèrent, en conservant toutefois, comme lui, tous les caractères de la poésie, moins le mètre qu'ils brisèrent. Les écrivains postérieurs, ajoute Strabon, se permettant successivement divers autres changements, firent descendre le discours de ce degré d'élévation au point où il est aujourd'hui (Strab., *Geogr.*, lib. I, p. 16). Un certain Appius Cœcus fut aussi le premier qui introduisit, 307 ans avant J.-C., l'usage de la prose chez les Romains, dans une harangue qu'il prononça devant le Sénat, pour lui persuader de ne point faire d'alliance avec Pyrrhus (Plin., *Hist. nat.*, lib. VII. — Isidor. Hispan., *Orig.*, lib. I, cap. 37). On rapporte de même à Mahomet l'origine de la prose dans la langue arabe (*Poeseos asiaticæ commentaria, auct. Guillelmo Jones, Lipsiæ, 1777; de Asiatica dictione*, p. 364.)

gnoient pas non plus, suivant l'exacte acception du mot, ils servoient seulement à maintenir la voix dans le ton relatif à l'ordre des sentiments que le chanteur, le poëte, l'orateur même vouloit exprimer.

On voit ici deux choses : comment la musique a sa racine dans la nature de l'homme, et comment l'Art, primitivement lié au simple usage de ses facultés et se confondant avec lui, identique, en un mot, avec l'instinct natif, spontané, indélibéré, s'en distingua ensuite peu à peu, et acquit une existence propre, par un nécessaire effet du progrès qui s'opéra dans l'humanité.

Le premier langage émanant de la sensation et du sentiment, se composant, comme celui de l'enfance, de sons expressifs dépourvus de véritable articulation, ne se distinguoit point, au fond, de la musique, qui n'est non plus qu'un enchaînement régulier de sons expressifs. A mesure que l'intelligence se développa, que les connoissances se multiplièrent, qu'entré dans la sphère des idées l'homme, pour ainsi dire, les dégagea progressivement de leur enveloppe pour les contempler en elles-mêmes, les lia, les combina par les opérations logiques, la langue parlée devint musicalement moins expressive, en ce sens que le son, dans ce qu'il a de relatif à la sensation et au sentiment, ne pouvant représenter, manifester l'idée, subit des modifications nécessaires qui en affoiblirent la puissance sous ce rapport. D'une part donc, en se spiritualisant, d'une autre part, en se mélangeant, ce qui les rendit plus conventionnelles, les langues se dépouillèrent, en une certaine mesure, de l'élément sensible indispensable à l'Art. Elles tendirent toujours davantage à agir sur l'esprit plus que sur les sens et les facultés qui y correspondent. La prosodie, l'accent, se conservèrent sans doute, quoique moins prononcés ; mais ils perdirent leur relation prochaine et intime au chant que remplaça la simple parole, dans laquelle les intervalles plus rapprochés cessent d'être appréciables. Entre elle et le chant il resta seulement une affinité qui rappeloit leur origine commune, et qui continua de se manifester par leur étroite liaison, depuis la mélopée, où la parole domine, jusqu'à cette même parole soumise aux règles absolues de l'intonation, des intervalles, de la mesure et du rhythme, où le chant a le rang principal. Mais la musique, désormais distincte, eut une existence et des lois à part. Elle abandonna au pur langage l'expression directe des idées, se bornant à parler aux facultés sensitives de l'homme, dans leur rapport avec le son : d'où son caractère d'universalité. Et dans cet état, qui est celui où nous allons la considérer, on ne sauroit la mieux définir qu'en l'appelant une langue sans consonnes. Elle part de la sensation pour s'élever à l'idée, qu'elle ne représente qu'indirectement, qu'elle fait pressentir dans un vague lointain, sous les ombres flottantes qui l'enveloppent. Elle ne la révèle point à l'esprit avec la netteté qui produit la compréhension, mais elle détermine un état, excite des émotions correspondantes à sa nature mystérieusement voilée. Là s'arrête l'effet de la musique, son efficace propre. Le langage articulé, au contraire, part de l'idée, il la représente immédiatement, et n'a qu'un rapport indirect à la sensation. Le langage musical et le langage articulé procèdent donc d'une manière inverse, et, bien qu'ils sortent d'une même racine, il existe entre eux une différence profonde.

La puissance de la musique a sa raison dans l'essence même du son qui, manifestant ce que les êtres ont de plus intime [1], agit aussi sur ce qu'ont de plus intime ceux qui perçoivent cette manifesta-

---

1. Cette propriété inhérente au son de manifester, d'exprimer la forme intime des êtres, lui est exclusivement propre : les couleurs, relatives à la limite, ne manifestant directement que la forme extérieure, la figure, soit du corps entier, soit de ses molécules intégrantes visibles. C'est pourquoi il n'existe ni ne sauroit exister de musique des couleurs ; et quand le père Castel, croyant en créer une, imagina son clavecin oculaire, il étoit abusé par une idée complétement chimérique.

tion. C'est pourquoi elle ne dépend pas des simples lois du nombre appliquées à la résonnance des corps sonores. Elles est le résultat de l'action des lois physiques, physiologiques et morales, action qui s'exerce directement sur le principe interne qui constitue la nature des êtres. La musique offre donc trois degrés ou trois divisions correspondantes à ces trois ordres de lois, qui correspondent eux-mêmes aux trois ordres d'êtres inorganiques, organisés et intelligents; et ces lois se combinent à mesure qu'on s'élève d'un degré à l'autre, comme les formes constitutives de la nature des êtres se combinent elles-mêmes à mesure que ceux-ci s'élèvent dans la série indéfiniment croissante des existences créées.

Le premier degré, ou la musique dans ses relations avec les corps inorganisés, dépend des lois purement physiques, desquelles le nombre est l'expression naturelle, nécessaire; et tous les arts dont nous avons précédemment traité dépendent aussi, dans leurs éléments, pour parler de la sorte, matériels, des lois physiques ou des lois du nombre. Rien n'échappe à ces lois, parce que rien, dans la Création, qui ne soit limité. Subordonnées de plus en plus, proportionnellement à la perfection toujours croissante des êtres, aux lois supérieures de ceux-ci, modifiées par elles, on les retrouve partout,

voilées quelquefois, mais radicalement indestruc-
tibles et inaltérables.

Il est remarquable que, comme les corps existent
nécessairement sous trois dimensions correspondantes aux trois principes essentiels de l'être, aucun
son fondamental ne sauroit être produit, sans une
triple résonnance simultanée, base première des
accords et de l'échelle des tons, c'est-à-dire du
système régulier des sons musicaux. En tant que
mesurables, chacun d'eux a pour expression un
nombre fixe de vibrations en un temps donné, et
ces vibrations plus ou moins rapides, observées sur
une corde sonore, correspondent elles-mêmes à des
rapports fixes de longueur ou de distance. Mais le
mouvement vibratoire n'affecte pas seulement la
masse apparente du corps vibrant, il s'étend à chacune de ses molécules, et la forme de ces molécules
et de leur groupement détermine celle du mouvement ou de ses directions, qui engendrent des figures
géométriquement symétriques, comme le montrent
les belles expériences de Chladni. Ainsi, dans les
corps inorganiques, le son a un rapport certain à
leur nature intime et en est une vraie manifestation.
Nul corps différent d'un autre corps par sa composition ou sa forme radicale ne rend exactement le
même son. De là ce qu'on appelle le timbre. Quel
que soit le corps vibrant, le nombre des vibrations

isochrones détermine la place de chaque son dans la série musicale des tons constamment invariables. Le timbre, indépendant du nombre des vibrations, manifeste la nature du corps, dont il est véritablement l'expression spécifique, la voix.

La musique, à son second degré, se complique des lois physiologiques des êtres. C'est pourquoi on a vu, dès l'origine, les musiciens se diviser sur la mesure des intervalles et sur la manière d'en déterminer les rapports, les uns[1] voulant qu'on n'employât, pour établir ces fondements de l'Art, que le raisonnement et le pur calcul; les autres[2] soutenant, au contraire, que l'on devoit s'en remettre uniquement au jugement de l'oreille. Souvent renouvelée, cette discussion s'est prolongée jusqu'à nos jours, et, réduite à ces termes rigoureusement opposés entre eux, elle seroit éternelle, car aucune des deux opinions n'est admissible en tant qu'exclusive. Elles sont vraies toutes deux, fausses toutes deux. Il est très-vrai que les lois physiques, et par conséquent le nombre qui en est l'expression, président originairement à la détermination des intervalles et de leurs rapports, sans quoi il seroit d'une évidente impossibilité qu'ils eussent une relation constante avec les vibrations des corps sonores inor-

1. Les Pythagoriciens.
2. Les Aristoxéniens.

ganiques ; il est faux qu'elles y président seules, ainsi que le reconnoît d'Alembert lui-même[1], et c'est pour cela que ces lois, fondées d'ailleurs sur l'expérience toujours imparfaite, ne donnent que des rapports approchés. Il est très-vrai que le jugement de l'oreille est indispensable pour apprécier avec justesse les harmoniques d'un son ; il est faux que ces harmoniques ne soient pas soumises primitivement aux lois du nombre, quoique les nombres qui les représentent, calculés sur des bases nécessairement hypothétiques, n'aient aucune valeur absolue, et soient peut-être même incommensurables entre eux.

Le son affecte d'une certaine manière relative à leur nature les êtres doués de sensibilité et d'instinct. Ils agissent par la voix les uns sur les autres, se communiquent des impressions aussi variées que profondes, expriment dans un langage analogue à leurs facultés et à l'organisation qui en est la condition passive leurs appétits et leurs passions, l'amour, la haine, le désir, la crainte, la colère, la douleur, la joie, la sympathie et l'antipathie. Les oiseaux ont leur chant : plusieurs imitent le nôtre. Quelques animaux, des insectes même, dit-on, se montrent sensibles à l'harmonie de nos

1. Discours préliminaire des *Éléments de musique*.

instruments. Le clairon, la trompette, le cor, animent à la chasse, au combat, ceux dont nous nous sommes fait des compagnons et des auxiliaires. Le rhythme surtout exerce sur eux une influence puissante, comme nous l'avons remarqué ailleurs. Il les excite à une marche soutenue, mesurée, et en diminue la fatigue. Il est clair que tous ces effets dépendent immédiatement de causes spéciales, correspondantes à la nature vivante, et dont les lois, dès lors, ne sont pas exprimables en nombres. Peut-on concevoir qu'une sensation, essentiellement indivisible, soit en aucun sens représentée par une formule numérique? Une sensation, qu'est-ce, si ce n'est une certaine modification, un certain état de l'être radical ayant conscience de soi, de la substance rigoureusement une? Voilà donc la musique des corps inorganisés, qui, par l'adjonction d'un nouvel élément, de l'élément physiologique, prend un caractère également nouveau, et, s'élevant dans une sphère plus haute, passe sous l'empire de lois d'un autre ordre, des lois supérieures de ce qui vit et sent.

Elle s'élève encore pour devenir la musique propre de l'homme, expression de sa nature complète, sous le triple point de vue physique, physiologique et moral ; et conséquemment les lois de ces trois ordres s'y combinent, comme elles se combinent dans l'homme même, et suivant le même mode de subordination.

Point d'art musical sans une base première, appelée échelle ou tonalité, et par ce mot qui reçoit différentes acceptions dans la langue peu fixée de la musique, nous entendons ici uniquement un système qui représente, en partant d'un son primitif, la génération progressive des sons dérivés, selon les lois physiques et physiologiques qui déterminent entre eux des rapports ou des intervalles invariables. Existe-t-il un pareil système dans un sens général et mathématiquement rigoureux? Au point de vue de la pensée philosophique, il y a lieu de le croire, l'unité de la Création impliquant l'unité de ses lois et de ses manifestations diverses. Mais, foible partie que nous sommes de ce grand tout, ces lois se modifient à notre égard, suivant nos relations particulières avec l'ensemble des choses, dont nous n'avons ni le sentiment, ni la vision parfaite. Ainsi, quant à nous, tout système de sons étant nécessairement partiel, incomplet, aucun ne sauroit offrir cette sorte de rigueur qui correspond à la vérité absolue et universelle. Chacun a ses inconvénients, aussi bien que ses avantages. On comprend donc comment la tonalité fondamentale a varié chez les différents peuples, et y varie encore de nos jours. Le système musical des Grecs, imités depuis en cela par les Arabes et d'autres Orientaux, se composoit radicalement de quatre sons consécutifs liés entre eux suivant un certain ordre d'intervalles déterminés par leur théorie, qui admettoit des quarts de ton. Notre système, à nous, les rejette. Au lieu du tétracorde des Grecs, il a pour base une série de sept sons[1], qui forment ce qu'on a nommé l'échelle, ou la gamme diatonique[2]. Quoique de

1. La septième note n'a reçu que fort tard le nom qu'elle porte aujourd'hui. Une lettre lui est assignée dans la notation grégorienne, et Gui d'Arezzo, qui se prononce de la manière la plus formelle pour le système des octaves, ne songea certainement jamais à la retrancher de l'échelle diatonique. Mais, comme il se servoit, pour exercer les enfants, de la mélodie de l'hymne *Ut queant laxis,* où l'intonation s'élève d'un ton sur la première syllabe de chaque vers, on s'habitua à désigner par *ut, ré, mi,* etc., les notes de la gamme, de sorte que la septième qui manquoit dans ce développement harmonique de l'hymne manqua ainsi de nom propre, quoiqu'elle appartînt à l'échelle et qu'on eût trouvé un autre moyen de la désigner. Il advint de là cependant que quelque successeur ou commentateur de Gui d'Arezzo, s'en tenant, par respect pour les six syllabes, aux notes qui empruntoient d'elles leur nom, imagina l'absurde système de l'hexacorde, si embrouillé à cause de son cortége de *nuances.* L'hexacorde n'a jamais été qu'une ridicule anomalie; il n'eut sur l'Art, qu'il auroit plongé dans une barbarie profonde, aucune influence durable, et c'est pourquoi nous n'avons pas cru devoir en parler dans le texte.

2. Bien que notre gamme diatonique ne contienne que sept sons de nature différente, le dernier appelle irrésistiblement un son complémentaire, qui est l'octave de la tonique. Tant qu'il n'a point été perçu, l'oreille reste en suspens et comme en souffrance, faute d'un point de repos. Cela tient à ce que, dans le développement de cette série naturelle des sons dérivés, jusqu'à ce que la tonique ou le son générateur ne reparoisse, il est certain pour l'oreille que

très-grandes imperfections, que l'habitude nous dissimule, soient inhérentes à ce système relativement moderne, rien jusqu'ici ne fait prévoir qu'on doive ultérieurement y en substituer un nouveau, qui d'ailleurs, quel qu'il fût, auroit aussi ses imperfections propres.

La tonalité une fois établie, l'art musical embrasse quatre choses : le rhythme, la mesure, le mouvement, l'expression.

Le rhythme a sa racine dans les lois premières du mouvement, car tout mouvement déterminé, ayant pour cause une force également déterminée, ne sauroit être conçu dans sa continuité indéfinie que comme le résultat d'une suite d'actions proportionnées chacune à l'intensité invariable de la force qui l'engendre, et renouvelées dès lors en des espaces de temps rigoureusement égaux. Ainsi donc tout mouvement déterminé indéfiniment continu implique trois conditions nécessaires : une pério-

la progression ait atteint son terme, ou que la fécondité, pour ainsi dire, du son générateur soit épuisée. Les sons en quelque sorte latents qu'il contenoit et que successivement il a produits au dehors se recomposent en lui, comme les couleurs du prisme se recomposent dans la lumière blanche où elles subsistent latentes aussi. La variété vient se résoudre dans l'unité première et dernière. Sous ce point de vue, la gamme diatonique comprendroit huit sons, au lieu de sept; et alors elle se composeroit de deux tétracordes semblables, ce qui rapprocheroit, à quelques égards, notre tonalité de la tonalité des Grecs.

dicité réelle ; la décomposition du mouvement total, dans ses rapports avec l'unité fixe de la force
qui l'engendre, en une série de mouvements partiels accomplis dans une durée égale et décomposables eux-mêmes en parties aliquotes de cette
durée et de la force génératrice ; enfin, deux temps,
l'un fort, l'autre foible dans chacun de ces mouvements partiels, qui, puisqu'ils commencent et finis-
sent, se composent dès lors.d'une période croissante
et d'une période décroissante. Or, ces trois conditions de périodicité, de décomposition du mouvement en partie correspondantes à son unité fondamentale, et décomposables elles-mêmes en aliquotes
de cette unité ; dans chacune de ces parties deux
temps, l'un fort, l'autre foible : ces trois conditions, disons-nous, constituent l'essence du rhythme.
Tous les mouvements de la nature, et spécialement
les mouvements des astres dans leurs orbites si
réguliers, sont, comme le pensoient les anciens,
réellement rhythmés. Mais, à cause des étroites
limites de nos facultés pendant la vie présente, si
notre esprit conçoit l'existence de ces rhythmes
merveilleux qui font de la Création comme une
vaste harmonie [1], ils échappent à notre perception ;

1. On sait que Kepler fut conduit à la découverte des grandes
lois qui portent son nom par des considérations tirées de l'ordre
d'idées que nous indiquons ici.

et la raison en est encore qu'à notre égard, au moins, le rhythme implique le son, parce qu'il n'est perçu et apprécié qu'au moyen du son.

Considéré dans ses rapports avec l'art musical, le son est complexe; on y doit distinguer deux choses, le timbre qui exprime la forme intime et permanente dont il est le retentissement, et le rhythme qui exprime, non cette forme, mais celle du mouvement. De là vient que le timbre n'implique essentiellement qu'un son correspondant à la forme intime essentiellement une, tandis que le rhythme, au contraire, implique plusieurs sons consécutifs, parce que la forme du mouvement total n'est déterminée que par une série de mouvements partiels, liés entre eux suivant une loi constante qu'ils manifestent sensiblement.

Le rhythme peut avoir deux origines diverses, selon qu'il procède par une progression numérique de termes pairs ou impairs, d'où le rhythme binaire et le rhythme ternaire. Ces deux genres de rhythmes renferment tous les rhythmes possibles. Ils ne se résolvent jamais l'un dans l'autre, mais ils peuvent se mêler et se combiner d'une multitude de manières, au gré de l'artiste, suivant la nature des impressions qu'il a pour but de produire. On découvre ici l'un des liens qui unissent la poésie à la musique; car l'harmonie du vers, sa cadence, dépend d'un rhythme qui, pour le fond, ne diffère point du rhythme musical; et le simple langage parlé, principalement lorsqu'il se passionne, en offre encore des traces profondes.

Le mouvement, au sein de l'univers, étant la manifestation de la vie, le rhythme ou la forme du mouvement exprime les modifications des êtres vivants, leur état interne, tel qu'il résulte de l'ensemble des causes qui agissent sur eux et sur lesquelles ils réagissent. En rapport naturel avec certaines conditions physiologiques, il tend à son tour à réaliser ces conditions en ceux dont il affecte les organes, et conséquemment à modifier, suivant son caractère spécial, leur sensibilité. De tous les sentiments que peut éprouver l'homme, il n'en est pas un qui n'ait son rhythme propre, et le rhythme seul commence déjà à les réveiller en lui. C'est au rhythme que la musique doit, en grande partie, sa puissance. Privée du rhythme, elle n'existeroit pas : elle ressembleroit à une langue où les mots, se succédant sans être enchaînés par une loi qui les lie entre eux et les ramène à l'unité, ne formeroient dès lors aucun sens.

La mesure marque les relations du rhythme avec le temps. Il la renferme donc essentiellement dans sa notion, non pas toutefois selon l'absolue rigueur de la règle à laquelle la soumet notre système musical, où cette règle sévère ne s'est introduite qu'assez tard et progressivement. Quoique mesurée d'une certaine manière, la musique religieuse, d'où la nôtre est sortie, ne la connoissoit pas, et nous dirons ailleurs pourquoi. La mesure a deux fonctions; elle manifeste un élément particulier du rhythme, la périodicité, et, par sa forme symétrique, elle contribue à réaliser l'une des conditions du Beau, en produisant le sentiment de l'ordre dans un ensemble de sons, comme l'architecture le produit dans un en emble de plans et de lignes.

La nature des effets que le rhythme détermine, dépend aussi, à un haut degré, des différentes vitesses du mouvement. Le même chant avec le même rhythme, selon qu'il est exécuté dans un mouvement vif ou un mouvement lent, change de caractère, au point quelquefois de devenir presque méconnoissable. Ceci a sa raison dans les lois universelles de la Création. Le mouvement, selon sa vitesse ou son intensité, y correspond à des ordres divers de phénomènes généraux, comme il correspond, dans les êtres doués de sensibilité et d'instinct, à des ordres différents de sensations et d'actes spontanés, et dans l'homme à des ordres de sentiments également divers. Le rhythme du pouls n'est pas le même dans la gaieté et dans la tristesse, dans l'impétueuse colère et dans la sympathie calme et tendre.

Les trois éléments dont nous venons de parler, le rhythme avec la mesure et le mouvement qui en dérivent, concourent donc tous à l'expression : ils en sont comme les bases physiques et physiologiques, sans néanmoins être l'expression même, ainsi que nous allons essayer de l'expliquer.

Nécessairement semblable en cela à tous les autres arts, qui ne sont comme elle que des fragments de l'Art complet essentiellement un, parce qu'il correspond à l'unité divine et à l'unité de l'œuvre divin, la musique a pour terme le Beau infini, et, dès lors, ce qu'elle représente, ce qu'elle tend à reproduire, ce ne sont point les choses telles qu'elles sont, mais leur type éternel, le modèle idéal qu'elles recouvrent, en quelque manière. Car, selon la pensée de Rousseau, admirablement vraie en ce sens : « Hors le seul être existant par lui-même, il « n'y a rien de beau que ce qui n'est pas. »

Ainsi la musique n'imite point, elle crée, elle concourt à réaliser le monde immatériel où l'esprit se dilate sans fin. Par elle donc aussi l'homme exprime ses conceptions, progressives comme lui, de Dieu et de l'univers ; il s'exprime lui-même, dans ses rapports avec la Cause suprême, avec ses semblables, avec la Nature, en manifestant, non l'idée, mais le sentiment lié à l'idée. Ainsi l'expression dérive d'abord, dérive immédiatement des lois mo-

rales, des lois de l'intelligence et de l'amour; car
l'idée c'est l'intelligence, et le sentiment c'est de
plus l'amour. Tout chant doit donc être expressif, il
doit parler, il doit émouvoir, ou il n'est qu'un vain
assemblage de sons morts, une masse inanimée,
une sorte de cadavre aérien, que repousse instinc-
tivement l'ouïe interne. Mais, pour que l'expression
soit possible, il faut que le son, dans ce qu'il a de
plus intime, ait une relation essentielle avec les
sentiments qu'il manifeste et qu'il excite, une relation active et conséquemment dépendante d'une
puissance spéciale qui lui est inhérente, puissance
distincte du rhythme, du mouvement, de la mesure, bien qu'elle ait avec eux des rapports étroits.
Or ceci oblige à concevoir divers ordres de sons
correspondants aux divers ordres de sentiments, et,
dans chaque ordre, des différences, des nuances en
nombre indéfini, qu'elles résultent soit d'un nombre
indéfini de sons simples, ce qui a lieu dans la
nature, soit de la combinaison de plusieurs sons
simples, selon le procédé de l'Art, forcé de n'ad-
mettre que des sons séparés par des intervalles
appréciables. Qu'on n'oublie pas ces deux derniers
points, nous y reviendrons bientôt.

Mais si le son a en soi une puissance expressive,
cette puissance doit être appliquée, mise en jeu par
l'artiste dont elle n'est que l'instrument. Il faut

donc que l'artiste possède une autre puissance, celle de se rendre propre le sentiment qu'il veut exprimer et communiquer. Alors il passera de lui dans son œuvre, sous la forme dont l'aura revêtu son mode particulier de sentir, de sorte que, en l'exprimant, il se sera exprimé lui-même. Outre le caractère général de son œuvre, il y aura empreint son caractère à lui, il s'y sera, en quelque façon, incarné individuellement. Et ce qui est vrai du compositeur, du créateur réel, est également vrai de celui qui exécute simplement son œuvre. Le chanteur aussi doit trouver en soi le sentiment qu'exprime le chant, et ce sentiment, il le rendra avec plus ou moins de vérité, plus ou moins d'énergie, selon le degré d'énergie et de vérité de ses impressions internes, et toujours avec des nuances relatives à sa manière propre de sentir. De là, dans la composition comme dans l'exécution, ce que nous nommerons l'accent. L'accent appartient à l'artiste : il est l'écho, le retentissement de sa nature intime, et, joint à la puissance essentielle inhérente au son, il constitue dans l'Art l'expression qui se compose de deux éléments unis et distincts.

Nous avons dit qu'au moyen du son soumis aux lois de l'art musical l'homme exprimoit ses conceptions de Dieu et de l'univers, et s'exprimoit lui-même dans ses rapports, soit avec des semblables, soit avec la Nature ; vaste sphère qui embrasse tout ce qui est et peut être, le monde spirituel des essences et le monde des purs phénomènes, les êtres doués d'intelligence et ceux qui, relégués en de moins hautes régions, descendent graduellement jusqu'aux corps bruts privés de toute spontanéité comme de toute organisation.

De là deux parties dans la musique, deux branches séparées, quoiqu'elles aient une commune racine : l'harmonie et la mélodie.

L'harmonie, ou la science des accords, exprime le monde inférieur et les rapports des êtres dans ce monde, elle en est la voix. Mais ces rapports harmoniques ne se pénètrent pas de manière à se concentrer dans une unité correspondante à une pensée réelle ; ils ne font point un sens, parce qu'ils n'émanent point d'une nature intelligente. Fondés sur les lois physiques de la résonnance des corps sonores, ils dépendent de ces lois, comme les rapports des formes extérieures relatives à la vue dépendent des lois géométriques ; et ces deux ordres de rapports sont également représentés par le nombre, qui en est l'expression naturelle. Ainsi, la série des accords, ou plutôt les différentes séries engendrées par un accord primordial, et qui s'engendrent ensuite l'une l'autre, suivant certaines règles invariables dérivées de leur nature et constitutives des modulations correspondent aux relations qui unissent les formes essentielles et intimes des corps, et en manifestent les lois, identiques au fond avec celles de ces accords mêmes : de sorte que, dans cette classe d'êtres, dans la classe, disonsnous, des êtres inorganiques, l'harmonie musicale représente, exprime l'harmonie de la Création.

Quoique modifiée par les lois physiologiques des êtres vivants, la musique, quant à ceux doués seulement de sensibilité et d'instinct, s'élève peu audessus de ce qu'elle est à l'égard des êtres inférieurs, elle reste dans le même ordre fondamental, c'està-dire qu'en manifestant des formes, des natures plus parfaites et les rapports qui subsistent entre elles, elle ne sort point de la sphère de la fatalité, de la nécessité, elle n'exprime aucunes conceptions, elle n'a pas en soi la puissance qui lie spontanément et combine ces rapports, en les comparant à un type idéal qu'elle aspire à réaliser; en un mot, dépourvue de l'élément intellectuel, réduite à ce qui est du domaine des sens et du pur instinct, elle manque du principe générateur de la mélodie.

Qu'est-ce, en effet, que la mélodie? Une suite de sons déterminés qui s'appellent et s'enchaînent comme les mots dans le discours. Correspondante au sentiment inséparable de l'idée, elle exprime un sens, une pensée, en exprimant sa relation avec

l'impression qu'elle produit sur ceux à qui elle est
présente; elle exprime les passions, les affections,
l'état interne, quel qu'il soit, d'une nature personnelle; elle exprime enfin ce que ressent en soi
l'être qui, contemplant le Beau infini dans son immuable essence, s'unit à lui par un amour qui devient sa vie même, et le cherche et le découvre avec
ravissement sous le voile mystérieux de ses manifestations terrestres, et, de toute l'ardeur d'un désir
qui renaît sans cesse de lui-même, s'efforce de le
reproduire tel qu'il le perçoit. Rien de semblable
dans le monde des corps, ni dans le monde que
régissent les lois purement physiologiques. C'est
pourquoi, étrangère à ces deux mondes, la mélodie
est l'expression des êtres intelligents et d'eux seuls.
Elle se distingue encore de l'harmonie en ce qu'elle
procède, comme le langage, par une suite de sons
successifs et simples, tandis qu'à raison de son
essence même l'harmonie implique le concours de
plusieurs sons simultanés. De plus, suivant la remarque d'un écrivain qui, quoiqu'on puisse lui
reprocher des opinions trop exclusives, a fait preuve
d'un esprit vraiment philosophique en traitant de
l'art musical, « le principe harmonique de la ré-
« sonnance des corps sonores, ne donnant que des
« progressions de douzièmes, n'est applicable qu'à
« l'harmonie des accords, et ne peut faire naître

« l'idée du chant à qui que ce soit, pas même au
« musicien le plus exercé et le plus instruit; ou,
« s'il la lui fait naître, ce ne peut être que d'une
« manière très-indirecte; car il n'est ni possible,
« ni vraisemblable même, qu'on parvienne jamais
« à découvrir dans la résonnance des corps impas-
« sibles (sur lesquels seuls il est possible d'obtenir
« les sons harmoniques et concomitants d'un son
« principal) quelque chose de commun avec l'ex-
« pression imitative de nos sentiments, qui est
« l'objet essentiel du chant[1]. »

Toutefois, l'harmonie et la mélodie se lient l'une
à l'autre, comme la Nature est liée avec l'homme;
mais l'harmonie doit être subordonnée à la mélodie,
comme la Nature doit l'être à l'homme, comme
dans la peinture la couleur est subordonnée au dessin, et le paysage à la figure humaine : car toutes
ces choses se tiennent intimement et sont entre
elles dans le même genre de rapports.

Nous l'avons dit ailleurs, Dieu est le suprême
artiste, et son œuvre, c'est l'univers, au sein duquel
les arts partiels, résultats pour nous de la décomposition de l'Art complet, se mélangeant, se pénétrant
par une sorte de puissance organique, se résolvent

1. Villoteau, *Recherches sur les analogies de la musique avec
les arts qui ont pour objet l'imitation du langage*, t. I, préf.,
p. LXVI.

et se confondent dans une magnifique unité. Il existe donc une musique non moins vaste que la Création, une musique universelle qui embrasse tous les sons, tous les bruits, et leurs combinaisons innombrables, et leurs lois de tous ordres; mais nous ne la comprenons pas, parce que nous ne connoissons ni ne sentons qu'une foible partie de la Nature, dont l'ensemble immense qui, de toutes parts fuit dans l'infini, se dérobe à nos sens et à notre pensée même. Depuis la goutte d'eau qui gémit en se brisant sur un brin d'herbe, jusqu'à l'Océan qui ébranle avec des mugissements formidables les bases souterraines de la terre; depuis le jonc des bords du fleuve jusqu'à l'oiseau qui soupire la nuit au fond des forêts; depuis l'insecte imperceptible qui murmure des tristesses ou des joies inconnues dans le calice d'une fleur, jusqu'à l'homme dont les chants s'élèvent de monde en monde vers leur éternel Architecte, chaque être a sa voix dans ce concert divin. S'il en est qui nous frappent comme des dissonances, c'est qu'isolées à notre égard, leur relation au tout nous échappe : elles ne se lient pour nous à rien d'ordonné. Que dans l'œuvre le plus parfait de notre art même, retranchant les intermédiaires, on rapproche des parties dès lors sans convenance mutuelle, nous éprouverons la même sensation étrange et pénible, nous porterons le même jugement. Les limites si resserrées qui nous pressent se manifestent en tout. Nécessairement bornée comme nous, incomplète comme nous, notre musique est le rapport de l'harmonie totale à notre nature particulière.

Pour exprimer ses conceptions, pour leur donner une forme sensible, l'Art a besoin d'organes. Les uns correspondent au monde inférieur : ce sont les instruments, en nombre indéfini, qui, par la variété de leurs timbres et de leurs diapasons, représentent celle des voix au moyen desquelles les êtres divers se manifestent selon leur nature. L'homme également se manifeste par sa voix incomparablement plus parfaite. Elle est l'organe principal de l'Art; aucun autre ne le sauroit suppléer, quoique l'homme puisse aussi faire passer quelque chose de soi dans les organes de son invention, les animer de sa vie, et conséquemment se manifester par eux, en une certaine mesure, comme Dieu lui-même se manifeste par les êtres les plus humbles de la Création. Une différence ineffaçable subsiste néanmoins toujours entre ces deux genres d'organes : d'où deux genres distincts de musique, la vocale et l'instrumentale. La première correspond directement à la mélodie, la seconde à l'harmonie, bien que ces deux éléments de l'Art se combinent dans l'une et dans l'autre. Mais la mélodie des instruments dérive primitivement de la voix, en est une imitation, comme l'harmonie des voix se rapporte aux accords originairement donnés par les instruments, en vertu des lois absolues de la résonnance des corps.

La voix de l'homme correspondant à ce que l'Art a de plus sublime, étant, pour ainsi dire, le lien qui l'unit au Beau infini, toutes les autres doivent se grouper, s'ordonner autour d'elle, l'accompagner, selon le sens aussi juste que profond du mot. Elles lui créent un lieu harmonique, comme la peinture, en reproduisant la nature extérieure, crée à l'homme son lieu nécessaire. Toutefois, de même que la peinture admet, bien qu'en un rang moins élevé, le pur paysage, l'Art aussi admet une musique purement instrumentale. On ne doit pas croire cependant que ni l'un ni l'autre soient étrangers à l'homme. Il y est à la fois présent et caché : caché, parce qu'il n'y a point de manifestation immédiate; présent, parce que l'œuvre de l'artiste exprime et communique les impressions qu'il a reçues de la nature, les sentiments qu'elle a réveillés en lui.

Au-dessus de l'Art et de ses lois dans son unité immense et complexe, l'Art n'a pu inventer d'instrument qui, sous ce rapport, en reproduise l'image. Mais cette espèce d'instinct profond qui est le génie de l'humanité, lui a créé un organe propre, mélange de métaux divers et de timbres dès lors différents, unis par la fusion en un corps d'une forme déterminée par certaines courbes géométriques, la cloche en un mot. S'il étoit possible de s'élever à une hauteur où tous les bruits de la terre, sans cesser d'être perçus, se confondissent en un seul bruit, on entendroit comme un son unique, et dans ce son une prodigieuse multitude d'autres sons. Ce seroit vraiment la voix de la nature, indéfiniment variée, rigoureusement une. A notre égard, la cloche est cette voix. Elle ne rend pas seulement un son, le son principal dont l'oreille saisit immédiatement l'unité puissante. Chaque particule de métal rend aussi, selon sa nature, ses connexions, sa densité, sa masse, un son particulier perceptible, surtout à des distances peu grandes.

Ces sons élémentaires, parties intégrantes du son principal, tourbillonnent et bruissent, comme les voix innombrables d'êtres fantastiques, autour de la cloche ébranlée. Ils l'enveloppent d'une sorte d'atmosphère vivante, pleine de prestiges indéfinissables. De là ses merveilleux effets. Lorsqu'elle vient à vibrer, tout vibre au même instant, les corps bruts, les êtres animés; quelque chose frémit et s'émeut dans les entrailles de l'homme, ravi hors de lui-même, emporté, ce semble, en des espaces illimités par les ondes sonores, qui se déploient comme une mer sans rivage. Au sein de ce monde peuplé de formes indécises, aériennes, ses flottantes rêveries se dessinent comme des ombres fugitives à l'horizon d'un vague infini.

L'orgue décompose et ramène, sous l'empire des lois musicales, le son indéfiniment complexe de la cloche. Pour l'étendue, l'éclat, la puissance, il n'a point de rival. Il est la voix de l'église chrétienne, et comme l'écho du monde invisible qu'elle manifeste symboliquement. Ses proportions, sa forme, ont un aspect architectural, et de ses profondeurs sort un volume de son suffisant pour remplir l'édifice le plus vaste. Tantôt il provoque le recueillement et la contemplation par une harmonie voilée, mystérieuse[1]; tantôt il émeut d'une tristesse sainte, ou enflamme les désirs d'une céleste ardeur. Quelquefois il gronde comme l'orage, mugit comme la tempête sous les voûtes tremblantes; quelquefois on diroit les soupirs des esprits, devinés plutôt qu'entendus, saisis seulement par l'ouïe interne. Que faut-il de plus pour en faire une création d'un ordre unique? Il manque cependant, à d'autres égards, de certaines qualités dont nous parlerons quand nous aurons à le considérer dans ses rapports avec le caractère spécial de la musique religieuse. Ce que nous voulons surtout remarquer ici, c'est le sentiment exquis, l'inspiration qui a guidé les

---

1. Les jeux appelés *fonds d'orgue.*

inventeurs inconnus de cet instrument gigantesque,
et l'industrie admirable avec laquelle ils sont par-
venus à réaliser ce qu'un délicat instinct, beaucoup
plus sans doute que la réflexion, leur montroit
comme un but qu'ils devoient s'efforcer d'atteindre.
On a vu comment la cloche, par d'innombrables
vibrations partielles, et conséquemment par autant
de sons coexistants au son principal, représente la
voix une et multiple de la Nature. Il étoit nécessaire
que l'orgue, pour correspondre en tout au symbolisme du temple chrétien, produisît un effet analogue. Mais que de difficultés, insurmontables en
apparence, dans une semblable tentative! On les a
pourtant surmontées avec une merveilleuse hardiesse, en joignant au diapason fondamental [1], accompagné de ses registres consonnants, *les jeux de
mutation* dont plusieurs [2] offrent d'horribles dissonances, mais qui se perdent dans la masse harmonique de l'instrument. Ces discordances, perçues à
peine, rappellent par leur contraste les bruits in-
déterminés de la nature, en font naître la sensation
fugitive, lointaine, en même temps que les sons
aigus de ces jeux singuliers produisent sur l'oreille
la vague impression qu'elle reçoit, quand la cloche
s'éveille, des multitudes de vibrations qui, se pro-

1. Le bourdon.
2. La tierce, la quarte de Nazard, etc.

pageant autour du centre d'ébranlement, à mesure que chaque molécule s'anime du mouvement général, forment ce tissu aérien de sons déliés, inappréciables, dont se revêt le son principal.

Parmi les organes que l'Art s'est créés, aucun ne sauroit être comparé à l'orgue : il les domine tous des hauteurs de sa royauté solitaire. D'origine ancienne, il fut loin d'abord d'être ce qu'il devint depuis, durant les âges de foi, par une sorte de croissance spontanée. Quel que soit toutefois le degré de perfection qu'il ait atteint, il ne représente point l'Art entier, mais seulement l'Art dans ses relations avec un certain type du Beau, avec les conceptions et les sentiments qu'expriment, en des langages divers, l'architecture, la sculpture et la peinture chrétienne. On ne doit donc lui demander rien de plus, et on le lui demanderoit vainement. Son lieu, c'est la vieille cathédrale ; ce qu'il dit n'a de sens que là. Transportez-le dans un temple grec, dans une mosquée, dans une pagode, il y restera muet, ou n'y parlera qu'une langue inintelligible.

Tous les autres instruments se divisent en deux classes, les instruments à vent, les instruments à cordes. Ceux-ci ont une liaison immédiate avec l'harmonie ; seuls ils donnent les accords par une suite de leur nature même et de sa dépendance directe des lois physiques qui déterminent les rapports entre

les intervalles et les rendent mesurables. Envisagés
en soi, les instruments à vent correspondent aux
voix des êtres animés inférieurs à l'homme. Le souffle
leur communique quelque chose de vivant, qui se
fait sentir dans leur timbre même. Ce n'est pas
l'homme encore, mais c'en est une obscure, une
imparfaite image. Au moment où sa voix retentit
dans la Création, l'Art réel apparoit, en devenant
l'expression de la pensée et de l'amour supérieur
que règlent les lois morales et intellectuelles.

C'est ici le lieu de rappeler ce que nous avons
dit[1] de la puissance inhérente aux sons, et qui
oblige à concevoir divers ordres de sons, correspondants aux divers ordres de sentiments que la musique a pour but d'exprimer. Ces divers ordres de
sons constituent les différentes tonalités et les différents modes. De là l'importance que les anciens
attachoient à ces éléments fondamentaux de l'art
musical. En des temps où les dogmes religieux, les
préceptes moraux, les lois et les traditions nationales, confiés uniquement à la mémoire, ne se
conservoient que par le chant, il est aisé de comprendre que ces chants aient dû être réglés par le
législateur, et que, selon les lieux et l'organisation
sociale, les prêtres ou les magistrats veillassent at-

1. Page 187.

tentivement à ce qu'ils ne reçussent aucune altération, non-seulement quant aux paroles qui gravoient les enseignements dans l'esprit, mais encore quant aux modes et à la tonalité, dont l'effet étoit d'exciter, par l'action physiologique du son, les sentiments que devoient réveiller ces paroles. Le bon ordre de la société, la révérence universelle pour les choses consacrées, la sainteté des mœurs en dépendoient évidemment. Un changement apporté à la tonalité, l'introduction d'un nouveau mode, pouvoient avoir, suivant la nature des impressions qui s'y rattachoient, les plus graves conséquences pour la morale publique, et tendre à ébranler les institutions établies. Certains sons, certains rhythmes, contribuoient puissamment à entretenir l'esprit religieux, le courage guerrier, le dévouement à la patrie, toutes les mâles et austères vertus. D'autres rhythmes, d'autres sons provoquoient, au contraire, à la mollesse, à la volupté, et, par leur influence énervante, engendroient ces habitudes lâches, efféminées, cette corruption profonde, si funestes à quelques nations de l'Asie, d'où avec leur musique [1] elles pénètrent chez d'autres peuples, que leur

---

1. C'est ce qui arriva en Égypte, pendant la domination des Perses, après l'invasion de Cambyse. Lorsque ensuite elle eut secoué le joug, l'ordre sacerdotal tenta vainement de remettre en vigueur les règles et les coutumes antiques.

simplicité primitive ou la sage rigueur de leurs lois en avoient préservés jusque-là.

Ajouter une corde à la lyre, c'étoit, parmi les Grecs et les Égyptiens, préparer une révolution politique et religieuse, car c'étoit en faire une dans la musique conservatrice des bases de l'État, dans le caractère du discours, dans la poésie, dans la langue même. Les premiers instruments, comme nous l'avons déjà remarqué, servoient, en effet, seulement à donner le ton à la voix, à l'y maintenir, à lui fournir des points d'appui pour les diverses inflexions des accents, et à déterminer les limites où elle devoit se renfermer; enfin, à marquer le rhythme et la cadence du vers, du chant ou de la danse. Les mêmes sons dont se composoit la tonalité génératrice des modes légalement admis étoient aussi ceux sur lesquels les anciens avoient fondé les principes et les règles de leur prosodie et de leurs modulations oratoires. La mélodie du discours embrassoit, suivant Denys d'Halicarnasse, un intervalle de quinte : elle ne s'élevoit pas au delà de trois tons et demi vers l'aigu, et ne s'abaissoit pas vers le grave au delà de cet intervalle : « Mais, » ajoute Villoteau, « ces principes fondés sur le sys
« tème de l'accord de la lyre à quatre cordes des
« Grecs étoient une extension de ceux que les an
« ciens Égyptiens avoient déterminés dans l'accord

« de leur lyre à trois cordes. Dans l'accord de la
« lyre à trois cordes, le son du milieu formoit la
« quarte avec le grave et avec l'aigu, et les deux
« sons extrêmes rendoient l'octave : c'étoit la plus
« grande étendue que la voix devoit parcourir dans
« le discours ordinaire[1]. »

On voit quels liens étroits unissoient dans l'antiquité la musique et la parole, ou plutôt comment la musique n'étoit que la parole même soumise à des lois dérivées de la nature du son et de la nature de l'homme, afin d'en augmenter la puissance et d'en diriger l'action à certaines fins d'ordre et de perfectionnement ; d'où il suit que l'expression morale en formoit la partie la plus importante. En répétant leurs chants religieux, les peuples, élevés au-dessus du monde des corps et de ses phénomènes, reportoient leur pensée vers la source infinie de tout ce qui est ; ils s'exerçoient à l'adoration, à la prière, aux contemplations qui détachent des choses infimes et passagères. D'autres chants leur rappeloient les enseignements du devoir, réveilloient, nourrissoient en eux les affections légitimes et pures, affermissoient au fond des cœurs les saintes relations sur lesquelles reposent et la famille et la cité. Car, nous ne saurions trop le

1. *Mémoire sur la musique de l'antique Égypte*, p. 315.

redire, la fonction propre du chant où de l'élément musical de la parole étoit d'unir inséparablement l'idée pure que saisit l'esprit et le sentiment qui s'y doit joindre, de l'exciter par l'intonation, le rhythme, l'accent, en un mot par l'action physique et physiologique de la voix. La musique, ainsi conçue, étoit donc l'expression complète de la vie sociale et intellectuelle, et conséquemment l'on pouvoit apprécier, sous ce rapport, l'état d'une nation par le caractère de ses chants, le système et les règles fondamentales de sa musique. Religieuse, grave, sévère originairement, elle repoussoit avec une rigueur inflexible les modes correspondants aux passions que l'homme doit réprimer. Peu à peu néanmoins ils parvinrent à s'y introduire, à mesure que s'affoiblissoient les croyances antiques et que les mœurs déclinoient. L'Art, déchu de sa vraie grandeur, cessa de se proposer un but conforme à sa destination, un but spirituel et moral, et par là même il rompit le lien qui le rattachoit à son type idéal, au principe infini du Beau. Le seul plaisir étant désormais sa fin, il tomba des sublimes hauteurs du sentiment et de la pensée dans la sensation pure, sombre abîme où se perdent tous les arts, à l'époque fatale de leur décadence. Ainsi nous avons vu, après les âges où elles s'inspiroient de la contemplation d'un modèle au-dessus de toute réalité finie, la sculpture et la peinture rechercher uniquement la beauté des formes matérielles, ne plus parler qu'aux sens, et tout aussitôt, privés même de cette vie inférieure qui anime les derniers des êtres de la Création, devenir *un je ne sais quoi qui n'a de nom dans aucune langue.*

Avec le christianisme naquit un art nouveau, non pas quant aux principes généraux et inaltérables donnés par la nature même, mais quant au modèle idéal qui en déterminoit la forme et le caractère. Quoi qu'on ait dit, il y a lieu de penser que les emprunts faits aux chants grecs et juifs furent très-peu nombreux. Les idées auxquelles ils se rapportoient et qui les avoient inspirés, différoient trop de celles que le Christ étoit venu répandre sur la terre. Il dut se produire, dès l'origine, des mélodies simples, austères, empreintes tout ensemble et du génie de la doctrine qui alloit renouveler le monde, et des sentiments de foi, d'espérance, d'enthousiaste ardeur et de tristesse, qu'éprouvèrent les premiers croyants, en butte à d'atroces persécutions, et contraints de cacher au fond des catacombes les mystères de leur culte proscrit. Ces mélodies, au reste, spontanées, instinctives, ne dépendoient en aucune manière de lois antérieurement fixées. Ce n'étoit qu'un germe dont le développement ne put ensuite être abandonné aux chances du hasard, ni au caprice des individus ; car, à mesure que l'Église s'étendoit et se constituoit, elle comprit, à l'exemple des sacerdoces antiques et des anciens législateurs, l'importance souveraine de la musique, et la nécessité dès lors de la soumettre à certaines règles, d'instituer enfin un système musical en rapport avec les croyances et le but moral de la religion qu'elle enseignoit aux peuples. Saint Ambroise commença cette œuvre difficile que saint Grégoire devoit achever deux siècles après. Ce grand pape fit pour la musique ce qu'avoient fait pour la sculpture et la peinture les premiers artistes chrétiens. Ceux-ci, comme nous l'avons montré, usant de ce qui s'étoit conservé jusqu'à leur époque des procédés techniques de l'Art, repoussèrent les types qu'avoit consacrés la licence des mœurs et des opinions, modifièrent les autres et les transformèrent selon l'esprit du christianisme et les conceptions qui lui étoient propres. Il en fut ainsi de la musique.

Outre les difficultés d'une notation qui exigeoit l'emploi d'une multitude de signes, la multiplicité des modes l'avoit prodigieusement compliquée chez les Grecs. Une partie de ces modes correspondoit d'ailleurs à divers ordres de sentiments que réprouvoit la sévère pureté de la morale chrétienne. Que fit donc saint Grégoire ? En conservant le système ingénieux et savant de la tonalité grecque, moins toutefois les intervalles de quarts de ton, il choisit parmi les modes qui en dérivoient ceux dont le caractère religieux, calme et grave, se rapprochoit le plus de la sainteté du christianisme, et rejeta tous les autres, ce qui permit de simplifier beaucoup les règles pratiques et la notation pour laquelle suffirent quelques lettres, que depuis on appela *lettres grégoriennes*.

Telle est l'origine du plain-chant, d'où la musique moderne est sortie par un développement progressif et des modifications successives dont l'étude est indispensable à la philosophie de l'Art.

Le plain-chant, *cantus planus*, consista d'abord et pendant longtemps, comme toutes les musiques primitives, uniquement dans une suite de sons mélodiques, accentués, expressifs ou naturellement liés aux sentiments que devoient exciter les paroles auxquelles ils étoient inséparablement unis : espèce de mélopée que représentent assez exactement, sous sa forme la plus simple, le chant de l'épître et de l'évangile, et celui des leçons et des lamentations dans les offices de la semaine sainte. Il dut toutefois, dès sa naissance, offrir un caractère musical plus prononcé, des mouvements, des rhythmes plus variés, mais dénués cependant de toute symétrie et de toute mesure rigoureuse[1]. Ceci étoit une consé-

1. Dans sa constitution du chant pour l'église de Milan, saint Ambroise avoit tâché de conserver le rhythme ancien et régulier

quence de l'application nécessaire du chant aux textes sacrés, qui, écrits en prose, n'avoient eux-mêmes ni mesure, ni cadence régulières. De cette apparente infériorité de l'Art primitif chrétien comparé au nôtre, résultoient pourtant de merveilleux effets que nous ne pourrions aujourd'hui reproduire : chaque note ayant une valeur abstraite, absolue, ainsi qu'une durée arbitraire, c'étoit l'oreille qui créoit le rhythme selon le besoin de l'expression, et l'absence de mesure éveilloit comme un vague sentiment de l'infini, les fonctions de la mesure étant immédiatement relatives au temps, dont elle sert à marquer les divisions symétriques. Elle s'introduisit néanmoins, avec l'élément harmonique, à des époques très-postérieures, dans les morceaux à plusieurs parties; mais cette mesure n'affecte point essentiellement le chant, qui se developpe d'une manière continue, sans divisions appréciables par l'ouïe; elle a pour but à peu près unique d'aider le lecteur, et de guider l'exécution.

On voit combien cette musique diffère de notre musique moderne. Elle se rapproche davantage de

dans les hymnes et certaines antiennes; mais ce rhythme, nullement musical, ne différoit point de la prosodie et du mètre poétique, et s'y subordonnoit entièrement. La preuve qu'il étoit de soi complétement étranger à l'essence du chant ecclésiastique, c'est qu'à l'époque de saint Grégoire il n'en restoit presque aucunes traces.

celle des anciens, telle qu'ils la concevoient lorsqu'elle n'étoit encore pour eux que la parole expressive, soumise aux règles des intervalles harmoniques ; et si quelque chose peut faire comprendre ce qu'est le pouvoir propre de l'expression, indépendamment de tous les moyens accessoires d'effet, le pouvoir de la pure mélodie dans ses rapports avec le sentiment intime et les lois spirituelles de l'homme, c'est l'incomparable beauté de quelquesuns des chants de l'Église, de certaines parties, par exemple, de la messe des morts, selon le rit romain. Ces mélodies sans rhythme et sans mesure rigoureusement déterminés, semblables au cri pathétique, profond, qui s'échappe des entrailles, saisissent, remuent, pénètrent, avec la puissance irrésistible de la nature même.

Pendant de longs âges, la musique chrétienne se composa exclusivement de chants exécutés soit par une seule voix, soit par plusieurs voix à l'unisson. L'harmonie étoit inconnue. Diverses causes concoururent à sa lente formation ; avant tout, l'instinct naturel, l'impérieux besoin de réaliser les rapports pressentis entre les sons ; et secondairement, l'étude théorique de ces mêmes rapports, le développement de l'orgue qui se prêtoit à la production des accords, la notation perfectionnée par les successeurs de Gui d'Arezzo. Lorsqu'aux neumes et aux lettres grégo-

12.

riennes on eut substitué des points carrés ou ronds sur des lignes parallèles et dans leurs intervalles, les relations harmoniques de tons devinrent, pour ainsi parler, sensibles à la vue, et la facilité de les noter rendit l'exécution plus sûre et plus facile. De là le nom de *contre-point*[1], qui, de nos jours encore, désigne la science de l'harmonie.

Mais il existe deux genres d'harmonie, l'harmonie consonnante et la dissonante. La consonnance est un accord qui ne se résout sur aucun autre, qui n'est point appellatif d'un autre accord, qui ne laisse rien à désirer dans la plénitude de son repos ; et conséquemment la musique consonnante exclut toute espèce de modulations. La dissonance, au contraire, marque une transition, elle tient l'oreille comme en suspens, jusqu'à ce qu'elle se résolve dans une consonnance qui donne à l'ouïe la sensation de quelque chose d'achevé et de complet.

Or, dans la tonalité du plain-chant, le rapport de la note sensible avec le quatrième degré n'existant pas, l'harmonie ne peut être consonnante ; elle ne module pas. S'il se fait un changement de ton, ce changement s'opère sans préparation, sans liaison ; chaque note et chaque accord portent repos. C'est pourquoi on l'a nommée musique plane. Dans sa

1. *Punctum contra punctum*, point placé au-dessous d'un autre point, avec lequel il a un rapport harmonique.

marche lente et grave, elle offre un caractère de majesté calme qui la rend excellemment propre à l'expression religieuse. L'Art, sous cette forme magnifique, atteignit son plus haut point d'élévation au siècle appelé *la grande époque*, époque en effet illustrée par le génie sans rival de Palestrina. Rien, depuis, n'égala jamais la puissance, l'accent profond et simple, la mystique tendresse, la suavité ravissante de ses chants, soit qu'ils peignent les douleurs maternelles de la Vierge au pied de la croix, soit qu'ils expriment les tristesses ineffables de l'Homme-Dieu, ses angoisses mystérieuses, ses pathétiques reproches au peuple qui refuse le salut ; soit que, déroulant au sein de l'espace immense, illimité, leurs vastes ondulations qui se suivent et s'enchaînent sans fin, ils nous transportent au-dessus de la terre, au-dessus de tous les mondes visibles, là où les archanges enveloppent de leurs célestes mélodies, comme d'un voile saint, le sanctuaire où réside l'Éternel.

Les qualités mêmes auxquelles la tonalité ecclésiastique doit le caractère religieux qui la distingue si éminemment, excluent celles qui la rendroient également propre à exprimer les passions humaines. Leur mobile variété, leurs impétueux élans, leurs oppositions imprévues, soudaines, leurs nuances infinies, leurs contrastes heurtés, rien de tout cela n'avoit d'expression possible dans l'art créé par l'Église en vue d'un but directement contraire. Quand donc la vie chrétienne cessa d'être la vie en quelque sorte unique des peuples au sein desquels fermentoit un esprit nouveau; quand, au sortir du moyen âge, l'humanité redescendit des hauteurs éthérées de la foi dans la sphère orageuse des pensées et des choses terrestres, il fallut que, pour satisfaire à des besoins jusqu'alors inconnus, l'Art se transformât. Monteverde, sans le savoir peut-être, opéra cette grande révolution. Par les seules conséquences d'une hardiesse de génie, en posant le rapport de la note sensible avec le quatrième degré, il créa les dissonances naturelles de l'harmonie et conséquemment la modulation ; à la tonalité ecclésiastique incompatible avec ces changements, il substitua une tonalité différente qui appeloit un rhythme régulier; il fut, en un mot, l'inventeur d'une musique nouvelle.

Remarquons ici que l'imperfection qu'offre l'échelle grégorienne des tons, telle qu'elle se forma graduellement, favorisa, au moins d'une manière indirecte, cet important développement de l'Art. Il est, en effet, assez difficile de concevoir par quelles voies il se seroit effectué, comment on auroit pu naturellement passer de l'accord parfait ou consonnant aux accords dissonants, si l'on s'en étoit tenu strictement au système musical des Grecs. L'accord consonnant se compose de trois notes, la tonique ou fondamentale, la médiante et la dominante : or, c'est précisément sur ces trois notes que repose la constitution du tétracorde. Il semble donc que le progrès immense dont Monteverde est le premier auteur, soit dû en partie à la constitution moins régulière à certains égards de notre échelle diatonique.

Au moyen des modulations par lesquelles les tons se lient aux tons, les ordres de sons aux ordres de sons, il n'est pas un sentiment que l'Art ne puisse exprimer avec toutes ses nuances. Indispensables pour moduler, les dissonances appartiennent donc à l'essence même de l'Art complet. Elles sont dans la musique ce qu'est dans la peinture le jeu de la lumière et de l'ombre, leur opposition harmonique, le clair-obscur enfin dont les effets ont tant de puissance. Et leur fonction n'est pas seulement d'opérer le passage naturel d'un ton à un autre ton, elles expriment encore immédiatement ces discordances aiguës qui nous frappent dans les passions humaines et dans la nature même.

Mais les dissonances harmoniques appellent forcément un autre genre de dissonances, les dissonances de rhythmes, ou des rhythmes suspendus, brisés, en rapport avec le désordre des sentiments et des accents : l'un suit de l'autre. Aussi les plus grands maîtres, Haydn, Gluck, Weber, Beethoven, offrent-ils des exemples de l'emploi de ce nouveau moyen. Qu'on en puisse abuser, nul ne le conteste : il a cela de commun avec les autres moyens de l'Art. Mais nécessaire à l'expression des dissonances humaines, pour user de ce mot, ou au développement complet de l'élément dramatique et passionné, il triomphera de·l'habitude et des règles arbitraires, comme en ont triomphé les innovations bien plus audacieuses de Monteverde.

Carissimi avoit terminé la période de Palestrina. Quoique, après lui, la musique d'église ait encore produit d'admirables œuvres[1], elle déclina néanmoins toujours, modifiée de plus en plus par la musique profane dans laquelle elle tendit à s'absorber. Au temple succéda le théâtre, image d'une société qu'abandonnoit l'esprit austère du christianisme ancien. Les hommes n'habitoient plus les

---

1. Si nous écrivions l'histoire de l'art, au lieu d'en rechercher uniquement les principes philosophiques, c'eût été ici le lieu de parler de J. Sébastien Bach, de Hændel et de Haydn, à qui l'on doit Mozart. Ces trois grands maîtres appliquèrent leur génie à reproduire, sous les conditions de l'art moderne, le caractère et les effets de l'ancienne musique religieuse. Ils y réussirent, autant que le permettoit la différence fondamentale des deux tonalités. Marcello s'étoit assigné la même tâche en Italie, et il y montra un génie égal. Mais la pente des choses étoit plus forte que la résistance des hommes, et la décadence de l'art religieux ne tarda pas à se consommer.

régions idéales du dogme; las du calme des cieux, de la contemplation du Vrai et du Beau dans leur source éternelle, il leur falloit le mouvement de la terre, ses vives émotions, ses enivrants prestiges et ses illusions passionnées. Toutefois, comme la peinture se partagea, vers la même époque, entre deux tendances, l'une où prévaloit l'élément spirituel de l'Art, que représente le dessin; l'autre où dominoit avec la couleur l'élément matériel, il se forma aussi, dans la musique de théâtre, ce qu'on pourroit appeler deux écoles, qui, perpétuées sans interruption, subsistent encore aujourd'hui même. L'une, modelant ses chants sur la déclamation ou l'accent naturel, rechercha surtout la vérité de l'expression; l'autre se proposa presque uniquement pour but le plaisir sensuel de l'oreille. Ce fut, en général, la pente et l'écueil de la musique italienne, si heureusement inspirée d'ailleurs. Ses chants gracieux, suaves, quoique souvent surchargés d'ornements parasites que réprouve un goût délicat et sévère, n'empruntent leur charme que d'eux-mêmes, et non de leur rapport intime avec un sentiment déterminé dont ils soient, en quelque sorte, inséparables; et c'est pourquoi ils peuvent s'adapter à peu près également aux paroles les plus différentes. Séparez, au contraire, des paroles pour lesquelles ils ont été faits, la plupart des chants de Gluck, de

Mozart, de Grétry, vous en détruirez presque tout l'effet. Les uns vous bercent comme un doux rêve, ils agissent sur les sens et les émeuvent par une molle et vague impression; les autres parlent à ce qui sent et pense. Ces deux genres de musique se ressemblent, du reste, en ceci, qu'ayant pour organe principal la voix, ils répondent directement à la mélodie, et c'est en eux qu'on doit spécialement étudier les progrès de cette partie de l'Art, dans ses relations immédiates avec les manifestations de l'homme.

L'Allemagne s'attacha particulièrement à perfectionner l'harmonie; ce qui ne veut pas dire qu'elle ait manqué du génie mélodique, ni que l'Italie n'ait pas produit de profonds harmonistes. Nous indiquons seulement la tendance dominante de l'Art en chacun de ces deux pays. Ainsi qu'on l'a vu, plus en rapport avec la création inférieure qu'avec l'homme, l'harmonie puise ses principaux moyens dans l'instrumentation. Là est sa puissance qui dépend de deux causes, des accords donnés naturellement par les instruments à cordes, et de l'intime relation des instruments à vent avec la voix des êtres animés; à quoi il faut joindre la diversité indéfinie des timbres et l'étendue de l'échelle des sons, depuis les plus graves jusqu'aux plus aigus; toutes choses d'elles-mêmes propres à faire naître le sentiment de la variété et de l'immensité de la Nature. Quoique dans la musique religieuse l'orgue remplît des fonctions analogues, il offroit des lacunes et des imperfections qui le laissoient fort en arrière des exigences de l'Art. Grave et majestueux, mais lent, il n'a aucune des qualités des instruments à cordes, et ne pouvant, en outre, ni renfler ni affoiblir à volonté les sons, il procède carrément, par masses sonores, et ne sauroit exprimer une multitude de nuances correspondantes à autant d'impressions diverses. On y substitua donc l'orchestre, lequel possède éminemment les avantages qui manquent à l'orgue, mais n'a aucun des siens; de sorte que, transporté dans l'église, il y paroît aussi étranger, aussi dénué du caractère distinctif des chants religieux, que l'orgue est étranger au théâtre et à toute musique destinée, par ce qui la constitue intimement, à exprimer soit les passions humaines, soit le genre d'émotion qu'excitent en nous les harmonies du monde extérieur. L'orchestre, en effet, ouvrit à l'Art des perspectives nouvelles, immenses; il put se dilater sans fin, sans bornes, au sein de la Création. Depuis l'oratorio où les voix se mêlent aux instruments, jusqu'à la symphonie où ils parlent seuls, quelle puissance, quelle richesse d'effets! Comme tous les mots vagues, il est vrai, mais pénétrants de cette langue magnifique, se combinent, s'enchaînent pour remuer ce que recèlent de plus secret les mystérieux replis de l'homme! Quand l'orchestre élève sa grande voix, ce n'est pas simplement la voix de l'univers réel, mais de l'univers conçu par l'homme et senti par lui, la voix qui en révèle le modèle idéal, et tout ce que la contemplation de cette divine image réveille en nous d'instincts infinis, de pensées rêveuses, d'aspirations inénarrables et d'ineffable amour. C'est enfin l'homme lui-même, plongé, absorbé dans l'œuvre de Dieu, vivant de la vie une qui anime l'immense variété des êtres, et, dans la langue universelle que tous parlent, que tous entendent à quelque degré, exprimant leurs rapports mutuels et ses propres rapports avec l'ensemble harmonieux des choses et avec leur Auteur.

Rappelez-vous quelques-uns des poëmes merveilleux de Beethoven. Chacun d'eux émane d'une idée première qui en détermine la forme générale et la contexture. Celui-ci s'ouvre par une scène champêtre. Tout est pur, serein, tout respire le calme et la fraîcheur de la nature au lever du jour, quand les larges ombres qui tombent des montagnes flottent sur la plaine comme les plis traînants du manteau de la nuit. Un chant simple et doux se fait entendre; les échos le répètent de vallée en vallée. Il semble que vous erriez sur l'herbe humide encore, au pied des coteaux, alors que les bois, les prairies, les champs exhalent comme une vapeur d'harmonie indéfinissable. Mille accidents de lumière déroulent sous vos yeux des tableaux variés : le son invisible, mystère étrange, s'obscurcit ou se revêt d'un vif éclat. Peu à peu le soleil monte, l'air s'embrase. Aux travaux suspendus succèdent des danses joyeuses. Cependant les nuages s'amoncèlent ; un bruit sourd et lointain, parti on ne sait d'où, annonce l'orage ; on ne le voit pas encore, on le pressent ; il grossit et s'approche ; l'éclair sillonne la nuée, la foudre la déchire avec un fracas horrible. Les danses s'interrompent, les pasteurs effrayés se dispersent. Mais bientôt après, le ciel recouvrant sa splendeur, ils se rassemblent de nouveau pour exprimer dans un hymne simple comme leurs cœurs, magnifique comme l'œuvre de Dieu, la reconnoissance, l'adoration, l'amour, tous les sentiments qui font de l'homme, en quelque manière, l'interprète des êtres inférieurs, des êtres innombrables qu'il résume en soi.

Dans un autre moment, le poëte oubliant la terre, séparé de ce qui frappe les sens, vous associe à ses impressions que l'on ne sauroit décrire, qui semblent n'être produites par rien d'existant ; rêves aériens de la fantaisie qu'un souffle inconnu berce mollement en des espaces indéfinis dont les horizons changent, varient, se transforment comme les aspects mobiles et les teintes du couchant, à l'heure mystérieuse où le crépuscule déploie ses ailes demi-opaques et demi-transparentes.

Un spectacle plus solennel, une vision plus grande va maintenant s'offrir à vous. N'êtes-vous pas transporté, dès les premières mesures, en une sphère idéale? N'assistez-vous pas à la naissance d'un monde? Tout d'abord y est indistinct, compacte en quelque sorte. Successivement les objets se dessinent, se détachent du fonds uniforme. Soutenus par la basse qui les ramène à l'unité, les accords se produisent et s'enchaînent selon le mouvement d'une mélodie, expression de l'homme et des impressions qu'il reçoit de la nature en travail devant lui, travail obscur, élémentaire, des forces aveugles et primordiales. Puis soudain la vie apparoît. Un chant qui germoit dans l'harmonie se dégage tout à coup de ses enveloppes. D'autres voix répondent à cette première voix; elles se mêlent, s'entrelacent, fuient, reviennent, quelquefois soupirent solitaires, quelquefois éclatent toutes ensemble, comme si, de la profonde et vaste poitrine de l'orchestre, sortoit la voix même de la Création.

Rapportés à ce qu'ils ont de fondamental, les progrès de la musique, depuis l'époque où l'art chrétien se constitua jusqu'à nos jours, présentent plusieurs phases distinctes. La première se caractérise par l'unité de ton; non pas qu'un ton ne pût succéder à un autre ton; mais, conservant tous deux leur nature absolue, ils se suivoient sans se lier, sans se fondre. Dans la seconde phase, l'emploi des altérations chromatiques établit entre ces tons divers la liaison que la tonalité du plain-chant rendoit impossible : d'où la création d'une musique nouvelle appropriée à l'expression des passions humaines. A mesure que se multiplient les accents passionnés, la nécessité de donner des attractions descendantes et ascendantes aux notes naturelles des accords conduit à une autre altération, appelée *enharmonie*, qui, développant des affinités nouvelles entre les tons, les unit par une sorte de fusion plus intime. Enfin, la tendance actuelle paroît être d'achever complétement cette fusion, de manière à former de tous les éléments de l'Art longtemps disjoints, de plus en plus rapprochés ensuite, un seul tout organique; et, chose bien remarquable, cette tendance, liée aux lois de notre nature et déterminée par elles, n'est qu'une forme particulière de l'éternelle tendance d'après laquelle s'opère l'union toujours croissante de l'homme avec Dieu, et avec l'univers qu'il élève vers Dieu, en s'élevant lui-même vers ce terme dernier auquel aspire perpétuellement, invinciblement, tout ce qui est.

CHAPITRE VIII.

En un sens général et rigoureusement vrai, la poésie est l'Art même, ou le Beau incarné, revêtu d'une forme sensible. Ainsi l'univers est une grande poésie, la poésie de Dieu, que nous nous efforçons de reproduire dans la nôtre. Et parce que nous ne saurions embrasser l'œuvre du Créateur dans sa variété sans limites, ni le comprendre dans son unité, nous morcelons cette divine poésie, suivant la diversité de ses relations avec nos facultés diverses, et avec les divers ordres de moyens dont nous disposons pour manifester nos idées et les impressions qui nous affectent. De là les arts divers, simples fragments de la poésie universelle. L'architecture est une poésie, la poésie du monde des corps, des formes inanimées ; la sculpture, la peinture, sont une poésie, la poésie du monde organique, des formes vivantes et des couleurs; la musique aussi est une poésie, la poésie des sons, qui expri-

ment la forme intime, invisible des êtres, leur nature, en un mot, et, dans les plus élevés, les sentiments qu'excitent en eux les types éternels que
l'esprit contemple, et les choses extérieures que
perçoivent les sens. Toutefois, bien qu'il y ait dans
tous les arts une poésie véritable, qu'elle en soit le
fonds réel, qu'on n'en puisse apprécier les productions que par la mesure, pour ainsi parler, de poésie
qu'elles renferment, on a partout donné plus spécialement ce nom à l'art dont le langage articulé est
le moyen. Et c'est qu'en effet le langage où l'idée
étroitement unie à sa forme sensible et moins voilée
par elle apparoît dans sa pleine splendeur ; le langage qui agit sur toutes les puissances de l'homme,
pour produire simultanément et la vision interne
du modèle idéal et le sentiment qui en constitue
la possession, la jouissance intime, est la plus haute
expression du Beau.

Cependant le langage, moyen de la poésie, n'est
pas la poésie même. En vertu de lois fondées sur
l'essence absolue des choses, il manifeste les pures
idées et leurs rapports logiques. Or les idées et leurs
rapports purement intellectuels ne sont point du
domaine de l'Art. L'Art implique l'idée, il est vrai,
mais l'idée rendue saisissable aux sens. Il a pour
symbole et pour type l'univers, où Dieu se révèle
dans l'innombrable multitude des êtres qui le re-

flètent partiellement et, sous les conditions matérielles de toute existence finie, en offrent l'imparfaite et obscure image. La poésie, ce n'est donc pas
Dieu abstraitement conçu par l'esprit, mais la manifestation extérieure de Dieu, l'univers qu'il pénètre
et anime de sa vie, qui, dans l'espace illimité, en
est comme l'ombre immense et magnifique ; la poésie, c'est tout ce que ce grand et ravissant spectacle, contemplé par l'homme, fait naître en lui de
pensées, de sentiments, d'aspirations inénarrables,
d'admiration, d'amour ; c'est enfin l'homme même
se reproduisant au dehors, manifestant sa propre
nature dans ses rapports avec les choses et l'Auteur
des choses : c'est l'incarnation du Verbe invisible,
irradiation interne de son intelligence, de sa forme,
par lequel, comme l'Être infini, *il se dit à lui-même
tout ce qu'il est.*

Ainsi la poésie n'est pas l'expression immédiate
du Vrai, mais l'expression du Beau ; elle joint à
l'idée pure l'image qui lui donne un corps, et les
sentiments qu'elle excite naturellement en nous.
Pour réveiller ces sentiments, pour peindre cette
image, il faut dès lors qu'elle cherche ses moyens
dans les éléments physiques et physiologiques du
langage, dans le son expressif, dans le rhythme, le
mouvement, la cadence, la mesure. Par là elle se
lie à la musique ; et, en effet, issue de la même

racine, elle en est le développement, un développement correspondant à celui qui s'opère dans l'homme,
lorsque, sans cesser de sentir, il commence à penser.
Voilà pourquoi originairement la poésie et la musique étoient inséparables. Elles se complétoient
l'une l'autre; unies intimement, elles formoient
comme une indivisible manifestation de l'homme
tout entier; et, en se séparant plus tard, elles ont
conservé une mutuelle attraction, une affinité réciproque qui rappelle encore leur primitive union[1].
La poésie a pareillement de nombreuses relations,
quoique moins directes, avec les autres arts. Elle
reproduit les formes corporelles, animées et inanimées, elle les rend présentes, elle pétrit la matière
inerte, elle cisèle des reliefs, elle grave, dessine,
colore, elle déploie devant l'œil interne toutes les
richesses de la Création.

On ne doit pas confondre la poésie avec le vêtement de la poésie, ses formes matérielles. Le vers
est une de ces formes, et la plus générale, mais il
n'est pas la seule, il n'appartient pas rigoureusement à l'essence de l'art. Il peut y avoir de la
poésie sans vers, c'est-à-dire sans un certain mètre
symétrique, comme il y a des vers sans poésie. Rien
de plus variable, d'ailleurs, que la forme poétique

---

1. Le poëte ne parle pas, il chante : cette expression est de
toutes les langues.

du langage chez les peuples divers. Dépendante du génie de chaque langue, de sa constitution logique et prosodique, de son accent propre, elle offre des différences telles que l'on ignore même ce qui la caractérisoit dans quelques langues anciennes, dans l'hébreu, par exemple, quoique la sublime poésie de la Bible nous ravisse encore d'une admiration que tant de siècles n'ont point affoiblie. Quelles que soient, au reste, ses innombrables modifications, elle implique toujours un élément harmonique plus ou moins apparent, plus ou moins voilé, un choix, une combinaison, un enchaînement de sons expressifs, avec un rhythme ou une suite de rhythmes analogues à la pensée, au sentiment que la parole exprime, et qui concourent à le produire par leur impression sur les sens. Mais ces rhythmes peuvent être ou ne pas être réguliers, symétriques. Symétriques, ils constituent le vers; dépourvus de symétrie, ils deviennent ce qu'on appelle la prose.

Ces deux ordres de rhythmes ont une liaison également intime avec l'art musical, mais avec des systèmes de musique différents. La prose correspond à la musique fondée sur la tonalité grégorienne ou ecclésiastique. Privée comme elle de mesure rigoureuse, comme elle aussi elle varie les rhythmes et les enchaîne à son gré, plus près, sous ce rapport, de la nature dont elle suit librement les inspirations. Le vers correspond à la musique assujettie aux règles sévères de notre tonalité moderne. Il est restreint à des conditions déterminées de rhythme et de mesure : d'où résulte, à raison des retours périodiques, de la cadence obligée, du mètre uniforme, une impression plus vive d'harmonie, mais d'une harmonie matérielle qui, seule, n'exprime rien, quoiqu'elle se prête à tout exprimer par des combinaisons, je dirois presque des *altérations chromatiques*, dont un des effets est de voiler la symétrie même qui distingue le vers de la prose, d'en atténuer la monotonie.

Ainsi l'harmonie exclusivement propre au vers, a un rapport direct aux sens. L'harmonie du langage affranchi des entraves d'une mesure symétrique, s'identifiant avec le son et l'accent expressifs, a un rapport direct au sentiment ou à l'esprit. Il est clair qu'ici nous ne parlons que des caractères distinctifs de ces deux ordres d'harmonie, qui ont, en outre, de nombreux caractères communs. A l'origine, ils se confondoient, ainsi que nous l'avons plusieurs fois remarqué. Lorsque ensuite ils se divisèrent, lorsqu'il exista deux sortes de discours, le discours libre et le discours mesuré, la prose et le vers, le vers, par ce qu'il a d'artificiel, d'éloigné en ce sens du langage ordinaire, dut mieux convenir dans la bouche des dieux, des monarques, des héros, des grands, de tous les personnages supposés, d'une manière quelconque, au-dessus de l'humanité, ou seulement en dehors d'elle. A une nature de convention il falloit une langue aussi de convention : de là dépendoit, en partie, la vérité de l'Art. Mettez en prose *l'Iliade*, *l'Énéide*, *Athalie*, *Rodogune*, et, dans un genre bien différent, *les Animaux malades de la peste*, le langage sera, sans aucun doute, matériellement plus naturel, mais en même temps il sera moins vrai.

On ne sauroit trop rappeler cette belle loi d'unité, en vertu de laquelle le développement de l'Art représente, dans ses phases progressives, le développement de l'homme qui représente lui-même le développement de la Création. Nous l'avons montré pour l'architecture, la sculpture, la peinture, la musique. On a vu que, comme la structure physique de l'univers étoit tout ensemble le lieu primitif, la matrice où se forment les êtres de plus en plus parfaits, et le temple que Dieu remplit de soi, le temple étoit aussi la première production de l'Art humain, le lieu primitif, la matrice de tous les autres arts, qu'il engendre successivement par une sorte d'évolution organique et spontanée. Ainsi la poésie, expression directe de l'homme intelligent et moral, fut d'abord un élan vers le Créateur, une voix d'adoration, de reconnoissance et d'amour.

Les anciens Védas ne sont qu'un recueil d'hymnes, et les chants conservés dans les sanctuaires de l'antique Grèce, répétés de siècle en siècle dans les cérémonies des mystères, n'étoient que cela non plus. Le mouvement instinctif vers le Principe infini de l'être, est, dans la sphère de ce qui sent et pense, la manifestation de la loi nécessaire, selon laquelle les êtres de tous ordres gravitent vers le Centre éternel, vers la cause suprême, raison de leur origine et terme de leur tendance. La puissante attraction qui lie les mondes aux mondes jusqu'aux dernières limites de l'espace n'est qu'une branche de cette loi souveraine et universelle. Radicalement toujours identique, elle se diversifie dans ses apparences, mais ses apparences seules, à mesure que les êtres s'élèvent. Au moment où elle naît à l'intelligence, une impulsion interne, naturelle, indélibérée, porte la créature à chercher la vie à sa source même, à l'aspirer en soi, à se désaltérer à la mamelle divine, comme l'enfant à celle de sa mère. Ses désirs, son amour montent d'eux-mêmes, montent perpétuellement; elle voudroit se plonger, se perdre dans cet immense océan du Vrai, du Bien, du Beau, dont elle découvre à peine une ombre, s'y dilater sans fin, s'y abreuver de la lumière vivante, pur aliment de l'esprit, s'absorber en elle, devenir un avec ce qui est tout. Ces désirs, cet amour, incarnés dans la voix, s'exhalent en accents mélodiques ; telle est la première poésie.

Bientôt après, le besoin de savoir développant la pensée, l'homme essaya de s'expliquer les phénomènes qui frappoient ses regards, de s'expliquer lui-même ; il se demanda ce qu'il étoit, comment il étoit, pourquoi il étoit, il interrogea sa raison sur la cause nécessaire et sur les effets contingents, sur Dieu et sur l'univers. Il commençoit là une tâche laborieuse et grande, la tâche incessante de l'humanité, continuée toujours, jamais accomplie. Ses premières vues, toutes instinctives, toutes d'intuition immédiate et d'illumination soudaine, marquèrent à la fois la naissance de la religion en tant que dogmatique, car elle avoit comme sentiment, nous venons de le montrer, une origine antérieure, et celle de la philosophie qui a sa racine dans la religion. Alors parurent les poëmes théologiques et cosmogoniques, qui coïncident chez tous les peuples avec l'époque sacerdotale, et dont se composent principalement leurs livres appelés sacrés, ou simplement *le Livre*, parce qu'il contenoit, selon la croyance reçue, la parole par excellence, la parole inspirée, divine. De l'idée sous laquelle on concevoit Dieu, dérivoit celle qu'on se formoit de son œuvre ; car on ne pouvoit qu'appliquer à l'être contingent l'idée antérieure de l'Être nécessaire, et la cosmologie n'étoit en réalité que l'incarnation de la théologie. Essentiellement liées l'une à l'autre, elles se produisirent partout simultanément. Ainsi la Genèse s'ouvre par le récit de la création, récit empreint du génie antique, où la pensée, d'une profondeur qui étonne notre science même, se produit sous des formes sublimes de simplicité, et d'une majesté plus qu'humaine.

Puisque nous avons nommé la Genèse, achevons ce qui nous reste à dire de la poésie des Hébreux, d'autant plus qu'elle n'offre presque aucun point de comparaison avec la poésie des autres nations contemporaines.

Ce qui la caractérise d'abord, c'est l'idée traditionnelle parmi les Juifs, et sur laquelle repose toute leur législation, de l'unité de Dieu, et du choix fait par lui de la race d'Abraham, pour être son peuple de prédilection ; race sainte, race bénie, que ses croyances, ses lois, ses mœurs, séparoient des races profanes avec lesquelles il lui étoit défendu de se mêler, et sur qui, conduite par un chef mystérieux annoncé dès les premiers temps et perpétuel objet de son attente, elle devoit un jour étendre sa domination. De là, dans les poëmes hébraïques, quel qu'en soit d'ailleurs le sujet, un fonds unique alors de spiritualisme sévère quant à la pensée, bien que l'expression abonde en images, et une aspiration véhémente vers l'avenir, où, sous un voile mystique, germoient les grandes destinées du peuple de Dieu et ses magnifiques espérances. Impatiente du présent, haletante de désir, toute sa poésie est prophétique : elle est prophétique dans les hymnes, les prières, dans les chants passionnés, les avertissements, les imprécations, les menaces de ces hommes étranges, qui, tout à coup saisis de l'esprit au fond des solitudes où d'ordinaire ils vivoient retirés, lançoient leur parole ardente contre les hommes d'iniquité, contre la multitude rebelle au Dieu de ses pères, contre les grands, les rois dont l'exemple la détachoit de son culte, contre les prêtres corrompus et prévaricateurs ; elle est prophétique, soit qu'elle rappelle en de graves sentences les préceptes de la sagesse, soit qu'elle soupire les chastes amours de l'époux et de l'épouse, soit qu'en des récits d'une grâce ravissante elle peigne les mœurs des âges primitifs, la suave innocence de cette vie antique qui s'écouloit sous un ciel pur, calme et limpide comme l'eau du rocher, au milieu des champs et des pâturages.

Un poëme d'origine peut-être arabe, peut-être chaldéenne, mais d'une grande ancienneté chez les Hébreux même, présente un caractère à part. Nous voulons parler du livre de Job. L'immense question du bien et du mal, dans ses rapports avec la justice de Dieu et l'état terrestre de l'homme, y est traitée selon la large manière des premiers temps, où l'image poétique, l'expression pittoresque, la parole qui émeut, remplaçoient les procédés logiques du discours, sans que la pensée principale ressortît moins claire et moins vive. Cette pensée principale, dans Job, est que Dieu ici-bas distribue les biens et les maux, suivant des décrets toujours justes et des desseins providentiels auxquels nous devons croire fortement, bien que nous ne les puissions ni connoître, ni comprendre. Il est à remarquer qu'on ne trouve dans ce livre aucune allusion à la chute originelle de l'homme, dont le péché se seroit transmis par la génération à ses descendants, et qu'aucune des idées de l'auteur n'a de relation à ce fait, qui lui auroit fourni une solution directe du problème qui le préoccupoit. Jamais, du reste, il ne s'éleva des entrailles humaines une plus sombre lamentation ; jamais la misère radicale de notre condition présente, lorsqu'on la compare aux aspirations intimes de notre être, n'éclata en plaintes plus douloureuses et plus amères, en cris plus déchirants. Ce sont les désespoirs d'un désir infini, que calme et transforme enfin dans la paix d'une tranquille attente une foi également infinie.

Les vastes épopées indiennes, postérieures à l'époque purement théologique, révèlent un progrès avancé déjà. Des conceptions philosophiques nées du besoin nouveau de remonter des effets aux causes, des phénomènes fugitifs, variables, à l'invariable, à l'éternelle raison des phénomènes, manifestent la croissante activité de l'esprit. L'homme se dégage du sein de la Nature; il apparoît comme être personnel, ayant conscience de soi, réagissant par sa force libre contre les forces fatales qui le pressent de toute part. Ce n'est cependant pas l'homme pleinement affranchi, l'homme réel, mais une sorte de symbole historique et mythique de l'humanité commençant à se délivrer de ses liens, à briser son enveloppe, et plongée encore en partie dans la substance absolue dont elle émane, selon l'idée indienne, et dans l'univers primordial, l'œuf divin, matrice commune des êtres.

Cette poésie de l'antique Orient se distingue à la fois par une étonnante grandeur de pensée, et par une puissante vertu plastique. Abondante en formes, en couleurs, inondée d'une lumière ardente, elle se déploie avec l'éclat et la magnificence de la nature dans ces riches contrées, et, comme leurs fleuves profonds, immenses, roule ses larges ondes qui vont se perdre dans un océan insondable et sans bornes.

En des temps postérieurs, l'Inde eut aussi son

drame, dérivé de son épopée. Qui, dans Sacountala, où règne un sentiment si vif de la Création extérieure, d'où s'exhale un parfum si délicat et si suave de simplicité antique, qui ne croiroit lire un épisode du Maha-Barata, ou du Ramayana?

Aucuns monuments poétiques de ces âges antérieurs à l'histoire certaine ne se sont conservés chez les autres peuples asiatiques, excepté peut-être quelques chants recueillis dans le Chi-King, froides productions où on retrouve seulement le caractère grave et moral d'une nation qui semble avoir été, dès son origine, totalement privée du génie des arts. L'Égypte ne nous a non plus rien laissé. Il est même douteux qu'elle ait eu, avant l'invasion des Perses, d'autre poésie que les hymnes religieuses [1]. Cette poésie sacerdotale, expression du dogme et des sentiments instinctifs qui élèvent l'homme vers la Divinité, fut également l'unique poésie des Grecs, jusqu'au temps où, la race dorienne ayant définitivement prévalu, tous les arts affranchis prirent une direction nouvelle. Avec Homère l'épopée naquit, une épopée, à plusieurs égards, très-différente de celle que nous avons vue se produire dans l'Inde avec le développement de la raison philosophique et

1. Les Égyptiens avoient des chants consacrés aux divers travaux; mais ces chants destinés à régler le mouvement par le rhythme, étrangers dès lors à la poésie, ne sauroient être rangés parmi les productions de ce dernier art.

de l'activité humaine. Chose singulière en apparence, elle offre à la fois un spiritualisme moins prononcé et une moins vive préoccupation de la Nature et de ses puissances fatales. Et c'est que l'épopée indienne, liée à des idées selon lesquelles le Créateur et la Création n'étoient que deux faces d'une même unité, spiritualisoit la matière et matérialisoit l'esprit dans cette unité indivisible, prêtant ainsi à la Nature et à ses énergies le caractère d'infini propre à la Cause suprême, à l'Être nécessaire, absolu; et qu'en outre, par une conséquence de ces primitives conceptions, ne voyant qu'une fiction, une illusion de la pensée dans l'individualisation des êtres au sein du grand Tout, elle représentoit bien plutôt l'homme cosmique que l'homme véritable, circonscrit en soi, doué d'une existence individuellement complète.

Homère nous transporte en un monde correspondant à des conceptions directement contraires. L'unité panthéistique a été brisée. En possession de lui-même, de la plénitude de sa vie, de sa personnalité, l'homme n'est plus cette espèce d'ombre flottante comme un type idéal dans l'immensité de l'Être infini. L'Être infini lui-même, cessant d'être l'objet de la contemplation pure de l'esprit, est rentré dans ses mystérieuses profondeurs. Il n'en reste qu'une image décomposée selon ses aspects divers, et revêtue de la forme humaine. L'homme étoit absorbé en Dieu et dans la Nature une avec Dieu, Dieu est maintenant absorbé dans l'homme. Multiplié individuellement, il agit comme lui, se passionne comme lui, et ces Dieux humains qui se divisent, s'injurient, se combattent, s'irritent, s'apaisent, s'affligent et se réjouissent, ne se distinguent de lui que par le privilége de l'immortalité et par une puissance plus grande.

Ainsi l'épopée homérique marque l'époque où l'homme, ayant acquis une pleine conscience de soi, se sentit libre au sein de l'univers; et en même temps elle représente ses modes d'activité, la religion, les lois, les coutumes, les mœurs, la civilisation enfin, telle qu'elle se développa chez les Grecs sous l'influence dorienne. Récemment descendus de leurs âpres montagnes, tout près encore de l'état grossier, à moitié sauvage, de leurs rudes ancêtres, ils offrent un mélange singulièrement poétique de barbarie et d'héroïsme, de passions farouches et de tendresse naïve, d'idées morales, imparfaites, confuses, et des sentiments les plus délicats, des instincts les plus généreux. Leurs yeux, où tout à l'heure étinceloit la colère, se mouillent des saintes larmes de la pitié. Les liens de la famille et ceux de la sympathie ont formé parmi eux la trame première, indestructible de la société.

Le père, la mère, l'époux, l'épouse, l'enfant, le frère, l'ami, tout a son modèle d'une vérité, d'une beauté presque inimitable, dans cette poésie simple et magnifique, qui tantôt vous émeut par la vive peinture des tristesses et des joies, des craintes et des espérances, des biens si fragiles, des maux si nombreux, des infortunes si amères de la vie et de ses soudaines catastrophes; tantôt vous égare au milieu des doux enchantements de la nature, dans les bois suspendus aux flancs des coteaux, le long d'un ruisseau qui serpente à travers de riantes plaines, ou d'un torrent qui tombe des rochers, en de frais vallons, en des champs couverts de jaunes épis qui plient et se relèvent sous les nuages mobiles chassés par les vents, et sur les rivages de la mer bruyante. Le charme de la langue sonore, accentuée, sa merveilleuse richesse, l'infinie variété de ses nuances, ajoute à ces prestiges un prestige nouveau. Tour à tour rapide, majestueuse, sombre, heurtée, gracieuse, suave, l'harmonie du vers peint à l'oreille ce qu'expriment les mots, soit que le Père des Dieux ébranle l'Olympe d'un mouvement de ses sourcils, soit que le souffle du temps détache de leur tige les générations humaines comme des feuilles d'automne.

L'épopée, on le voit, correspond à une phase très-remarquable du développement de l'homme, dégagé de ses liens antérieurs et devenu un être personnel. Cependant le travail, pour ainsi parler, formateur de l'individu dans sa complète indépendance, n'est pas encore entièrement achevé. La vie, l'action individuelle se fond, s'absorbe dans l'action, la vie sociale, dans l'unité de race et de nation. L'épopée est l'histoire sous sa première forme, sa forme poétique, à l'époque des croyances naïves, alors que l'imagination ignorante des causes les personnifioit en des multitudes d'êtres dont la nature vague et la puissance indéfinie permettoient de créer un monde de merveilles, en harmonie avec le sentiment natif dans l'homme d'un pouvoir mystérieux, immense, avec ses désirs illimités, et ce je ne sais quoi d'intime et de caché qui l'attire au delà du cercle étroit que tracent autour de lui les réalités matérielles. C'est pourquoi l'épopée n'appartient qu'à la jeunesse des peuples, à l'âge qui précède celui de la science, de la pensée sévère, des procédés logiques, de l'activité renfermée dans la sphère naturelle du possible et que règlent ses seules lois. Elle contient le germe du drame, et n'est pas le drame ; car le drame, c'est l'individu, non pas en dehors de la société, mais y vivant d'une vie qui part de lui et revient à lui, s'y manifestant par ce qui le caractérise et le constitue distinctivement.

Toutefois, si le drame en ce sens dérive de l'épopée, en est le développement nécessaire, comme le développement de l'individu est une suite nécessaire de l'évolution progressive de la nature humaine, le drame, en un autre sens, dérive aussi de la poésie théologique et sacerdotale. Platon nous apprend [1] que la tragédie avoit une origine très-antérieure au temps de Thespis et de Phrynique, antérieure même à la fondation d'Athènes. Cette antique tragédie, expression des croyances religieuses, les mettoit en action ; elle présentoit aux yeux les mystères invisibles de Dieu et de la Nature, les secrètes énergies de l'univers, les Puissances célestes, terrestres, infernales, personnifiées, revêtues d'un corps, parlant la langue de l'homme et gouvernant ses destinées. Elle le montroit en lutte avec ces Puissances terribles, inexorables, dont il devoit enfin triompher, de celles du moins qui le courboient sous la main de fer d'une nécessité fatale. Le Prométhée d'Eschyle est pour nous le type de ce drame sombre, d'une grandeur gigantesque, d'une poésie semblable à ces mouvements profonds qui remuent l'océan jusqu'en ses plus ténébreux abîmes. On aperçoit dans Sophocle même de frappants vestiges de cette poésie primordiale. Sa trilogie d'OEdipe offre une parenté manifeste

1. *Minos.*

avec le drame des âges précédents, quoique le sien tienne de plus près par le caractère historique, par la peinture des événements et des passions réelles, à l'épopée d'Homère. Il y a sa racine principale, et ce qui l'en distingue, c'est que l'épopée, comme nous l'avons dit, représente, dans une narration étendue et complexe, une race entière, un peuple, et l'ensemble des choses dont se compose sa vie commune : sa religion, ses lois, ses opinions, ses mœurs; tandis que, dans un fait unique, reproduit avec l'illusion de la réalité, la voix, l'accent, le geste, le drame représente l'homme individuel, sa vie distincte et propre. Dans l'évolution de la poésie, pareille de tout point à l'évolution de l'humanité même, il est une des expressions du changement qui s'opéra en elle et se refléta dans l'Art, lorsque l'hymne devint l'ode, lorsqu'aux poëtes théologiques, interprètes du dogme et de la loi morale, Orphée, Musée, et tout ce cycle primitif des chanteurs divins, succédèrent les poëtes interprètes de l'homme et de sa nature intime, Tyrtée, Alcée, Simonide, Pindare, Sapho, Anacréon, et la foule des lyriques, échos de ce monde qui soupire, gémit, gronde, s'irrite au dedans de nous, vibre et tressaille à tous les souffles comme une harpe éolienne.

Le drame étant l'introduction de la liberté mo-

rale dans l'Art, implique à la fois les deux éléments
de la poésie antérieure, l'élément divin et l'élément
humain, combinés en lui comme ils se combinent
dans l'homme. Point de drame, en effet, sans combat, et point de combat interne qui ne soit le con-
flit de deux impulsions opposées. La passion pousse
l'individu en une direction déterminée par l'amour
de soi : le sentiment du devoir lui imprime une
direction contraire, déterminée par l'amour supérieur, d'où naît, avec le sacrifice, l'ordre conserva-
teur du tout. Le drame est, dans le développement
d'une action particulière, la vive peinture de la
guerre toujours subsistante de ces deux principes
qui se disputent l'homme, le déchirent, l'ensan-
glantent; et l'intérêt du drame, qui, à travers les
incidents variés, les alternatives de la lutte, doit
entraîner haletant, éperdu, le spectateur jusqu'au
dénoûment, résulte tout ensemble et de la vérité
de cette peinture même, qui est celle de la vie
humaine, et du désir invincible, ardent, plein d'une
anxiété douloureuse, de connoître auquel des deux
principes ennemis la victoire restera; c'est-à-dire,
de la solution, en un point du temps et de l'espace,
du grand problème qui préoccupe incessamment
l'humanité depuis son origine, du problème fondamental de la Création. D'où il suit que l'élément
divin, condition nécessaire de la liberté, du combat

moral, est une condition également nécessaire du drame, et que, dès lors, quand cet élément s'affoiblit chez un peuple, et tend à s'éteindre, le drame aussi languit et s'éteint, ou dégénère en quelque chose d'informe et de monstrueux, en cette autre espèce de combat qu'engendre l'opposition des purs instincts brutaux, ou en celui plus infime encore des molécules aveugles et sourdes d'un cadavre en dissolution.

Le drame se divise en deux genres distincts, la tragédie et la comédie. La tragédie peint une action sérieuse, solennelle, pathétique, les passions profondes et violentes, des personnages à qui le prestige de l'imagination prête une plus imposante majesté, un caractère plus poétique. La comédie peint l'homme et les ressorts qui le meuvent dans une sphère moins haute, les scènes ordinaires de la vie, les mœurs privées, les ridicules, les vices, le mouvement des passions vulgaires. La tragédie, en nous transportant dans une monde idéal, nous élève au-dessus de nous-mêmes; elle émeut ce que notre nature renferme de plus noble et de plus grand, les instincts sympathiques. La comédie nous montre, au contraire, le monde tel qu'il est, dans sa vérité mesquine et triviale, et flatte secrètement le principe mauvais de l'individualité égoïste. En un mot, selon les anciens, la tragédie produit la terreur et la pitié, la comédie excite le rire.

Ici se présente une question importante pour la science de l'homme, et sur laquelle la philosophie n'a jusqu'à présent répandu que peu de lumière : Qu'est-ce que le rire? On a bien observé qu'aucun animal ne rit, que le rire appartient exclusivement à l'homme, qu'il est par conséquent un attribut de l'intelligence. Mais quel en est le caractère primitif, radical? A quel principe constitutif de la nature humaine correspond-il originairement?

Par son essence, il nous paroît être l'instinctive manifestation du sentiment de l'individualité : d'où l'innombrable multitude des modifications qu'il présente, suivant les modifications également innombrables que peut éprouver l'individualité elle-même, soumise à des impressions si variées. Le rire apparoît chez l'enfant avec la claire conscience de lui-même, lorsqu'il commence à se sentir distinct d'autrui : il est l'expression de ce sentiment et de la jouissance intime qui naturellement y est attachée, de la joie d'être et d'être soi ; et, dans le développement ultérieur de l'individu, il continue d'être l'expression de ce même sentiment diversifié à l'infini par les sentiments secondaires qui s'y joignent. Mais toujours il implique un mouvement vers soi et qui se termine à soi, depuis le rire terrible de l'amère ironie, le rire effrayant du désespoir, le rire de Satan vaincu et résistant encore, et s'affermissant dans son inflexible orgueil, jusqu'au rire dégradé de l'idiot et du fou, et jusqu'à celui qu'excite une naïveté inattendue, une niaise balourdise, une bizarre disparate.

Toute violation de l'ordre, des lois naturelles et même conventionnelles qui règlent les choses, choque l'intelligence, et, selon la gravité de cette violation et de ses conséquences par rapport à nous ou à la société, nous nous indignons ou nous rions, et le ridicule n'est que le désordre réduit aux proportions de la sottise. Entre le ridicule et l'odieux, il y a la distance du mépris à la haine; et le ridicule, en effet, enfante toujours à quelque degré le mépris, lié lui-même, en ce cas, à la conscience d'une infirmité dont on est exempt. Une disconvenance aperçue, un contraste en ce qui est et ce qui devroit être, une opposition ou un rapprochement singulier, étrange, font naître le rire. Mais quelle que soit la cause qui le provoque, allez au fond, vous le trouverez constamment accompagné, qu'on se l'avoue ou non, d'une secrète satisfaction d'amour-propre, de je ne sais quel plaisir malin. Quiconque rit d'un autre se croit en ce moment supérieur à lui par le côté où il l'envisage et qui excite son rire, et le rire est surtout l'expression du contentement qu'inspire cette supériorité réelle ou imaginaire. On rit de soi-même, il est vrai, c'est qu'alors le moi qui découvre le ridicule en quelqu'une des régions inférieures de l'être se sépare de ce dont il rit, s'en distingue, et jouit intérieurement d'une sagacité qui l'élève dans sa propre estime. Ainsi l'orgueil se nourrit de la vue même de certaines foiblesses cachées dans les replis du cœur, et qu'il a su y discerner. On n'est pas dupe de soi, comme on le dit, et on s'admire en cela même.

Jamais le rire ne donne à la physionomie une expression de sympathie et de bienveillance : tout au contraire, il fait grimacer les visages les plus harmonieux, il efface la beauté [1], il est une des images du mal, non qu'il l'exprime directement, mais il en indique le siége. Aussi est-il incompatible avec l'idée qu'on se fait des personnages qui ont offert les types les plus parfaits de la grandeur morale, de l'amour pur, universel. Qui pourroit se figurer le Christ riant? Le sourire même ne commence à poindre qu'à une moins haute élévation, car il se lie également, dans son origine, au sentiment de l'individualité. Cependant, s'il n'est

---

1. La perfection de la beauté physique se proportionne toujours dans l'Art à celle de la beauté morale. Plus les sentiments qu'exprime le visage sont généreux, élevés, sympathiques, éloignés de l'amour de soi, plus est grande l'harmonie des traits, plus l'idéale beauté y resplendit avec tout ce qui ravit en elle; et la beauté suprême n'est que le suprême sacrifice manifesté dans l'expression de l'amour qui le produit.

quelquefois qu'un rire naissant, un rire contenu, quelquefois aussi il exprime une tendance opposée au mouvement vers soi qui caractérise le rire, une tendance vers autrui. C'est pourquoi il y a un sourire de bonté, un sourire de tendresse, et ceux-ci, au lieu d'enlaidir, prêtent au visage une expression attirante et douce, une grâce singulière, un charme céleste, comme dans la Vierge-Mère souriant à l'enfant divin.

Entre la tragédie et la comédie il y a donc cette différence fondamentale, que l'une a sa racine dans les instincts, les puissances sympathiques qui portent l'homme vers les autres hommes, et tendent à l'unir à eux par l'universel lien de l'amour supérieur; et que l'autre, au contraire, directement relative au sentiment de l'individualité, a son principe dans l'amour de soi, et tend à développer les instincts égoïstes. La tragédie émeut, attache en donnant à l'homme la conscience de ce qu'il a de plus élevé, de plus grand, et la conscience de l'ordre par lequel tout subsiste dans l'immense unité dont l'Être infini est la source et le centre éternel. La comédie attache et plaît, en donnant à l'homme la conscience de sa supériorité personnelle, en mettant sous ses yeux le vivant tableau d'infirmités morales dont il se croit exempt; elle flatte l'amour-propre, elle nourrit la satisfaction intime de soi-même. Peint-elle la raison, la droiture, la bonté, l'innocence, elle aura soin d'y joindre quelque contraste bizarre, une certaine exagération, une certaine naïveté risible, qui les montre sous un point de vue tel que chacun y puisse encore trouver un motif de secret contentement et une sorte de jouissance maligne. Elle correspond au penchant natif en vertu duquel l'homme se concentre et se complaît en soi. Sous ce rapport, sa tendance est opposée à celle d'où résulte le perfectionnement de l'homme moral. Elle peut néanmoins y servir d'une manière indirecte, en tournant vers le devoir, par un calcul fondé sur ses intérêts mêmes [1], l'amour individuel. Toutefois elle a pour effet beaucoup plus de mettre en garde contre certaines suites fâcheuses du vice, que de détourner du vice même; elle corrige moins les mœurs qu'elle n'enseigne à se préserver des ridicules. Nous ne parlons, au reste, que de son caractère distinctif et général; car on peut aussi quelquefois y introduire un élément d'une autre nature, l'élément sympathique; mais

1. Il est quelquefois utile et toujours curieux de rechercher les rapports des doctrines philosophiques avec l'Art. Ainsi, dans le système d'Helvétius et de Bentham, la comédie correspondroit parfaitement à la seule morale que ce système admette, à la morale identifiée avec l'intérêt personnel. La tragédie, qui repose sur le devoir conçu comme le sacrifice de cet intérêt même, y seroit absurde et impossible.

alors il y a momentanément un mélange des deux genres du drame; et si l'élément sympathique domine, plus encore s'il existe seul, il en résulte cette espèce de tragédie bâtarde, sans grandeur idéale et sans vraie poésie, qu'on a nommée le drame larmoyant.

La comédie grecque eut deux phases. Libre d'abord jusqu'à la licence, elle reproduisoit sur la scène les querelles intestines de la cité, les discussions de l'agora, les passions des partis, et celles du poëte. Prodiguant le sarcasme, la moquerie, la dérision amère, elle n'épargnoit, ne respectoit rien. Pour tout se permettre impunément, il lui suffisoit d'envelopper d'une allégorie transparente ses satires et ses haines effrénées. C'est dans cette vieille comédie surtout qu'apparoît clairement la vérité de ce que nous avons dit du caractère de ce genre de drame. Toute grandeur y étoit rabaissée, insultée, toute vertu livrée honteusement à la risée publique, pour flatter les instincts mauvais, les secrètes animosités, les basses envies de la multitude. Ces excès devinrent tels que la loi dut enfin les réprimer. Au drame d'Aristophane succéda celui de Ménandre. Plus décente, mais plus froide, la nouvelle comédie peignit, dans des actions et des personnages fictifs, la nature humaine philosophiquement observée, les mœurs générales, celles des diverses classes de la société et des âges divers, l'éternel combat des passions, la lutte éternelle des intérêts, en un mot, l'homme avec ses foiblesses perpétuellement les mêmes, et ses ridicules qui ne meurent point.

Plus tard, quand l'esprit sophistique, le doute, la corruption, eurent détruit les croyances et, pour ainsi dire, épaissi la matérielle enveloppe à travers laquelle rayonnoit le Beau idéal, il se fit comme un retour de la poésie vers la Nature, non pas la Nature animée du souffle créateur, des puissantes énergies formatrices des êtres, mais la simple nature telle qu'elle frappe nos regards, telle qu'elle se lie, par des rapports harmonieux et doux, à la vie de l'homme plus rapproché d'elle, à la vie naïve des pasteurs, chantant leurs amours, leurs peines, leurs joies, dans une grotte mousseuse, ou près de la fontaine qu'ombragent un chêne creux et des lierres pendants; à celle des pêcheurs, réunis autour du foyer de leur pauvre cabane, lorsque les vents bruissent au dehors, ou assis à l'abri d'un rocher, non loin de leurs filets étendus sur la grève, et contemplant la vaste mer dans une rêverie profonde.

Ainsi la poésie, chez les Grecs, revint à son berceau, à ce qui du moins en offroit l'image, pour y soupirer ses derniers accents. Après cette époque, l'Art épuisé décline rapidement et sans retour. Il se matérialise avec la société, il dégénère en une poésie de convention et d'imitation, en un stérile travail qui ne produit que des formes vides et des combinaisons sonores. Nous ne le suivrons pas dans cette voie, où, s'obscurcissant toujours plus, il disparoît enfin, comme les lueurs mourantes d'un crépuscule d'hiver s'éteignent dans la nuit.

Partout son développement s'opère selon les mêmes lois et présente les mêmes phases. Des hymnes nées dans les temples et religieusement conservées par les corporations sacerdotales[1], furent la première poésie des Romains. Ils eurent aussi leur épopée dans des chants nationaux, espèce de légendes traditionnelles, destinées surtout à perpétuer le souvenir des temps héroïques et les principaux événements de l'histoire. Ennius les recueillit, il en fit un corps, à peu près comme Homère; mais il n'avoit pas le même génie, et il écrivoit dans une langue rude encore et barbare. Ses poëmes informes manquoient de ce qui fait vivre

---

1. Elles continuèrent, jusqu'aux empereurs, d'être en usage dans les fêtes publiques et les cérémonies du culte. Mais, à cette époque, le respect religieux qu'elles inspiroient s'étant affoibli, et le langage en étant devenu à peu près inintelligible, on leur donna une forme nouvelle appropriée au temps. Le *Carmen Seculare* d'Horace offre un exemple de ce changement, qui constatoit le déclin de la foi antique.

les œuvres de l'Art. Après la légende épique vint le drame, qui, chez ce peuple sans culture, de mœurs âpres, dépourvu des idées et des sentiments qu'une civilisation plus avancée engendre, ne put s'élever jusqu'à la tragédie. Les atellanes, d'origine osque, n'étoient qu'une sorte de comédie grossière, mais tellement conforme à l'esprit national, qu'avec de simples modifications qui n'en altèrent point le caractère, elle a survécu aux nombreuses révolutions de l'Italie. Voilà toute la poésie romaine. Rome ensuite, subissant l'influence de la Grèce, conquise par son génie, tandis qu'elle la conquéroit par les armes, ne sut que marcher à sa suite et bien loin derrière elle, dans les routes qu'elle avoit ouvertes et si glorieusement parcourues.

Peu de noms résument l'histoire de cette période de l'Art chez les maîtres du monde, à qui la Sagesse qui préside aux destins de l'humanité avoit préparé une autre grandeur.

Parménide, Empédocle et d'autres philosophes anciens, exposèrent leurs doctrines en des poëmes à jamais perdus, mais que l'on peut classer parmi les monuments de la poésie théogonique et cosmogonique, dans les âges postérieurs aux poëtes orphiques et même à l'âge d'Hésiode, alors que la pensée, se développant hors du sanctuaire, essayoit de découvrir, par le libre emploi de ses forces, la solution du grand problème de l'univers et de son Auteur. Lucrèce ne tenta rien de semblable, car le génie philosophique n'étoit pas moins étranger aux Romains que le génie des arts. Mais, en un temps où le sensualisme avoit envahi Rome, il se fit le poëte de cette doctrine, l'interprète hardi du système d'Épicure; et, il faut le dire, son poëme *De la nature des choses*, où règne une philosophie si fausse, si sèche, si dégradante, offre des parties d'une singulière beauté, et quelquefois une hauteur d'inspiration à laquelle n'atteignit aucun des poëtes qui lui succédèrent. La langue y a conservé une certaine vigueur, une certaine majesté antique d'un puissant effet. Mais ce qu'on admire, ce n'est pas le travail péniblement stérile de la raison pour tout expliquer par l'aveugle jeu des atomes, ce ne sont pas ses tristes efforts pour exclure Dieu de son œuvre : c'est le poëte lui-même, lorsqu'oubliant ses obscures théories, il se plonge au sein de la Nature, l'embrasse de ses ardentes étreintes, enivré du souffle inconnu par qui tout respire, tout sent, tout aime, tout puise à la mamelle commune la vie universelle, intarissable, immense.

Plaute et Térence imitèrent les Grecs : seulement à cette imitation le premier mêla quelque chose de la verve italique, de la vieille comédie d'Accius. Il suffit de nommer Ovide, Catulle, Tibulle, Properce,

écrivains faciles, élégants, mais dépourvus de la
puissance qui crée. Rome, après Lucrèce, n'a produit que deux poëtes vraiment dignes de ce nom,
Virgile et Horace. Au temps où ils vécurent, presque
toutes les sources de la poésie primitive étoient desséchées. Ils ne purent donc enfanter de ces œuvres
qui apparoissent à l'origine comme des révélations
du Beau infini et comme les types éternels de l'Art ;
mais tous deux trouvèrent en eux-mêmes assez de
richesses pour se faire un rang voisin du premier.
Ils furent poëtes de la seule manière dont on puisse
l'être lorsque la foi s'est éteinte et que les mœurs
ont perdu leur simplicité naïve, par le sentiment
de la nature et de l'humanité, joint dans l'un à la
tendresse du cœur, dans l'autre à la finesse pénétrante et à l'exquise délicatesse de la pensée. Le
tumulte des cités, leur bruit vide les importunoit
également. Alors il s'élevoit en eux des regrets
d'une tristesse singulière, d'impétueux désirs pareils
à ceux que l'instinct éveille dans l'oiseau de passage,
quand vient la saison du départ. Rêvant la paix et
les loisirs de sa petite maison de Sabine, le poëte de
Tibur demandoit la campagne et ses ombrages et
son silence pour y boire l'oubli d'une vie agitée [1].

---

1. Q rus, quando ego te adspiciam ! quandoque licebit,
Nunc veterum libris, nunc somno et inertibus horis,
Ducere sollicitæ jucunda oblivia vitæ !

Sermon., lib. VI, sat. VI.

Le cigne de Mantoue, fatigué de son vol, aspiroit à se reposer dans les fraîches vallées arrosées par des fleuves limpides, sur les pentes de l'Hémus et du Taygète, cher aux jeunes filles de la Laconie, aux bords du Sperchius, sous l'épais feuillage des forêts[1]. Et ce n'est pas seulement dans ses poëmes champêtres que ce chantre harmonieux de la nature révèle l'amour qu'elle lui inspiroit : à chaque instant il se manifeste dans son épopée même, et avec la peinture si vraie des passions les plus vives, des plus purs sentiments, des plus douces sympathies qui puissent unir les hommes, il en fait le charme principal.

Quoique la lyre d'Horace rende aussi des sons mélancoliques et tendres, il intéresse le plus souvent et sait plaire par d'autres moyens. La raison, l'expérience des choses, un esprit détrompé des illusions vulgaires, sans humeur chagrine et sans amertume, voilà ce qui domine en lui. Il a jeté sur la vie humaine un regard profond; il l'a vue passer comme le rêve d'une ombre, et se riant de ceux qui croient au lendemain, il invite le sage à

1. Rura mihi et rigui placeant in vallibus amnes;
Flumina amem silvasque inglorius. O, ubi campi,
Sperchiusque, et virginibus bacchata Lacœnis
Taygeta! O, qui me gelidis in vallibus Hæmi
Sistat, et ingenti ramorum protegat umbra!
Georg., lib. II.

jouir de l'heure présente, la seule qui lui appartienne, à semer de fleurs le court trajet qui sépare le berceau de la tombe. Quel que soit le vice de cette philosophie demi-stoïque, demi-épicurienne, qui ne tient nul compte des devoirs de l'homme et de sa destination providentielle, elle a néanmoins un côté vrai, un côté par lequel elle correspond à nos instincts intimes : car tout ce qui nous rappelle la fuite rapide de notre existence d'un moment, l'incertitude du jour qui suit, la folie de nos vœux, l'inanité de nos espérances, a pour nous un attrait mystérieux qui ne s'épuise jamais.

La pureté, la beauté de la forme en offre un autre non moins puissant, et on le retrouve au même degré dans les productions, si différentes d'ailleurs, de ces deux grands poëtes. Avec eux finit la période de l'Art qui a précédé le christianisme. Il falloit, pour qu'il renaquît, que d'une nouvelle doctrine, d'une religion nouvelle sortît une nouvelle foi. Nous allons le voir derechef, renfermé d'abord dans le sanctuaire comme l'enfant dans le sein maternel, y croître peu à peu, s'y organiser, pour user de ce mot, et se développer ensuite dans le même ordre où il s'étoit développé originairement : tant sont immuables dans leur magnifique unité les lois de son évolution, laquelle n'est qu'une face de l'évolution de l'homme même.

La poésie de l'Église eut deux origines, une origine juive, et une origine immédiatement liée à l'esprit et au caractère propre de la religion qui s'établissoit. Comme tout ce qui doit durer, le christianisme, loin de rompre avec le passé, y étendit ses fortes racines, et se rattacha à celle même de la race humaine. Il accepta les traditions conservées par les Juifs, il s'en nourrit en quelque manière, se les assimila en les modifiant, et les transforma en sa propre substance. N'étant dès lors, à ce point de vue, que le judaïsme interprété et développé, que la réalité de ses symboles, l'accomplissement des grandes promesses dont le peuple de Dieu étoit le dépositaire, les livres sacrés pour ce peuple furent également sacrés pour lui, et les chants hébraïques devinrent ainsi ses premiers chants. Toutefois l'esprit exclusif et dur de l'institution mosaïque contrastoit trop avec la loi de fraternelle égalité, de dévouement et de charité universelle promulguée par le Christ, pour que la poésie des Hébreux fût l'expression complète des croyances et des sentiments qui peu à peu se répandoient dans le monde. D'ailleurs, à mesure qu'elles se formoient, les conceptions théologiques durent avoir aussi leur manifestation relative à l'Art : d'où la poésie proprement chrétienne, correspondante à l'architecture, à la sculpture, à la peinture, à la musique de cette époque primitive. Plusieurs Pères grecs, en se conformant aux règles de la poésie antérieure, employèrent le vers pour exposer les dogmes de la foi nouvelle, et pour célébrer les faits mystérieux racontés dans les Évangiles avec un charme de simplicité bien au-dessus de celui que leur pouvoit prêter cette matérielle imitation des formes anciennes.

L'entière décadence des lettres romaines préserva davantage l'Église d'Occident de ces imitations malheureuses. Des débris de la langue latine, plus ruinée que l'Empire, elle se fit une langue à elle, peu variée, peu riche, mais grave, forte, majestueuse, la langue liturgique, qui a traversé dix-huit siècles sans altération. C'est là qu'il faut chercher les véritables origines de la poésie chrétienne. Et cette poésie, que fut-elle d'abord? Des chants religieux, des hymnes, et, à des époques moins reculées, ces merveilleuses productions auxquelles on donna le nom de Proses. Qu'y a-t-il, comme inspiration, de supérieur au *Dies iræ?* Où trouvera-t-on, dans l'antiquité, des accents qui ressemblent à ce cri profond de terreur sainte et de supplication pathétique?

Pendant que ces semences fécondes germoient chez les nations chrétiennes, il s'opéroit hors d'elles un autre travail poétique, dont elles devoient plus tard recueillir en partie les fruits. Sous leurs tentes de poil, au milieu de leurs déserts brûlants, les fils d'Ismaël, enivrés de passions ardentes comme leur ciel, implacables dans la haine et dans la vengeance, généreux jusqu'à l'oubli de soi, chantoient l'hospitalité, les combats, la soif du sang et celle de l'amour. Après Mahomet, leur poésie se spiritualisa : elle devint subtile, abstraite, recherchée, comme celle des Persans. Chez ceux-ci, les Suffis l'empreignirent de leur mysticisme. Enfin, dans une vaste épopée, Ferdousi rassembla toutes les traditions nationales, depuis les premiers âges héroïques et mythiques, et quoique le Shah-Nameh manque de ce génie primitif plein de grandeur et de prestiges, qu'on admire dans les poëmes indiens, il ne laisse pas d'être un monument très-remarquable de l'art oriental.

A l'autre extrémité du monde alors connu, vers le sixième siècle de notre ère, les Bardes de la Cambrie, Taliesin, Aneurin, Myrdhin, Llywarch Hen, célébroient en des chants lugubres les funérailles de la vieille religion des Kymris. Réfugié dans sés isles et dans ses montagnes, la race des Gaëls, guerrière et rêveuse, avoit aussi sa poésie, monotone et mélancolique comme les ternes horizons de ces contrées où ne luit qu'un pâle soleil, comme les noirs rochers, comme les grèves nues où la houle écume et se brise. Ce qu'elle aime à peindre, ce ne sont point de riants paysages et des scènes de joie, mais le daim qui fuit sur des collines brumeuses, l'oiseau fatidique immobile sur l'écueil, et son cri funèbre qui annonce les naufrages, les quatre pierres mousseuses qui marquent sur la bruyère le lieu où dort le pauvre voyageur arrivé au terme de sa course, les nuages flottants que la lune blanchit, et dans ces nuages les ombres des ancêtres et les sons fugitifs de leur voix mêlée à celle des vents.

La sanglante religion d'Odin répand ses teintes sombres dans les Eddas des Scandinaves, tandis que l'audace, la rudesse barbare, les passions farouches de ces hommes de fer éclatent dans leurs chants de pirates. Originairement les Niebelungen, modifiés ensuite par le christianisme, n'étoient que l'épopée des anciens germains, la grandiose peinture de leurs temps héroïques, de leurs superstitions et de leurs mœurs féroces, de leurs idées du monde invisible : tableau étrange, saisissant de vigueur, au fond duquel se dresse, comme une apparition terrible, la gigantesque figure d'Attila. Partout, aux mêmes époques, chaque peuple enfantoit une poésie analogue à sa religion, à son caractère, à ses habitudes, à sa langue et à son climat. Ces poésies populaires, premiers essais de l'art, expriment tous les ordres de sentiments avec toutes leurs nuances; mais ce qui le plus souvent y domine, c'est la rêverie et la tristesse, car l'homme ici-bas souffre toujours, soit de ses désirs, soit de ses craintes; toujours il se sent exilé et aspire toujours à un terme inconnu, à un bien, il ne sait quel bien, dont il a au-dedans de soi la vision vague.

Plusieurs causes ayant concouru à hâter ou à retarder le développement de la poésie chez les diverses nations qui se partagèrent l'Europe après la chute de l'empire romain, il n'existe point entre les œuvres du même genre de synchronisme rigoureux, quoique dans l'ensemble des productions de l'art, la loi de leur génération se manifeste avec une constance invariable. Ainsi, après l'époque purement théologique, on voit apparoître les légendes, expression poétique des croyances chrétiennes, mêlées d'autres croyances d'origine différente; car, en adoptant le christianisme, les peuples conservèrent ce qui, dans les mythes antérieurs, avoit le plus frappé leur imagination, certaines notions surtout des êtres mystérieux en qui se personnifioient les puissances cachées de la Nature.

Des chants nationaux et guerriers représentoient, à la même époque, le mouvement de la vie sociale dans la sphère des réalités exclusivement terrestres. De ces deux éléments se forma une double épopée, l'épopée héroïque de Charlemagne, d'Arthur, des preux de la Table-Ronde, et l'épopée mystique du

Saint-Graal. En celle-ci dominoient le sentiment religieux et la pensée théologique ; dans celle-là les passions humaines, mais spiritualisées par l'influence du christianisme, par ce développement du sens moral, qui, modifiant les idées, les mœurs, enfanta la chevalerie, merveilleuse manifestation d'un monde idéal entièrement nouveau. Ces deux épopées, quoique nées en France, furent communes à toutes les nations chrétiennes, parce qu'elles exprimoient ce qu'elles avoient de commun, leur foi naïve, fervente, et l'esprit général qui les animoit. Elles étoient d'ailleurs, à plusieurs égards, moins séparées qu'ensuite elles ne le furent, quand les gouvernements, mieux affermis, héréditairement confiés à des princes ambitieux et avides, créèrent entre elles des hostilités permanentes ; quand les institutions, les législations se caractérisèrent par des différences stables et profondes ; lorsqu'enfin les langues, se fixant, se devinrent de plus en plus mutuellement étrangères. La poésie alors, individualisée dans chaque peuple, suivit les phases particulières de son évolution plus hâtive ou plus lente, et se diversifia selon la nature et le degré de sa civilisation spéciale, ses mœurs et son génie propre.

L'Italie ouvre cette nouvelle ère. Elle produisit, dès le troisième siècle, *le poëte souverain,* qui, de sa colossale hauteur, dominant tous les poëtes venus depuis, ne peut être comparé qu'à lui-même. *La divine Comédie* ne ressemble en aucune manière aux épopées des âges précédents. Toute théologique par le fonds, mais d'une théologie longtemps travaillée par la raison humaine, elle embrasse le système entier des connoissances du temps, la philosophie, la science, étroitement liées à la doctrine dogmatiquement transmise. La poésie du Dante, sobre de mots, concise, nerveuse, rapide, et cependant d'une prodigieuse richesse, se transforme trois fois pour peindre les trois mondes auxquels aboutit, selon la foi chrétienne, celui qu'habite l'homme pendant sa vie présente. Sombre et terrible, lorsqu'elle décrit le royaume ténébreux, la cité du peuple perdu et de l'éternelle douleur, elle s'empreint aux lieux où s'expient les fautes légères, où se ferment les plaies guérissables, d'une tristesse doucé et pieuse, et semble, en ces régions sans astres, refléter les lueurs molles d'un jour à demi éteint; puis, tout à coup, s'élevant de ciel en ciel, traversant les orbites des soleils innombrables, elle se revêt d'une splendeur toujours plus éclatante, s'embrase d'une ardeur toujours plus pure, jusqu'à ce qu'elle se perde, par de là les dernières limites de l'espace, dans la lumière essentielle elle-même et l'amour incréé.

Mais, en incarnant dans sa sublime poésie ces mondes invisibles, Dante y sut rattacher les événements réels et les passions des hommes. Il les peignit à larges traits, et souvent d'un mot, d'un de ces mots puissants qui retentissent dans les abîmes du cœur et en réveillent tous les échos. Il y a dans son poëme des cris effrayants et d'affreux silences. Les âcres vapeurs du crime, de la haine immortelle, de la vengeance atroce, s'y mêlent aux plus suaves parfums de la tendresse et de l'innocence, des saintes affections et du céleste amour. Quelquefois le poëte vous montre, comme à travers un voile, en quelques vers simples et mystérieux, tout un drame lamentable. Il exprime moins les sentiments qu'il ne les suscite, par une sorte de magique évocation ; et lorsque, plein de ses pensers profonds, emporté par l'orage qui gronde au-dedans de lui, on le croiroit entièrement séparé de la Nature, voilà que soudain, l'embrassant d'un regard, il en reproduit, avec sa parole flexible et brève, riche de reliefs et de couleurs, les plus ravissants aspects, les plus délicates nuances, les accidents les plus fugitifs.

La tendance générale de l'épopée du Dante se confond avec celle du christianisme même, qui, soulevant l'homme des basses régions où maintenant il est confiné, lui imprime un mouvement d'ascension vers Dieu, terme infini de ses désirs et but final de son existence. Il l'excite à se dégager de ses liens matériels, à s'affranchir des sens, à vivre toujours plus de la vie propre de sa pure essence, à transformer ses passions terrestres, à les diviniser dans l'amour éternel et universel. Pétrarque, en un genre qui, bien que profane, a, par l'élément mystique qu'il renferme, des affinités avec l'hymne, manifeste aussi cette tendance chrétienne. L'amour tout spirituel, qui, dans ses mélodieuses élégies, soupire des accents d'une tristesse si douce, si calme, si éthérée, ne ressemble-t-il pas à l'amour des anges? Et que trouveroit-on chez les anciens à y comparer?

Après l'œuvre du Dante, l'Italie produisit deux autres œuvres épiques : l'*Orlando*, où respire le génie païen qui venoit de renaître, l'enivrement de la forme extérieure, de la beauté corporelle, la fougue des sens, l'ardeur impétueuse de la vie, qui, des hauteurs où le christianisme l'avoit élevée, déborde à torrents dans la plaine ; la *Jérusalem délivrée*, foible retour à l'esprit chrétien, où l'imagination et le souvenir remplacent la foi réelle, la foi antique qui étoit l'homme même ; poésie hésitante et déjà mêlée de quelque chose de factice et de faux, mais qui, sous un autre point de vue, élargit le domaine de l'art par le rapprochement ou le contraste de croyances, d'idées, de mœurs diverses, du monde de l'occident et du monde oriental.

Pendant des siècles, toujours sous les armes pour se défendre ou pour attaquer, l'Espagne ne jouit pas d'assez de repos pour recueillir et pour ordonner dans un vaste poëme les légendes héroïques de son *Romanceros*. Les Maures expulsés, un autre champ s'ouvrit à son activité conquérante et aventureuse. La découverte d'un monde nouveau, les hauts faits accomplis par quelques hommes d'une audace extraordinaire, en ces contrées alors si étranges, offroient sans doute un caractère épique; mais les sentiments dont vit l'épopée manquoient presque tous. Aucun principe moral, aucune idée généreuse et grande, aucun enthousiasme d'une nature élevée, n'anoblissoit le courage des vainqueurs, animés seulement d'une avidité brutale, tourmentés de la soif de l'or. L'*Araucana* n'est guère que l'histoire versifiée d'un épisode de cette immense conquête. Celles des Portugais, la lutte hardie de leurs navigateurs contre l'Océan et ses tempêtes, l'héroïsme des chefs, que relevoit une pensée constante d'honneur personnel et de gloire nationale, présentoient un côté poétique. Camoëns le saisit, et si la *Lusiade* n'occupe parmi les œuvres épiques qu'un rang secondaire, du moins elle sert à constater la condition première, invariable de l'art, dont la source est toujours sur la montagne qu'habitent les dieux.

A la suite de ses troubles religieux et civils, après une révolution qui conduisit un de ses rois à l'échafaud, l'Angleterre enfanta une épopée analogue au génie du protestantisme et à la sombre exaltation du fanatisme puritain. La question du Bien et du Mal, dans ses rapports avec les destinées humaines et le dogme de la déchéance, fermentant au fond d'un esprit énergique et austère, Milton n'eut qu'à descendre en lui-même, dans les souvenirs passionnés de la guerre, sainte à ses yeux, à laquelle il avoit pris une si vive part, pour peindre celle que, selon la théologie chrétienne, l'orgueil de la créature suscita, avant la Création présente, dans le ciel. A différents égards, cette guerre gigantesque résumoit les pensées, les impressions du poëte et celles de ses contemporains engagés dans le même combat. La défaite de Satan, sa chute désespérée qui plus tard entraîne celle de l'homme, frappé lui aussi d'une réprobation fatale, éternelle, sans remède possible, si Dieu n'intervient surnaturellement pour le sauver, ce dogme terrible les enivroit d'une joie lugubre ; et lorsqu'au sein de l'abîme, se dressant sur son trône de feu, l'Esprit superbe, irrévocablement affermi dans sa rebellion, menaçoit encore et juroit de se faire de sa ruine même un empire, cette indomptable opiniâtreté répondoit tout ensemble et à leurs instincts de sectaires et à leurs inflexibles passions politiques.

Toute cette partie du poëme rappelle, par le fond du sujet, les douloureuses anxiétés de la pensée antique frappée du constraste partout apparent du Bien et du Mal, de la vie et de la mort, et s'efforçant de résoudre ce grand problème des choses. Mais à la solution panthéistique indienne avoit succédé, en Orient même, l'idée d'un dualisme primitif, conçu d'abord comme éternel, puis lié dans son origine à la Création contingente ; et, quoique ces conceptions se rapportassent à des époques très-antérieures à l'homme, elles n'étoient en réalité qu'une manifestation du sentiment toujours plus développé de sa personnalité distincte, et de l'essentielle opposition qui existe, sous ce rapport, entre l'être fini et l'Être infini, la créature et le Créateur. Les doctrines fatalistes des premiers protestants, leur dure théologie, donnoient pour eux à la loi de Moyse et à la sombre histoire du peuple qu'il avoit formé, un attrait fondé sur une affinité secrète. Le sévère Dieu des Juifs, l'inexorable Jehovah étoit encore, dans ses rigueurs, dans son impitoyable justice qui ressembloit à de la vengeance, leur Dieu de prédilection. Ce caractère du protestantisme apparoît clairement dans le *Paradis perdu* ; mais le poëte qui a su en tirer des effets sublimes sentit que ces effets exigeoient des contrastes pour ressortir dans toute leur vigueur, et que ces sons formidables, blessant par leur continuité les fibres délicates du cœur, ne seroient pas supportés longtemps, s'ils ne se mêloient à des sons plus doux. A l'orgueil invaincu, aux souffrances éternelles de Satan et de ses anges, il opposa le suave tableau de la primordiale innocence de l'homme, et aux reflets sinistres des cavernes infernales, la pure lumière de l'astre du jour inondant l'espace de sa splendeur naissante. L'Esprit tombé lui-même, contemplant pour la première fois cette création nouvelle de la suprême puissance qu'il a combattue, qu'il combattra toujours, s'arrête et admire, et sent poindre en lui un regret involontaire, dernier germe de vie et d'amour qu'il étouffe soudain. Qu'y a-t-il, dans aucune poésie, de comparable aux couleurs si fraîches, d'un éclat si limpide, avec lesquelles il peint la terre qui vient d'éclore comme une fleur matinale, l'homme vierge au sein de la Nature vierge, ses premiers instincts, ses premières pensées et ses adorations premières? Puis, quand tout cela n'est plus qu'une ruine, quand il ne reste plus aux deux pauvres créatures déchues qu'à choisir, sous la garde de la Providence, leur lieu de repos dans le monde ouvert devant eux, et qu'à pas incertains et lents ils prennent à travers Éden leur chemin solitaire[1], n'est-on pas saisi d'une tristesse profonde comme cette solitude, immense comme les misères qui la rempliront?

Après avoir eu son épopée, le moyen âge eut aussi son drame, d'abord exclusivement religieux, ainsi que l'indiquoit son nom même. On y retraçoit non-seulement les faits de l'histoire sainte, mais encore, à l'aide de symboles et de personnages allégoriques, les *mystères* de la foi chrétienne, ses dogmes abstraits. Ces représentations s'étendirent dans l'Europe entière, et bientôt, l'art se développant, on vit naître le drame profane, qui ne put toutefois, en ces commencements, s'élever jusqu'à la dignité tragique. Ces premiers drames, informes et grossiers, mais quelquefois pleins de verve, reproduisoient les scènes de la vie ordinaire, les ridicules, les vices, tels qu'ils se montroient dans une société moins polie que naïve et franche. Faits pour le peuple, ils avoient les qualités et les défauts du peuple. L'Italie, après la renaissance, se créa la première un théâtre plus régulier, mais qui n'eut rien de national, rien de spontané, parce que l'enthousiasme qu'inspiroient les productions de l'an-

---

1. The World was all before them, where to choose
Their place of rest, and Providence their guide.
They hand in hand, with wandering steps and slow,
Through Eden took their solitary way.

Paradise lost, book XII.

tiquité grecque et romaine, nouvellement exhu-
mées de l'oubli où elles étoient restées ensevelies
pendant les siècles de ténèbres, portoit les esprits
à une espèce d'imitation superstitieuse, et leur ôtoit
jusqu'à la pensée même de faire, en s'ouvrant
d'autres voies, l'essai de leurs propres forces.

Ceux qui, vers cette époque et plus tard, furent
tentés en France, avant que la langue eût acquis
une certaine fermeté élégante et noble, contribuèrent
peu au progrès de l'art. L'Espagne, à cet égard, la
devança. Elle eut, dès la fin du xvᵉ siècle, son
drame exempt d'imitation, directement émané de
l'esprit, des mœurs, des habitudes du peuple. Les
anciens *mystères* furent le germe des *autos sacra-
mentales.* Calderon déploya, dans ce drame mystique, la richesse d'une poésie toute idéale, à peine
revêtue d'un corps transparent ; l'allégorie, d'ordinaire si froide, s'y échauffe d'une sorte de spiritua-
lité ardente, de cet amour céleste, de ces flammes
pures et calmes dont s'embrasoient, dans le silence
des cloîtres, quelques âmes exaltées. Avant Calderon,
ron, Guilhem de Castro, Tarriga, Lope de Véga,
avoient déjà produit des chefs-d'œuvre dans un
autre genre. Leur drame héroïque offre la peinture
des passions, des généreux combats de l'honneur et
du devoir, des tragiques infortunes et des sublimes
douleurs. Le caractère national, grand, fier, éner-

gique, mais voisin de l'enflure, se révèle dans ces drames empreints à la fois du génie castillan et du génie arabe. Et, pour que rien ne manquât à cette belle époque de la poésie espagnole, elle fournit au reste de l'Europe les premiers modèles de la comédie de mœurs et de celle d'intrigue.

Quelque chose d'extraordinaire s'opéroit alors chez les nations chrétiennes : elles tressailloient comme la femme qui va enfanter; une force secrète, irrésistible, les pressoit de produire au dehors ce qu'avoit formé dans leur sein un travail interne de dix siècles. Voici donc qu'au fond de l'Occident, sous un climat sombre, en un pays longtemps en proie aux discordes des partis, ensanglanté par leurs fureurs, naît, dans l'obscurité d'une condition basse, au milieu des soucis de la pauvreté, un homme que nul ne regarde, et qui s'ignore lui-même. Cet homme, extérieurement semblable à tous les autres, qui parloit, agissoit comme eux, qu'ils appeloient William Shakespeare, le braconnier, puis le gardeur de chevaux[1] à la porte des théâtres de Londres, étoit, par sa vraie, son intime nature, une incarnation de l'humanité entière individuellement résumée en lui, le centre où aboutissoient toutes ses impressions, sa conscience vivante. Il la

1. Call-boy.

reproduit sous toutes ses formes, sous tous ses aspects, avec toutes ses nuances, dans une suite de drames qui ne sont qu'un seul drame, où toutes les vertus, tous les crimes, tous les ridicules, tous les vices, tous les mouvements du cœur, toutes ses haines et toutes ses tendresses, toutes ses joies et toutes ses douleurs, ses jalousies et ses sympathies, tous les rêves aériens de l'imagination et ses vagues tristesses, et ses mélancolies immenses, toutes les aspirations, toutes les souffrances, toutes les misères de la pensée inquiète et douteuse, frappant de ses ailes convulsives les ombres flottantes de la Création, pour s'élever jusqu'à la lumière infinie, éternelle, et retombant après de vains efforts ; où tous les désirs, toutes les craintes, tous les ressorts qui dirigent les actions humaines, à tous les âges, dans tous les rangs, depuis le monarque jusqu'au mendiant, depuis le sage jusqu'à l'aliéné, depuis l'enfance naïve et l'ardente jeunesse jusqu'à la vieillesse imbécile, où tout cela se mêle, se combine comme dans la vie réelle dont ce drame étrange, qui n'est d'aucun genre qu'on puisse définir et qui les renferme tous, vous donne la complète vision. Et en faisant passer sous vos yeux ce tableau si vrai, si animé, ne croyez pas que le poëte exprime les passions et les sentiments qu'il a éveillés en lui-même, qu'il se soit tour à tour identifié à ses personnages si divers : non, il les a regardés d'en haut, son œil indifférent a pénétré en eux, dans les plis et replis inconnus à eux-mêmes, et, comme un miroir reflète les objets, sa calme intelligence reflète cette vive image de l'homme tel qu'il est, tel qu'il sera toujours, mélange de bien et de mal, de grandeur et de bassesse, de ténèbres et de divines clartés, assemblage de tous les contrastes.

On a demandé si Shakespeare étoit protestant ou catholique. Shakespeare n'étoit comme poëte ni catholique ni protestant. Son drame n'a rien de théologique, il ne relève d'aucune croyance déterminée, quoique partout on y sente l'influence morale de l'élément religieux. Ce n'est plus le moyen âge, l'âge dogmatique et sacerdotal. La poésie sortant du sanctuaire cesse d'y puiser ses inspirations. La nature humaine essentiellement une et indéfiniment variée, voilà son sujet; elle ne se préoccupe directement d'aucune autre pensée. Ainsi conçu, le drame dut s'affranchir des règles qui, gênant son évolution, l'auroient empêché d'atteindre son but. Lorsqu'il n'étoit, comme chez les Grecs, que le développement d'un fait unique, il falloit, pour être vrai, qu'il s'assujettît à la loi de leur triple unité; mais quand, au lieu d'un fait unique, ce fut l'homme même, l'homme tout entier qu'il peignit dans l'ensemble des actes par lesquels il se manifeste, à la vérité, à l'unité en quelque façon matérielle du drame ancien, se substitua une autre unité, une autre vérité toute spirituelle, la vérité de la vie même et son unité complexe. Ce n'étoit pas altérer le drame, c'étoit le transformer pour en élargir la sphère, non moins vaste désormais que celle de l'humanité. Aussi Shakespeare n'est-il pas seulement un de ces génies extraordinaires que leur grandeur dérobe à toute comparaison, il est encore dans l'art le créateur d'un monde, légué par lui aux poëtes futurs, qui n'en épuiseront jamais les richesses.

Différentes causes retardèrent en France le progrès de la poésie dramatique; et comme la tragédie, lorsqu'elle se fut fait sa langue, se développa, en dehors du peuple, sous l'influence de la cour, où régnoit le goût des lettres étrangères, elle manqua de ce caractère spontané, analogue dans l'art à ce que sont, dans l'ordre des croyances, les révélations primitives. Mais aussi elle se distingua par d'autres qualités éminentes, par une inspiration hardie sans écarts, profonde sans bizarrerie, par l'expression noble et délicate, juste et forte de sentiments vrais, l'intérêt de l'action, la régularité, la décence. Le théâtre français se modela, quant à la forme générale du drame, sur le théâtre des Grecs; il s'astreignit comme eux à la peinture d'un fait unique, et dès lors à la règle des trois unités. Malgré les difficultés et la gêne inhérentes à ce système dramatique, il enfanta des œuvres immortelles. Corneille le porta tout d'un coup à un degré d'élévation que l'Espagne n'avoit pas atteint, et d'un seul de ses pas de géant, fixa, dans cette voie, les limites de l'Art. Ce je ne sais quoi de spontané qui manque, disions-nous, à notre drame tragique, le poëte l'a en soi. De son souffle puissant il ranime tout ce passé qu'il évoque devant vous dans la beauté, dans la vérité de son type idéal, empreint au-dedans de lui-même. Ce que vous voyez, ce que vous entendez, ce n'est pas Horace, Cinna, Sertorius, c'est le Romain des premiers âges et le Romain des temps de proscription; ce n'est pas Polyeucte, c'est le premier chrétien cherchant dans la mort le triomphe de sa foi et le salut du monde; ce ne sont point don Diègue et Rodrigue, c'est le chevalier des siècles féodaux, fier de sa race et de ses exploits, enthousiaste de l'honneur et de la vaillance, ou plutôt c'est Corneille trouvant dans sa grande âme tout ce qui est grand. Et quel dialogue énergique, rapide, courant au but directement! Quelles vives et soudaines réparties! comme elles se croisent, se choquent en montant toujours, telles que deux aigles qui se combattent au haut des airs! Point de mots que la pensée n'appelle et qu'elle n'efface par son relief. Nul artifice, nul ornement, une parole concise et nerveuse dont les muscles se dessinent comme ceux de l'athlète nu, et quelquefois, près de cette vigueur, une tendresse touchante de simplicité et de grâce naïve. Il est cependant plutôt porté, même dans ses personnages de femmes, à peindre l'héroïsme et les passions violentes que les délicates tendresses du cœur.

Corneille, sur son déclin, vit le lever de Racine. Mais, en descendant vers son coucher, le vieux poëte emportoit sa splendeur magnifique, sans que nul dût jamais le dépouiller d'aucun de ses rayons. Doué d'un génie tout autre, Racine aussi appartenoit à un tout autre temps, à un temps déjà loin de celui où s'étoient remuées tant de passions politiques et religieuses, où chacun pouvoit être soi, sentir sa force individuelle et l'éprouver dans des luttes incessantes, où un esprit de liberté, vague encore, incertain, mais profond, agitoit les peuples commé un rêve d'avenir. Au lieu de cela, le calme de l'obéissance sous un maître absolu, l'inertie de la vraie nation refoulée dans l'ombre et dans la nullité, autour du trône les débris humiliés de la vieille puissance féodale, les formes vides de sa grandeur passée; des mœurs élégantes et polies, une délicatesse exquise. La langue elle-même avoit changé : en perdant un reste de rudesse, elle avoit perdu quelque chose de sa mâle franchise, de sa majesté simple, de l'énergie que lui prêtoit un mouvement plus libre, une hardiesse moins gênée.

Là où le peuple n'étoit rien, où la vie nationale s'absorboit en un seul, que pouvoit faire le poëte? Saisir ce qui, dans l'homme, est indépendant de l'état social, de la constitution politique, et le reproduire à la fois dans sa vérité générale, et avec les nuances relatives au caractère spécial de la civilisation du temps. C'est là ce que fit, en effet, Racine. Il peignit la nature humaine, immuable en soi, variable, selon les époques et les lieux, dans ses manifestations. Il dut se conformer, sous ce dernier rapport, aux habitudes, aux exigences du monde au milieu duquel il vivoit. De là vient que ses personnages en parlent tous plus ou moins le langage. Dans son plus extrême abandon, dans sa plus grande violence, la passion chez eux conserve toujours une certaine retenue, une certaine bienséance que les mœurs alors commandoient, et l'on y discerne surtout une influence de l'esprit chrétien, très-sensible aussi dans Corneille; car le poëte lui-même est toujours individuellement un reflet de son siècle. Celui que Racine illustra imposoit à l'Art des conditions particulières dont il lui étoit impossible de s'affranchir. La tragédie, sous Louis XIV, ne pouvoit pas plus être la tragédie antique, ou le drame de Shakespeare, que l'épopée n'auroit pu être l'épopée d'Homère ou de Milton. A ce point de vue, comme aussi par la nature de leur génie, Virgile et Racine offrent une ressemblance singulière. Enclins tous deux à une tristesse douce, à une rêveuse mélancolie, tous deux ont excellé dans la peinture des sentiments passionnés et tendres, tous deux ont également atteint la perfection de la forme. Les lignes de leur style ondulent avec la même pureté, la même finesse, la même grâce exquise, que celles des plus belles statues grecques. Le travail, l'effort ne se sent nulle part dans ce vers si savant où l'Art, porté à son dernier terme, redevient la nature, la nature idéale que l'esprit contemple avec ravissement. Et quel regard jeté dans les abîmes du cœur! Comme il en pénètre les mystères, en démêle les contradictions, les ruses secrètes, les mouvements variés, les soudains élans et les brusques retours! Puis, de ce cœur si mobile, si caché à lui-même, sort tout à coup un de ces mots simples où se révèle la mère, l'épouse, l'amante, un de ces accents que l'on prendroit pour le son même de l'âme.

Racine est le Raphaël du drame. Expression, dessin, couleur à la fois brillante et sobre, il réunit toutes les qualités distinctives de ce grand maître, en qui le sentiment du beau antique se mêloit au génie chrétien, affoibli cependant et moins naïf que dans le moyen âge. Après eux le souffle divin peu à peu se retire de l'Art, et de tous côtés apparoissent les signes de la décadence.

Pendant que Corneille et Racine élevoient si haut notre scène tragique, Molière, reculant les bornes de la Comédie, se créoit une gloire sans rivale. Jamais encore on n'avoit peint l'homme, dans cette sphère de la vie, avec une vérité si profonde; jamais on n'avoit saisi avec cette sagacité pénétrante les caractères, leurs traits saillants et leurs nuances variées; jamais on n'étoit descendu aussi avant dans les obscurs replis où se cachent les ressorts des actions humaines. Rien d'indécis, rien de vague, rien qui n'aille au but et ne concoure à l'effet, soit dans la peinture des passions, soit dans le mouvement du drame. Chaque personnage est soi, et uniquement soi; pas un mot, pas un geste où vous ne le reconnoissiez. Ce n'est pas le tableau de la nature, c'est la nature même; elle est là, sous vos yeux, dans sa vivante réalité et sa libre allure. Où le poëte a-t-il découvert cette langue qui n'est qu'à lui, pleine de verve et de séve, franche et hardie, délicate et simple, qui embrasse avec tant de souplesse tous les contours de la pensée, en même temps qu'elle lui donne un si puissant relief? Par quelle sorte de magie a-t-il su allier, fondre ensemble, en quelque manière, ce que l'observation a de plus fin, la réflexion de plus sérieux, de plus triste même, et la gaieté de plus entraînant? C'étoit le secret de son génie, il l'a pour jamais emporté dans la tombe.

La France, à cette époque, produisit un poëte auquel les autres nations, soit anciennes, soit modernes, n'en ont aucun à comparer : nous parlons de La Fontaine, cette fleur des Gaules, qui, dans l'arrière-saison, semble avoir recueilli tous les parfums du sol natal. Ailleurs il eût langui sans se développer jamais. Il lui falloit pour s'épanouir l'air et le soleil de la terre féconde où naquirent Joinville, Marot et Rabelais. Par la correction, la pureté de la forme, il appartient au siècle poli dont il reçut l'influence directe; par l'esprit, la pensée, il procède des siècles antérieurs, et en cela Molière se rapproche de lui. Ses fables sont autant de petits drames où se révèle une merveilleuse connoissance de l'homme; car c'est l'homme qui agit, converse, sous le voile symbolique des êtres inférieurs, des animaux et des plantes mêmes. Le poëte vous le montre sous toutes ses faces, avec ses vices et ses vertus, ses touchantes sympathies, ses ridicules et ses instincts de bonté douce et compatissante. Du gracieux enjouement, du comique malin, dont une apparente bonhomie aiguise encore le trait, il s'élève jusqu'au pathétique, vous remuant à son gré, et en quelques vers vous associant à ses impressions

16.

diverses. Le sourire éclot sur les lèvres, et l'instant d'après les yeux se mouillent de larmes. Qui a peint comme lui l'amitié, la tendresse naïve, la pitié secourable, le mouvement naturel d'un cœur qui se penche sur un autre cœur? *C'est proprement un charme.* Il ne retrace pas seulement les caractères, les passions, les mœurs, mais aussi les misères sociales, les injustices auxquelles l'habitude rend presque indifférent; il les fait détester, il proteste en faveur du foible contre l'abus de la force, en faveur de l'humanité contre ses oppresseurs. Héritier des vieilles traditions de liberté généreuse, lorsque tout ploie, il résiste encore, il conserve religieusement le sentiment du droit et le réveille de mille manières : il est vraiment le poëte du peuple. La nature également l'attire. Qui l'a mieux observée, mieux sentie? qui l'a revêtue de couleurs plus vraies, plus brillantes, plus suaves? C'est en lui qu'il faut admirer les ressources infinies, la variété inépuisable, le rhythme flexible, la richesse harmonique d'une langue qui se transforme pour tout exprimer, pour tout peindre avec une égale perfection. Il n'est pas un seul genre, ni presque une seule nuance de style dont il n'offre un modèle achevé; tout s'y trouve, majesté, grandeur, énergie, élégance, délicatesse, ingénuité, beauté noble et décente,

Et la grâce plus belle encor que la beauté,

et ce je ne sais quoi d'onduleux dans son mouvement volage, de contours indécis, d'aérienne transparence, qui prête un corps à ce qui n'en a point.

L'Allemagne ne vint que beaucoup plus tard, à l'appel de Lessing, prendre son rang dans la poésie dramatique. Déjà le dix-huitième siècle avoit ébranlé les croyances, déjà chanceloit l'antique société, minée chaque jour par les doctrines d'une philosophie novatrice. Elle modifia grandement le génie de Goëthe et de Schiller. Celui-ci, rejetant les lois sévères du théâtre françois, imita Shakespare; mais il n'avoit ni la fécondité, ni la verve; ni le pathétique profond, ni la puissante originalité du poëte anglois. Entraîné par l'esprit de son temps, il manqua quelquefois de vérité, il mit dans la bouche de ses personnages des idées et des sentiments tout à fait étrangers à leur époque : il dogmatise lorsqu'il faudroit émouvoir et peindre. Ce n'est pas qu'il manque de sensibilité, ni d'un certain sens historique; surtout il possède à un haut degré le sentiment moral. Sous ces rapports, son Wallenstein offre, ainsi que son Guillaume Tell, des beautés très-remarquables. Sa place, quoique distinguée, n'est cependant que secondaire : on ne le sauroit compter parmi les modèles de l'Art. Il est dans la poésie de sublimes hauteurs que la sienne n'atteint pas; le dessin en est mou et le coloris terne : elle ne roule pas des eaux abondantes et rapides, elle baigne ses rives et ne les entraîne pas.

Goëtz de Berlichingen représente les efforts fébriles, les convulsions dernières de la féodalité mourante. Le tombeau silencieux où elle va descendre avec l'indépendance tyrannique des barons, sera le berceau de la liberté des peuples, qui palpite déjà au sein des masses soulevées, *mens agitat molem.* Mais le véritable drame de Goëthe, celui où ce poëte a exprimé tout à la fois et sa propre nature et l'un des caractères les plus marqués de son siècle, c'est Faust. La légende qui en fait le sujet avoit vivement frappé les imaginations, parce qu'elle renferme, avec un enseignement chrétien, le problème fondamental de l'humanité. Goëthe saisit le côté poétique et philosophique de ce mythe populaire, mais il en changea complétement l'esprit. Son Faust, c'est Prométhée, c'est Job, c'est l'homme tourmenté d'aspirations infinies, et, du fond de l'angoisse qu'engendre en lui l'opposition entre ses invincibles désirs et sa foiblesse irrémédiable, s'interrogeant sur ses destinées. A quarante siècles de distance, la question du bien et du mal, qui préoccupoit si vivement le poëte arabe, est posée de nouveau. Il l'avoit résolue par l'idée d'une direction providentielle et d'une haute justice dont les voies nous sont inconnues, et que nous devons

adorer sans la comprendre. Goëthe rejette cette solution trop humble pour sa raison superbe. L'impuissance à comprendre est égale en lui et en Job;
les mêmes ténèbres enveloppent pour eux le mystère qu'ils voudroient sonder ; mais, ferme dans sa
foi, Job affirme Dieu, et par là même il affirme le
bien, identique avec Dieu. En un temps de réaction
contre la foi et conséquemment contre Dieu, objet
de pure foi, Goëthe, ne pouvant comprendre, est
forcé de nier ce qu'il ne comprend pas, de nier
Dieu, de nier le bien dès lors ou d'affirmer le mal,
pure négation du bien ; et Faust n'est, en effet,
qu'une affirmation désespérée du mal, du mal infini, éternel. Il apparoît dans ce drame sinistre
avec son caractère radical d'orgueil et d'ironie. Le
sujet est tragique, et ce qui partout domine, c'est
un rire sec, âcre et moqueur. Pas une combinaison,
pas un incident qui n'ait pour but de mettre en
relief le véritable héros du poëme, Méphistophélès,
le mal incarné. Pour que l'idée ressortît plus vive
et plus nette, un contraste étoit nécessaire : de là
Maguerite, la jeune fille innocente et simple, pro-
fanée, entraînée au crime, au meurtre de son
propre enfant, sans pouvoir presque résister, op-
primée qu'elle est par une fatalité horrible, et le
cœur toujours plein d'un céleste amour pour la
vertu devenue en elle une dérision amère, mourant

folle sur un échafaud. Le cri d'espérance qui termine le drame n'a d'autre objet que d'en rendre le dénoûment supportable ; il n'atténue point le fond de la pensée, et la solution reste entière dans son effroyable rigueur.

Faust est l'œuvre d'un puissant esprit, d'un esprit poétique, surtout par l'exquis sentiment de la forme, et il est en même temps l'œuvre d'un siècle de critique audacieuse et d'incrédulité. Il appartient à la poésie du mal ou de l'enfer, comme le concevoit le moyen âge, lequel produisit deux types du damné, caractérisés l'un et l'autre par l'absence ou l'obscurcissement de la foi. Le premier de ces types est Faust ou l'homme emporté par l'orgueil de l'intelligence, voulant tout savoir afin de pouvoir tout. Le second est Don Juan ou l'homme possédé de la convoitise des jouissances sensuelles, et y renfermant tout son être. Le premier, par une pente naturelle, descend de l'orgueil dans la volupté ; le second remonte de la volupté dans l'orgueil, et tous deux se rencontrent dans une négation commune. Byron a saisi ce dernier type, et, comme Goëthe, il a peint la maladie de son siècle, la misère de l'homme dépouillé des croyances éternelles, principe de sa grandeur et de sa vie. Mais il a des retours de foi, des instincts divins et des sympathies humaines, que Goëthe avait fini par étouffer en lui. Quand Byron cède à leur impulsion, on respire plus à l'aise, on est comme délivré d'un énorme poids qui oppressoit la poitrine. Quelques rayons furtifs glissant tout à coup entre les masses noires des nuages, colorent sa poésie d'une lumière plus douce. Cependant l'auteur du *Giaour*, de *Manfred*, de *Caïn*, de *Don Juan*, retombe bientôt sous la puissance de l'esprit qui l'obsède, esprit de doute et d'orgueil, de révolte et de négation, de dédain ironique, de haine et de guerre opiniâtre contre le pouvoir supérieur, qu'il brave encore jusque *dans la chute, la plus mortelle chute.*

René aussi a éprouvé l'influence de ce siècle incroyant ; il a vécu dans ces régions sans soleil et sans air, mais ce n'est point là sa patrie, il y est étranger, il s'en va, loin de ce monde stérile et ténébreux, redemander à la Nature, dans ses solitudes primitives, la lumière qui lui manque, le souffle qui le ranimera ; il prête l'oreille aux bruits du désert pour y saisir la voix de l'Être mystérieux que ses désirs appellent, et seul en présence de cet Être inconnu qu'il sent au-dedans de soi et qui se dérobe à ses regards, pliant sous le faix de l'ennui caché au fond de son âme, il en sort des accents d'une indicible mélancolie, des plaintes semblables à ces sons vagues et tristes qu'on entend le soir dans les forêts, ou sur le bord des fleuves.

Après ces trois grands poëtes, Goëthe, Châteaubriand, Byron, le doute lui-même se pétrifie, le sens moral s'éteint, la lutte cesse dans l'homme, et la poésie meurt, pour essayer ensuite de renaître par la pure forme et la couleur, l'harmonie des sons, la peinture matérielle des objets et des lieux, et la pensée rêveuse d'un spiritualisme indécis. De beaux talents, en France, en Angleterre, en Allemagne, ont tiré de ces sources tout ce qu'elles pouvoient fournir. Il en restoit une autre, le peuple et ses souffrances, et ses sympathies, et ses instincts d'avenir. Un poëte s'est trouvé, dans le génie duquel ce peuple oublié si longtemps a reconnu son propre génie, et dont les chants transmis de bouche en bouche, comme ceux des poëtes antiques, passeront des pères aux fils pour charmer leurs fatigues, consoler leurs douleurs et nourrir en eux l'espérance que Dieu y a mise avec l'immortel sentiment de sa justice et de son amour.

La révolution que Monteverde opéra dans l'Art musical donna naissance au drame chanté, où la poésie se combina avec la musique et la danse, et qui embrasse, comme le drame parlé, le double genre tragique et comique. Il sembleroit qu'à cause de la connexité de la musique et de la poésie, primitivement inséparables, l'alliance de ces deux arts leur devoit être également favorable.

Il n'en fut pas ainsi cependant : la poésie en souffrit, et voici pourquoi. On a vu que le chant, pour s'identifier avec la parole, doit en être simplement l'expression, l'accent; il doit reproduire les inflexions naturelles de la voix ordonnées entre elles, suivant des relations d'intervalles appréciables, la mesure et le rhythme musical se confondant d'ailleurs avec le rhythme et la mesure prosodique. Telle étoit la musique ancienne, telle fut ensuite la musique de l'Église. Ni l'une ni l'autre n'ôtoient rien à la poésie de sa liberté, elles n'en altéroient point le caractère, elles n'en contrarioient pas les lois, de sorte que, joignant leur puissance propre à sa puissance, elles en augmentoient l'effet. Mais cette intime union n'étoit possible que dans un système de tonalité, sous plusieurs rapports opposé à celui d'où sortit la musique dramatique. La poésie rencontre en ce dernier deux obstacles à son développement; car elle est forcée de s'assujettir à la mesure et au rhythme musical, souvent en désaccord avec le rhythme naturel de la parole; et le désaccord entre la période mélodique et la période poétique est encore plus grand. Elles procèdent, quant à la durée, d'une manière inverse, et ne se ressemblent pas davantage dans leur coupe. L'opéra ne peut donc être, à vrai dire, une œuvre de poésie. Elle s'y efface tellement que personne ne l'y cherche; elle disparoît dans le chant qui l'absorbe. Cette prédominance du chant étoit loin toutefois d'exister d'abord à ce degré absolu ; et, chose remarquable, elle s'accrut à mesure que s'opéroit l'évolution de la musique modulée ou passionnée, et de la science harmonique. Les chœurs d'*Esther* et d'*Athalie*, les poëmes de Quinault, prouvent que, même à cette époque relativement récente, la poésie occupoit encore un rang élevé dans l'opéra. Mais la musique n'étoit guère non plus que la déclamation notée, un récitatif continu, une sorte de mélopée qui en fixoit l'accent. On a peut-être ensuite trop méprisé cette face de l'art. Sans doute, il ne pouvoit s'arrêter à ce point; sans doute le principe interne qui présidoit à son progrès le poussoit, avec une puissance irrésistible, en d'autres voies. Cependant qui oseroit assurer que ce principe, dans une sphère plus large, ne se transformera pas de manière à rendre possible une nouvelle alliance de la poésie véritable et du chant? que les tonalités mêmes, qui aujourd'hui s'excluent mutuellement, ne se combineront point dans une tonalité plus complète et plus riche? Tout, bien plutôt, semble l'annoncer. Quoi qu'il en soit, le système que Lully appliqua aux poëmes de Quinault a toujours depuis caractérisé au théâtre ce qu'on appelle la musique française. En des genres divers,

Gluck et Grétry, pour ne nommer que ces deux grands artistes, ont montré le parti qu'on en pouvoit tirer au point de vue dramatique. En Italie, le musicien, sans souci aucun des paroles, ne se préoccupe que de la mélodie. Gluck, au contraire, ainsi que Grétry, méditoit d'abord les paroles, en cherchoit l'expression, la déclamation naturelle, et la prenoit pour base de son chant. Il y a tout un monde entre ces deux méthodes, il y a toute la distance qui sépare la pensée de la sensation, le pur organisme de l'esprit.

Ceci nous conduit à parler de la déclamation elle-même, qui constitue avec la mimique l'art du comédien. L'acteur est au poëte dramatique ce que l'exécutant est au compositeur. Il doit reproduire son œuvre sous les conditions de la réalité vivante, et pour cela il doit la comprendre et la sentir profondément, se la rendre propre en quelque façon. Rien né sauroit suppléer ce don qui ne s'acquiert point. L'éclat de la voix et sa souplesse, la figure, le port, la noblesse et la grâce naturelle des mouvements, toutes les qualités extérieures, quoiqu'elles doivent être comptées pour beaucoup, ne sont néanmoins que très-secondaires. C'est la pensée, c'est l'âme qui fait le grand acteur. S'il a au dedans de lui-même le foyer de lumière et de chaleur d'où part l'inspiration, il fera passer dans ceux qui l'écoutent les sentiments qu'il éprouve en soi. Ils n'entendront que l'accent, ils ne verront que la passion même, et leur cœur ému, leur imagination fascinée le transfigureront. A leurs yeux il ne sera plus lui, il sera le personnage créé par le poëte. Telle est la puissance merveilleuse de l'art. Et c'est que l'art n'est ni la nature, ni l'imitation de la nature ; il ne la reproduit pas, il en reproduit le type idéal, l'invisible exemplaire où réside sa beauté ; et c'est pourquoi l'acteur qui ne sait pas s'élever jusqu'à cet exemplaire immuable du Beau, qui n'en a point la vision interne, n'obtiendra que des effets médiocres, des succès peu durables, et ne laissera qu'un nom bientôt oublié.

En traçant cette rapide esquisse du développement de la poésie chez les peuples divers, depuis les plus anciens temps jusqu'à nos jours, nous n'avons guère considéré, parmi les monuments de l'art, que ceux où il revêt une forme rhythmique rigoureusement déterminée. Il s'en faut bien cependant que ce soit là toute la poésie. Indépendante par son essence du mécanisme du langage, elle embrasse dans sa vaste enceinte toutes les manifestations du Beau. Platon est poëte aussi bien qu'Homère, et des grands écrivains en prose il n'en est aucun qui n'ait été poëte au degré que le comporte le genre de ses compositions, c'est-à-dire, selon qu'y domine ou l'idée pure, ou le sentiment, la passion, l'image. Le rhythme plus varié, plus libre, y est autre, mais il y est toujours, ainsi que l'harmonie, le son expressif et pittoresque. Souvent même l'un et l'autre s'y proportionnent mieux à la pensée, en suivent mieux le mouvement; le rhythme l'enlace avec plus de souplesse, la serre plus fortement, l'harmonie en est l'écho plus fidèle. Le vers a d'autres avantages sans doute; il plaît à l'oreille par une cadence plus régulière et plus marquée, par ses retours symétriques; il est, dans notre système musical, seul propre au chant. Mais ce système, comme on l'a montré, ne correspond qu'à une face de l'art; il exclut le genre d'effets que produisoit la musique antique, et, par les côtés mêmes où il se rapproche du vers, il crée à la poésie, lorsqu'elle s'unit au chant, des entraves nombreuses, et tend à la détruire entièrement.

Sous ses deux formes générales du vers et de la prose, son évolution présente les mêmes phases. D'abord religieuse et philosophique, elle exprime les premières conceptions que l'esprit humain se fit de Dieu et de l'univers, recueille les traditions anciennes sur l'origine de l'homme, son existence primordiale et ses destinées. Elle est lyrique, épique, comme la Genèse et les livres sacrés de l'Asie orientale. Le progrès de la pensée la modifie ensuite:

Cessant de se renfermer dans les révélations et les croyances transmises, elle s'ouvre de nouvelles voies au sein des deux mondes idéal et phénoménal. Moins passive, en quelque façon, elle aspire à se dilater ; on remarque en elle comme un travail de création. Puis, à mesure que l'homme, acquérant une conscience plus distincte et plus vive de soi, tourne ses regards sur lui-même, elle devient dramatique ; l'histoire naît, et avec l'histoire cette multitude de récits fictifs, source du roman moderne, où viennent se peindre les passions, les mœurs, tous les ordres de sentiments, et toutes leurs nuances, et tous leurs contrastes.

Plus tard, lorsque la foi mourante n'éclaire plus les âmes et ne les échauffe plus, l'Art décline et ne conserve de la poésie que sa sèche enveloppe. Tel fut son destin dans la Grèce après Alexandre, à Rome sous les empereurs, en France vers la fin du dix-huitième siècle. A ces époques de décadence, la poésie, privée d'aliments, fatiguée, vieillie, cherche à se retremper dans la Nature perpétuellement jeune. Mais cette poésie de la Nature prend deux caractères différents, selon les sources d'où elle émane. Aride et sans vie, toute de formes vides, d'artifices de phrases et de mots, lorsqu'elle se rattache au matérialisme, elle est alors ce que fut parmi nous la poésie descriptive de Delille et de son école. S'élève-t-elle, au contraire, par une foi même vague, mais réelle, dans les pures régions du spiritualisme, l'inspiration renaît avec le sentiment de l'infini, avec l'obscure et flottante vision du vrai mystérieux et de la beauté idéale. Comme, après l'hiver, la terre, amollie par la tiède haleine du printemps, se couvre de fleurs et de verdure, la poésie, pétrifiée par de froides et stériles doctrines, se ranime au souffle divin, s'épanouit aux rayons de l'astre éternel. Telle est la poésie de Rousseau, de Bernardin de Saint-Pierre et de Châteaubriand, poëtes immortels, parce qu'ils ont eu l'instinct profond de ce qui fait la grandeur de l'homme, l'instinct des choses que l'œil ne voit pas, et qu'ils ont senti, sous l'écorce prête à se détacher du vieil arbre, la vie palpiter. Cette poésie de transition ferme une ère et en ouvre une autre. On diroit qu'elle descend des hauteurs éthérées pour répandre un parfum céleste et de douces lueurs sur la route ténébreuse par laquelle, au temps où tout change dans le monde, la Providence conduit les peuples à la demeure nouvelle qu'elle leur a préparée. Elle lie le passé à l'avenir, la foi ancienne à la foi future, l'Art qui fut à celui qui sera et n'est pas encore. Prêtresse d'une religion que l'on ne sauroit nommer, elle s'avance à travers les ruines, portant en ses mains les symboles voilés d'un Dieu inconnu.

CHAPITRE IX.

Ce que nous appelons l'éloquence ne se distinguoit pas orignairement de la poésie. L'enseignement religieux et moral, les lois même en prenoient la forme, à cause de son intime union avec le chant, qui se confondoit avec la parole expressive; et même après que l'éloquence se fut, à quelques égards, séparée de la poésie, elle conserva comme elle le rhythme, la mesure, l'harmonie, et conséquemment un certain caractère musical auquel, sans aucun doute, elle doit une partie de ses effets. Par où l'on voit de nouveau combien sont étroits les rapports entre les arts divers, et combien l'Art même, sous ses spécifications relatives à nos différents modes de percevoir et de sentir, est radicalement lié à ce qu'il y a de plus sérieux dans la vie humaine : ce qui, d'ailleurs, apparoît clairement lorsqu'on le considère en soi, au point de vue le plus général, puisque le Beau, objet de l'Art, n'est que le vrai rendu sensible, et que dès lors la fonction de l'Art consiste à attirer, par le charme du Beau, les hommes vers le Vrai qui est aussi le Bien, à le leur faire aimer, et à concourir ainsi au but final de la Création, en l'unissant toujours plus à Dieu.

L'art oratoire comprend le discours et l'action, le discours qui parle à l'esprit, l'action qui parle aux sens. Dans sa complexité, il a, sous d'autres conditions, quelque chose de tous les autres arts ; quelque chose de l'architecture, par la disposition, la structure de l'édifice entier du discours ; de la sculpture et de la peinture, par la pose, le geste de l'orateur, l'expression de ses traits ; de la danse, par l'harmonie des mouvements ; de la musique, par l'accent de la voix et le rhythme de la déclamation.

Quelque intimement unis que soient ces deux éléments de l'art, le discours et l'action, chacun d'eux peut et doit être considéré séparément, parce que chacun a sa sphère distincte et subsiste à part, bien que l'un et l'autre s'appellent, s'attirent, pour user de ce mot, en vertu d'une réciproque affinité, et ne développent complétement leur puissance qu'en se combinant.

Le discours oratoire se distingue de la poésie en ce que la pensée pure et les procédés logiques y tiennent une plus grande place. Il cherche à convaincre par le raisonnement, il expose, prouve, démontre, selon les méthodes de la science : voilà ce qu'il a de propre. Mais il doit encore persuader, émouvoir, entraîner ; c'est sa partie poétique, et la poésie est un des éléments de l'éloquence. Sans cela, l'éloquence n'appartiendroit pas à l'art, elle ne seroit pas l'expression du Beau, le Vrai n'y reluiroit pas sous la forme sensible qui en reproduit la splendide image. Ce que nous avons dit de la poésie s'applique donc également à elle : c'est pourquoi nous n'aurons que très-peu de chose à y ajouter.

L'éloquence peut être divisée en deux branches principales, l'éloquence religieuse et l'éloquence politique et civile.

La première, dans l'antiquité, se confondoit avec la poésie. Les hymnes chantées dans les cérémonies du culte, quelques poëmes, tels que ceux d'Hésiode et des Gnomiques, tels étoient les moyens à l'aide desquels se perpétuoit la tradition des préceptes moraux et des croyances théologiques. Plus tard, les philosophes dogmatisèrent ou de vive voix dans leurs écoles, ou par écrit dans des ouvrages accessibles seulement aux classes lettrées. Ce fut là tout. Les prêtres n'étoient pas des ministres de la parole. Si, dans les sanctuaires mystérieux d'Eleusis de la Samothrace, l'hiérophante communiquoit aux initiés certaines doctrines dont la nature n'est pas bien connue, il étoit sévèrement défendu de les révéler au vulgaire profane[1]. Point d'instructions destinées au peuple : un sacerdoce muet. L'éloquence religieuse n'existoit donc pas avant le christianisme. Elle naquit sur les bords du lac de Génésareth et dans les montagnes de Judée, avec la prédication de Jésus-Christ, laquelle en est le plus beau modèle. Cette grande prédication, qui devoit renouveler le monde, continuée par les disciples du Fils de l'homme, se propagea dans l'empire romain et au delà chez les barbares, avec une rapidité sans exemple : *currit verbum,* disoit saint Paul, étonné lui-même de ce merveilleux mouvement. L'enseignement du dogme et des devoirs n'a pas un moment cessé depuis ; étroitement lié au culte, il constitua dès l'origine l'une des plus hautes fonctions du sacerdoce, et c'est à l'influence de cet enseignement oral qu'est principalement dû le développement intellectuel et moral des peuples chrétiens et leur civilisation supérieure. Il leur est exclusivement propre ; car, en imitant cette magnifique institution, le mahométisme n'en a conservé que l'ombre, et le vice de la doctrine, son incurable imperfection, l'y a rendue à peu près stérile.

1.   Odi profanum vulgus
            Et arceo.
                              HORAT.

Les monuments de l'éloquence chrétienne, des Apôtres jusqu'à nos jours, offrent sans doute de nombreux points de dissemblance, et, sous le rapport de l'Art, une extrême inégalité. Ils ont cependant aussi un caractère commun et d'autant plus remarquable qu'il contraste davantage avec tout ce que le monde avoit connu auparavant : nous voulons parler de la prééminence de l'esprit sur la chair, qui créa les types de la sculpture et de la peinture au moyen âge, du mépris des choses de la terre, lesquelles passent si vite, et de l'ardente aspiration aux biens éternels ; mais surtout de cet amour sublime, immense de Dieu et des hommes, appelé charité, d'où sortit peu à peu une société nouvelle fondée sur un droit nouveau, sur le principe sacré de l'égalité et de la fraternité humaine qui, progressivement mieux compris, devoit briser les chaînes des peuples et les régénérer. Pendant dix-huit siècles, des voix innombrables répètent une même parole, et cette parole est une protestation saintement inflexible contre l'abus de la puissance, contre la brutalité de la force égoïste, une solennelle réclamation en faveur du foible, du pauvre, des opprimés, des exhérédés de la famille universelle, au nom du Père qui est dans les cieux. C'étoit là, certes, une source féconde d'inspirations élevées, complétement étrangères à l'éloquence antique.

Rien n'égale l'énergie du langage des Pères et la hardiesse de leur pensée, lorsque, rappelant aux grands et aux riches les devoirs qu'ils oublient, ils traitent avec une liberté dont ils semblent ne pas même soupçonner la généreuse audace, les fondamentales questions que l'on croit si neuves de notre temps, et les résolvent sans hésiter par les maximes évangéliques d'égalité et de fraternité; lorsque, du haut de la chaire chrétienne, ils font descendre sur l'injustice, la dureté avide, l'indifférence meurtrière, les malédictions prononcées contre elles et l'anathème du souverain Juge. Puis, à leurs menaces prophétiques, à leur pieuse douleur, viennent bientôt se mêler des sentiments plus doux. Ils consolent ceux qui souffrent, relèvent les humbles, les délaissés, leur montrant au delà de cette vie si courte la réparation due à leurs tribulations passagères, la récompense certaine de leur patience à les supporter, de leur victoire contre les tentations qu'excitent en eux les maux sous lesquels ils gémissent, l'iniquité dont ils sont victimes, de leur fidélité enfin à la loi du devoir qui oblige tous les hommes également. De là un genre de pathétique plein de chaleur et de vives émotions, mais qui jamais ne remue les passions violentes et envieuses, cachées dans les basses régions de l'âme. Dérivé de l'amour divin, il en a la pureté, et comme l'huile s'imbibe dans les plis d'un vêtement, il s'ouvre jusqu'au fond du cœur de secrètes voies, par cette sorte de douceur pénétrante qu'on a nommée *onction*, et qui distingue la parole chrétienne de toute autre parole.

Mais le christianisme a aussi ses dogmes sévères et terribles, l'originelle dégradation de l'homme, son impuissance absolue pour le bien, d'où la nécessité d'une grâce surnaturelle, distribuée gratuitement sans égard aux mérites, accordée aux uns, refusée aux autres dans la mesure qui sauveroit certainement, la prédestination à des supplices sans fin, ou à l'éternelle gloire, selon d'immuables décrets devant lesquels doivent s'anéantir et la raison et la conscience humaine. Là où ces doctrines effrayantes ont prédominé dans toute leur rigueur, elles ont éteint l'amour, la volonté, l'action ; car que pouvoit faire et vouloir l'homme affaissé sous le poids d'une destinée fatale? Plus de mouvement, plus de vie, plus d'éloquence dès lors, et voilà pourquoi le protestantisme s'est montré si stérile en grands orateurs. Sa parole compassée, froide et sèche, ne s'anime un peu, comme dans Saurin, que sous l'impression de la haine et de la colère. Complétement dépourvue d'onction, elle devient, sitôt qu'elle la recherche, cette espèce de jargon piétiste dévotement guindé, affecté, creux et fade, qui est pour le cœur ce qu'est pour l'oreille un son faux.

Un des caractères du christianisme est de tendre sans relâche au perfectionnement moral, et rien de plus profond que sa manière de procéder pour atteindre cette fin. Pénétrant tout d'abord jusqu'à la racine des actes, il a voulu que l'homme, attentif aux secrètes impulsions qui les provoquent et les déterminent, et réprimant dès l'origine, avant qu'elles aient produit leur effet, celles dont il reconnoît la direction mauvaise, fît de cette réforme intérieure, toujours nécessaire, jamais achevée, le premier de ses soins. Tel est le but principal de la vie monastique. Le religieux, au fond de sa cellule, où nulle autre pensée ne le distrait de la pensée du souverain Être vers lequel s'élèvent tous ses désirs, le contemple dans sa pureté, sa beauté ineffable, et, se comparant à ce divin modèle, travaille incessamment à détruire en soi tout ce qui peut le séparer de lui. On ne sait point assez jusqu'où cette continuelle application à s'observer soi-même, à surprendre le mal à sa naissance, sous ses formes les plus déliées et les plus fugitives, jointe à une aspiration véhémente au Bien infini, au Beau substantiel qui est Dieu même, développèrent, dans les siècles de foi, en certaines âmes d'élite, la délicatesse du sentiment et la sagacité du regard interne. Il ne faut pas chercher ailleurs la raison de cette merveilleuse connoissance de l'homme qu'on ne se lasse point d'admirer dans les moralistes et les orateurs chrétiens. Le mysticisme des cloîtres, réagissant sur les mœurs publiques et privées, spiritualisa les passions mêmes, y fit découvrir d'innombrables nuances inaperçues auparavant. Le moyen âge lui dut la chevalerie, fondée sur deux choses également étrangères au monde ancien, l'honneur et cet amour à la fois exalté et naïf, ardent et pur, qui, chez les nations modernes, a modifié si profondément le théâtre et le roman même.

Les orateurs chrétiens exercèrent encore, pendant la longue période de la barbarie féodale, et plus tard à l'époque des pouvoirs absolus, une éminente fonction. Lorsque tout se taisoit devant la force brutalement enivrée d'elle-même, une seule voix, celle du prêtre, s'élevoit du pied de l'autel pour apprendre à ces maîtres superbes qu'au-dessus d'eux existoit un maître plus puissant, juge sévère de leurs actes, pour leur rappeler les devoirs dont, sans cela, l'idée même se seroit bientôt perdue, pour menacer le crime, flétrir le vice, défendre au nom de Dieu le foible et l'opprimé. Ainsi se conserva, quoique violée souvent, la loi morale; ainsi se perpétuèrent les saintes maximes destinées à devenir, chez les peuples affranchis, la base du droit public. Otez la chaire chrétienne et ses enseignements, et ses protestations incessantes, qu'auroit été la société dans les

temps féodaux ou sous le despotisme de Louis XIV?
ce qu'elle a été partout où le christianisme n'a
point pénétré. Il la sauva d'une ruine certaine, il y
déposa le germe de la civilisation future, il en prépara le développement, tel qu'on l'a vu s'opérer
depuis. Jamais la parole fit-elle rien de plus grand?
Elle vainquit à la fois et l'ignorance et la violence,
elle brisa toutes les tyrannies, quel qu'en fût le
principe, elle ouvrit à l'humanité ce magnifique
avenir dont, pleine d'une joie sainte, elle contemple
les magiques perspectives. Avec son instinct in-
faillible, le peuple ne s'y trompa point; dans sa
misère et son abaissement, il la sentit passer sur
lui comme la brise qui ranime le voyageur épuisé,
haletant, comme le souffle même de la vie. En aucun temps, en aucuns lieux, l'éloquence ne remua
si profondément les masses, ne produisit de si
merveilleux effets. Voilà que l'Europe entière se
lève; monarques, princes, sujets, tous entraînés
par la même force et comme possédés du même
esprit, oublient tout à coup le sol natal et se précipitent vers l'Orient, en poussant ce cri : *Dieu le
veut!* D'où part cette impulsion puissante? de la
chaire chrétienne. Qui a suscité ce prodigieux mouvement? un simple hermite et un moine de Clair-
vaux. Montrez-nous quelque chose de semblable
dans l'antiquité.

Mais alors c'étoit l'âge de foi, de la foi passionnée, naïve, qui ne s'étoit encore, en tressaillant, repliée sur elle-même au contact d'aucun doute. La religion absorboit en soi tous les éléments spirituels de la société, le droit, le devoir, l'art, la science. Lorsqu'ensuite elle rentra peu à peu dans le sanctuaire, lorsqu'une autre action vint limiter la sienne, la sphère de l'éloquence religieuse se rétrécit, elle devint purement dogmatique et morale. Ses formes mêmes, auparavant plus naturelles, plus variées et plus libres, subirent un changement que détermina l'introduction de la scolastique. Le sermon se calqua sur la thèse, il abonda comme elle en divisions et subdivisions symétriques. Cette forme imposée par l'usage, et qui oblige presque nécessairement l'orateur à répéter de mémoire un discours écrit, est loin d'être favorable à l'art qu'elle matérialise, à qui elle ôte ce je ne sais quoi de spontané, de soudain, qui est la vie de la parole. Cependant il s'est rencontré, en France surtout, des orateurs dont le génie a su triompher de cette absurde gêne, des orateurs qui, tantôt planant avec majesté dans les hauteurs du dogme, tantôt saisissant les passions qui fuient en vain dans les détours du cœur, les dépouillant de leurs voiles et les jetant nues devant l'auditoire effrayé, tantôt faisant palpiter au fond de ses entrailles

les plus vives, les plus tendres émotions, ont trouvé des accents aussi élevés que pathétiques ; et les noms de Bossuet et de Massillon resteront certes à jamais grands parmi les plus grands noms de l'éloquence.

L'existence seule d'une parole indépendante chez les nations chrétiennes étoit pour l'humanité un immense bienfait, car elle maintenoit, sous des gouvernements émanés de la force, le droit de l'intelligence ; et il est très-remarquable que toutes les religions antiques, quelles qu'elles fussent, n'ont été non plus que des réactions contre la force brute dans l'organisation de la société humaine. Et quand ces religions, se corrompant, ont voulu tourner à leur profit le principe même qu'elles avoient originairement combattu, se l'incorporer, ou s'allier avec lui, elles ont promptement perdu leur pouvoir, et une réaction semblable à celle qu'elles avoient d'abord opérée, une réaction, selon les temps, religieuse ou philosophique, s'est aussitôt manifestée contre elles. Ce fait est sans exception.

En général, on peut juger de la civilisation d'un peuple qui a passé le premier âge par le degré de liberté spirituelle dont il jouit, car nul progrès possible que par cette liberté. Ainsi, pour ne pas sortir du sujet particulier que nous traitons, les plus brillantes époques de l'Art coïncident constamment avec celle que caractérise un grand mouvement de l'intelligence; et certaines branches de l'art ne peuvent même exister que dans les pays libres. L'éloquence politique implique des assemblées où se discutent et se décident les questions relatives à l'intérêt commun, l'Agora, le Forum, le Sénat. Point d'éloquence civile là où la loi n'est que le caprice d'un homme, où la justice se cache dans l'ombre, où la publicité de la défense est interdite. C'est pourquoi ces deux genres d'éloquence furent, dans l'antiquité, exclusivement propres à la Grèce et à Rome jusqu'aux empereurs. On sait combien le peuple athénien, doué d'un sentiment si exquis du Beau sous toutes ses formes, étoit sensible au charme de la parole, et facilement entraîné par ses séductions. De là le rapide développement de l'art oratoire à Athènes, et la perfection qu'il y atteignit. L'orateur gouvernoit réellement, car il disposoit du souverain par la persuasion, le dominoit par l'ascendant victorieux de la parole. C'est à la puissance de la sienne, plus qu'à son génie dans la conduite des affaires publiques, que Périclès dut sa longue faveur et son autorité. D'autres, par le même moyen, exercèrent après lui une influence pareille, mais contestée et passagère. Le peuple léger couroit à celui qui savoit le mieux lui plaire, s'emparer de son esprit, flatter ses préjugés et ses passions mobiles.

Ainsi l'éloquence politique, instrument du bien ou du mal, suivant les fins que se propose l'orateur, trop souvent inspiré par des vues personnelles, ne tend point d'elle-même et d'une manière directe au perfectionnement moral des hommes. Elle a d'ailleurs bien plus pour objet les intérêts que les devoirs, quoiqu'elle puisse quelquefois s'élever jusqu'à une sorte de sacerdoce, soit qu'elle se fasse le soutien du foible et le défenseur des droits outragés, soit que, réveillant au fond des âmes l'amour de la patrie, elle y ranime le dévouement qui enfante les actions sublimes, ou qu'elle oppose à l'emportement des passions aveugles les saintes lois de la justice et de l'humanité.

Démosthènes semble avoir posé, dans la Grèce encore libre, les bornes de l'art. Ce n'est pas que d'autres n'aient eu des qualités qui lui manquaient ; mais les plus éminentes il les possédoit toutes, et toutes à un degré qu'on n'a point égalé. Quel que soit son sujet, il l'agrandit naturellement et sans effort. A mesure qu'il se dessine, vous y voyez l'empreinte d'une puissance extraordinaire : on diroit le torse d'Hercule. Dans tous les membres de ce corps on sent couler une vie énergique. Ses muscles tendus se gonflent et palpitent ; un souffle plus qu'humain bruit profondément dans sa large poitrine. Le colosse se meut, lève le bras, et avant même qu'il ait frappé, nul ne doute un instant que la victoire puisse être indécise. Ce qui domine dans Démosthènes, c'est une logique sévère, une dialectique vigoureuse, serrée, un étroit enchaînement d'où résulte un tout compact et indissoluble. Ne cherchez point en lui la souplesse élégante, la grâce flexible et molle, l'insinuation craintive, la ruse qui s'enveloppe et fuit pour revenir; il va droit à son but, renversant, brisant de son seul poids tous les obstacles. Sa diction est nerveuse, concise, et cependant périodique. Pas une phrase oiseuse dans le discours; pas un mot oiseux dans la phrase. Il force la conviction, il entraîne à sa suite l'auditeur maîtrisé, et s'il hésite, ouvrant une soudaine issue à la tempête qu'il retenoit en soi, il l'emporte comme les vents emportent une feuille sèche.

Les délibérations du Sénat et les discussions du Forum, les causes de toute espèce soumises au jugement soit des magistrats, soit du peuple, obligèrent de bonne heure les Romains à cultiver l'art oratoire. Quiconque aspiroit à prendre part aux affaires de l'État devoit s'exercer à la parole; elle décidoit de tout, et voilà pourquoi les harangues tiennent tant de place dans l'histoire de la république. Elles n'y sont pas un simple ornement; elles sont, au contraire, la raison des faits, et dès lors le fait principal. Longtemps elles eurent un caractère de simplicité grave, en harmonie avec celle des mœurs. Toutefois les orateurs, après l'institution du tribunat, durent user de plus d'adresse, devenir plus passionnés, afin d'agir sur la multitude et de la passionner elle-même. Certes il est peu de questions plus grandes que celles agitées alors dans le Forum. Une race dominatrice y combattoit une race asservie, et réduite à un tel abaissement que, pour posséder les droits de citoyen, il lui fallut d'abord conquérir les droits d'homme. La lutte dura des siècles, et le monde l'a vue depuis se renouveler plus d'une fois. Sous d'autres noms et d'autres formes, elle existe encore parmi nous, car c'est l'éternelle lutte de la justice contre l'usurpation, de la liberté contre la tyrannie. Dans la cité de Romulus, le peuple vainquit par sa persévérance, il vainquit parce que finalement le droit triomphe toujours. Que son exemple instruise ceux qui défendent aujourd'hui la même cause, et les anime à ce saint combat. Si Dieu a permis que des chaînes pussent être imposées à sa plus noble créature, c'est qu'elles les peut rompre sitôt qu'elle le veut fortement.

L'éloquence ne fut guère à Rome, quand le goût des lettres y pénétra, qu'une imitation de celle des Grecs. Mais, en Grèce même, l'art oratoire avoit dégénéré, comme tous les autres arts. Réduit par les rhéteurs à des formes matérielles, il manquoit de vie interne, de spontanéité, de ce qui sort de l'âme par un soudain et naturel mouvement. Ce n'étoit plus qu'un arrangement artificiel de phrases, un assemblage de lieux communs disposés selon des règles fondées en partie sur l'observation, mais qui tendoient à substituer à l'inspiration créatrice de simples procédés techniques. On put dès lors ouvrir des écoles où l'éloquence étoit enseignée comme on enseigne la géométrie, la grammaire, le dessin, la danse. Vers les derniers temps de la république, les jeunes Romains alloient en foule recueillir les leçons des maîtres célèbres, pour se préparer aux fonctions publiques, liées presque toutes à l'exercice de la parole. La grandeur des questions traitées dans le Sénat ou en présence du peuple, et les passions qu'elles suscitoient, empêchèrent, malgré les rhéteurs et leurs stériles préceptes, la véritable éloquence de se perdre, aussi longtemps que la liberté subsista. Cependant on ne laisse pas d'apercevoir dans les monuments de cet âge et dans Cicéron même des traces de l'art factice né chez les Grecs à une époque de décadence. Jamais ce grand orateur ne s'oublie lui-même, ne s'efface ; jamais il n'est pleinement absorbé par son sujet. Il ne veut pas seulement entraîner, convaincre, il veut encore plaire et briller. Même lorsqu'il se passionne, lorsque les flots de sa parole débordent et se précipitent avec le plus d'impétuosité, on y sent quelque chose d'arrangé pour l'effet. Moins nerveux qu'élégant, et toujours maître de soi, il ne s'abandonne qu'avec réserve dans la mesure qu'il a résolue. Ne cherchez en lui ni la mâle simplicité de Démosthènes, ni sa logique rapide, ni son énergie concentrée. Il lui faut plus d'espace, plus d'intermédiaires, plus de préparations. Sa période se développe avec majesté, mais souvent aussi avec une abondance trop verbeuse. Son discours a de l'ampleur et de l'éclat; on aimeroit que le tissu en fût plus serré. Toutefois, quoi que l'on puisse désirer en lui, Cicéron eut le génie de l'éloquence. Il persuade, touche, émeut; il a des accents pathétiques, il sait exciter la pitié, soulever l'indignation. Admiré de ses contemporains, leur jugement unanime, confirmé par celui de la postérité, le place au premier rang des orateurs romains, et assure à son nom une gloire immortelle.

A partir des empereurs, il faut traverser bien des siècles avant que l'éloquence politique et civile, qui s'éteignit sous le gouvernement absolu d'un seul, reparoisse. Dégradé de ses hautes fonctions, l'art oratoire avoit dégénéré en déclamations vaines, ou s'étoit prostitué à de serviles flatteries. Des rhéteurs sans conscience et sans conviction épuisoient les ressources de leur esprit à louer les princes, les grands, ou à disserter sur des sujets frivoles. De là tant de froides compositions, que l'on ne sauroit mieux comparer qu'à nos discours académiques : même recherche, même vide, même stérilité.

Du sein de la barbarie où tomba l'Europe après l'invasion des races septentrionales, on voit ensuite sortir peu à peu une société nouvelle. Partout où se montre la liberté, la parole reprend sa dignité et sa puissance, en Italie, dans les républiques fondées au moyen âge, en France dans les assemblées des états généraux, en Angleterre, dans le Parlement. Ce fut par ses harangues que Rienzi, ranimant à Rome les souvenirs antiques, évoqua un moment le fantôme de sa vieille grandeur et de son ancien génie. Les sermons de Savonarole, politiques autant que religieux, offrent des modèles admirables d'éloquence populaire. Rien ne surpasse en raison profonde et hardie, comme en énergie pathétique, les doléances du tiers état sous les Valois et jusque sous Louis XIII. On se demande où ses représentants, obscurs bourgeois, trouvèrent de pareilles inspirations et un pareil langage. Lorsqu'ils peignent les maux sous lesquels gémit le peuple, lorsque leur voix s'élève comme un grand cri qui demande justice à Dieu et aux hommes de tant de souffrance et de tant d'oppression, on frémit, on se sent ému jusqu'au fond des entrailles. Mais cette voix fut toujours étouffée. Les états, convoqués seulement en des cas extraordinaires, ne formoient que de rares exceptions dans le cours habituel des choses, tandis qu'en Angleterre le Parlement avec ses deux chambres devint de bonne heure une institution permanente. L'éloquence politique put donc s'y développer à des époques où parmi nous à peine en aperçoit-on quelques traces. Elles apparoissent de loin en loin dans les remontrances et les discours des magistrats, aux temps où fermentoit un esprit de résistance et d'opposition. C'étoit comme un soudain réveil, suivi bientôt d'une longue et pesante léthargie. Depuis la Fronde, nulle autre éloquence que celle du Barreau, bornée aux causes criminelles et civiles. De beaux talents se produisirent dans cette étroite enceinte, et y acquirent une juste renommée. Mais qu'étoit une cour judiciaire près du Forum et de l'Agora? Qu'étoient les intérêts de quelques individus près de ceux de toute une nation? de chétives questions de procédure, près des questions de droit social, d'où dépendent et la sécurité des citoyens, et leurs relations réciproques, l'autorité du gouvernement, la légitimité du Pouvoir, l'étendue de son action, ses limites et sa règle? Aussi n'existoit-il en France qu'une vaine ombre de l'art oratoire, quand la révolution de 1789 éclata.

L'éloquence jusqu'alors exclue de l'ordre politique, y pénétrant tout à coup, en fit son principal domaine : elle y régna souverainement. Jamais la puissance de la parole ne s'étoit encore aussi pleinement manifestée. Elle détruisit un monde et en créa un nouveau. Rien de ce qu'avoit affermi le temps, de ce que les habitudes, l'opinion, les mœurs avoient consacré, ne tint contre ses attaques. Gouvernement, lois, institutions, elle renversa, elle emporta tout, comme le torrent qui roule et bondit sur les flancs escarpés de la montagne emporte la cabane que le pâtre a bâtie sur ses bords. Et à mesure que croule l'édifice ancien, un autre édifice s'élève. Je ne sais quelle vertu plastique s'épand au sein des ruines. Un souffle inconnu passe sur les débris de la société et les ranime ; elle s'organise sous l'influence d'un droit qui devoit en changer complétement la face. Les peuples marchoient courbés sous le poids de la servitude et du privilége égoïste ; ils se relèvent au nom de la liberté, de l'égalité, de la fraternité. La conscience chrétienne réagit contre le principe païen et en triomphe définitivement. De ce jour une ère nouvelle commença pour l'humanité, un nouvel horizon déploya devant elle ses vastes perspectives ; elle s'avança pleine d'espérance dans une voie où l'attiraient de mystérieux pressentiments. Mais que de travail, que d'efforts pour lui en ouvrir l'entrée! Quel choc violent de toutes les passions! Quelle lutte désespérée entre le passé qui voudroit vivre encore, vivre toujours, et l'avenir qui le pousse dans la tombe! A la distance où déjà nous les contemplons, ceux que choisit la Providence pour instrument de ses desseins, les acteurs de ce grand drame prennent des proportions surhumaines. Semblables à ces êtres gigantesques dont les poëmes indiens racontent les combats dans les sombres entrailles de la Création primitive, ils apparoissent à notre imagination fascinée sous des formes colossales, étranges, fantastiques. A qui les comparer? A quels orateurs des âges précédents? Aucune parole ne ressemble à leur parole. Ardente, impétueuse, effrénée, elle brille comme l'éclair, mugit comme la tempête, déborde comme la mer soulevée par l'ouragan, embrase et dévore comme l'incendie. Pour donner quelque idée de cette parole extraordinaire, il ne faut pas nommer des hommes; chacun d'eux, quelque grand qu'il fût, n'en étoit qu'un accent; il faut la saisir à la fois dans toutes ses expressions et dans tous ses contrastes, dans ses harmonies et ses dissonances, ses mouvements si divers, si brusques, si imprévus, ses flux et reflux immenses, dans son infinie variété et son unité formidable. Enfin, son œuvre faite, elle se tut, et le temps depuis n'en a réveillé que de foibles et lointains échos.

Nous n'avons parlé jusqu'ici que de l'un des éléments de l'art oratoire, le discours. Mais le discours manque de vie, si la voix et le geste ne l'animent, et il manque encore de tout ce qu'ajoute à sa puissance propre la communication sympathique qui s'établit entre les auditeurs dans une vaste assemblée.

Eschine exilé lisoit un jour à ses disciples la harangue magnifique qui décida sa condamnation. Lorsqu'il en vint à cet endroit où Démosthènes s'écrie : « Le monstre horrible, ô Athéniens! l'hor- « rible monstre qu'un calomniateur! » ce furent des transports d'admiration. « Que seroit-ce donc, dit Eschine, si vous aviez entendu la bête [1] rugir. »

On demandoit à ce même Démosthènes quelle étoit la première qualité de l'orateur? Il répondit : L'action. Et la seconde? L'action. Et la troisième? L'action. L'action, en effet, est l'élément sensible de l'éloquence, ce qui frappe l'oreille et les yeux, ce qui émeut organiquement, l'expression directe de la passion, le lien qui unit sympathiquement l'orateur et ceux qui l'écoutent. Il agit sur eux, même en parlant une langue qu'ils ignorent, et les effets de la

1. Θήριον.

parole se rapprochent alors de ceux de la musique, qui arrive, elle aussi, à l'âme par les sens, qui touche et entraîne sans réveiller aucune idée distincte dans l'esprit.

Voilà pourquoi un discours médiocre peut produire quelquefois une vive impression. Ce ne sont pas les choses dites qui remuent, c'est la voix, l'accent, le regard, le geste. Il en est ainsi au théâtre, et l'acteur, en effet, ne diffère de l'orateur qu'en un seul point : celui-là imite, et celui-ci exprime la réalité même. Certaines qualités indépendantes du travail et de l'étude, la taille, le port, la grâce et la noblesse naturelle des mouvements, la beauté de la figure, l'expression de la physionomie, l'harmonie des traits, un organe flexible et sonore, sont, pour l'un comme pour l'autre, d'inappréciables avantages. Il y a des voix dont le timbre seul exerce une sorte de fascination qui a son principe dans les rapports intimes du son et du sentiment, lesquels forment une des bases principales de la musique. Cependant ces qualités si précieuses demeurent stériles si l'inspiration ne les féconde, si l'orateur n'a encore en soi une puissance de concevoir et une faculté de sentir, un foyer de lumière et de chaleur, sans lequel il ne sera jamais qu'un discoureur plus ou moins vide. Avec la seule pensée on peut être disert ; pour être éloquent il est nécessaire que la passion s'y joigne. C'est de celle-ci que naît l'action, et l'action est soumise à des convenances indispensables, les mêmes pour tous les arts. Certes, aucun sculpteur ne donnera au prêtre la pose, le geste du guerrier, ni au guerrier le geste et la pose du prêtre. Ainsi, autre est l'action de l'orateur religieux, autre l'action de l'orateur politique. Au premier sied une majesté calme, quelque chose de la gravité douce et sévère du Christ. Il parle avec autorité, commande au nom de Dieu, et toutes ses émotions dérivent de la charité et s'absorbent en elle. Il sera donc très-sobre de gestes ; son action résidera surtout dans l'expression des traits, du regard, et dans les inflexions de la voix. L'orateur politique ne commande point, il s'efforce de communiquer sa persuasion personnelle, et de toutes les passions il n'en est presque aucune dont il ne puisse être animé. Son action doit se proportionner à chacune d'elles, à son sujet, à son auditoire, toujours décente, toujours réglée, même dans l'abandon le plus extrême. Tout ce qui est excessif, ou hors de sa place, rebute et choque infailliblement. Caton ne haranguera point dans le Sénat comme Gracchus sur la place publique. Mille nuances délicates qui ne s'enseignent point, qui se devinent et se sentent, séparent à cet égard l'orateur véritable du déclamateur. De nos jours, à peine quelques hommes, et c'est même dire beaucoup, peuvent être comptés parmi les premiers. L'Art périt, parce que le principe moral qui en est l'âme s'est éteint. On n'a plus le sentiment du Beau, parce qu'on n'a plus le sentiment du Juste et du Vrai. L'esprit s'est obscurci et le cœur s'est glacé sous l'influence d'un matérialisme abject. Entrez dans ces cavernes où se sont retranchés tous les intérêts égoïstes, que voyez-vous? Des aspects qui repoussent, des fronts marqués du signe de la déchéance morale, les restes attardés sur la terre de cette race qu'a peinte le poëte de l'enfer, de la race dégradée, maudite, de ceux *qui ont perdu le bien de l'intelligence.* Qu'entendez-vous? Le bruit strident de la colère brutale et de l'ardente convoitise, ou le murmure monotone de l'imbécillité, le tintement creux de têtes idiotes, gonflées de suffisance et de pédantisme, une parole sèche et froide qui engourdit, ou une parole subtile et rusée qui rampe comme le serpent, se glisse comme l'animal lâche pour surprendre sa proie. De passions élevées, sympathiques, nulle trace. Plus même de haines d'homme, de ces haines sublimes qui ont leur source dans un grand amour; mais la haine ignoble de la bête qui gronde en serrant dans ses griffes le lambeau de chair qu'elle craint qu'on lui ôte.

Tel est le cloaque fangeux où l'éloquence est

venue s'ensevelir. Ses destinées ont toujours suivi les destinées de la poésie, semblables elles-mêmes à celles des autres arts : et cela doit être, puisque l'Art est un, ses diverses branches n'étant que le rapport de l'Art universel à nos facultés diverses. Son objet est également un, et cet objet est le Beau infini ou le Vrai incarné dans des formes sensibles. Ainsi l'Art manifeste Dieu : ses œuvres en sont le réflet indéfiniment varié, selon les aspects sous lesquels il nous apparoît au sein de l'univers. Sans l'idée qu'elle recouvre et qui l'explique et qui l'anime intérieurement, qu'est-ce qu'une forme? une vaine apparence, un fantôme vide, privé d'être réel, puisqu'il n'a point de raison d'être, de modèle immuable, éternel. Réduite alors à sa pure limite, la forme s'obscurcit et s'évanouit enfin dans les ténèbres de la matière. Mais le modèle, l'idée que la forme sensible exprime extérieurement, qu'est-ce, sinon le Vrai infini partiellement aperçu? Et comme le Vrai et le Bien, essentiellement identiques, n'ont dès lors qu'une seule et même loi, il s'ensuit que cette loi une est tout ensemble la loi du Vrai, du Bien et du Beau, et conséquemment que les lois fondamentales de l'Art se confondent dans une même unité avec les lois morales et intellectuelles : ce qui fait comprendre pourquoi le développement de l'Art se proportionne constamment au développement intellectuel et moral ou au développement dans le Vrai et dans le Bien ; de sorte que, l'élément spirituel venant à s'affoiblir dans les croyances et dans les mœurs, l'Art décline infailliblement, et dans son déclin parcourt les mêmes phases de dépérissement que la vie sociale. On ne se lasse point de contempler ces grandes harmonies des choses, sujets toujours nouveaux de méditations profondes, et sources intarissables des plus ravissantes joies de l'esprit. Car, quelle joie comparable à celle qu'on éprouve, en flottant sur les ondes créées, de sentir qu'elles obéissent toutes à la même impulsion, se déroulent selon les mêmes lois dans le temps et l'espace, où chacune d'elles apporte avec soi comme un rayon de la splendeur de Dieu, dilatant sans cesse leurs rivages pour le manifester plus pleinement, pour le reproduire, s'il se pouvoit, dans son unité immense ?

CHAPITRE X.

DU BEAU ET DE L'ART DANS LEURS RAPPORTS AVEC LE LANGAGE ÉCRIT.

L'art d'écrire diffère de l'art de parler, et rarement se rencontre-t-il des hommes qui possèdent dans l'un et dans l'autre une égale supériorité. Pour atteindre le même but, pour éclairer, convaincre, persuader, entraîner, souvent l'orateur et l'écrivain procèdent, à certains égards, d'une manière inverse. L'orateur se répète, s'arrête sur une idée, la montre sous plusieurs faces, la tourne et retourne en tous sens pour en faciliter l'intelligence aux esprits peu ouverts ou inattentifs. Cette méthode seroit d'ordinaire insupportable dans l'écrivain. A-t-il exprimé clairement une pensée, il doit passer outre, sans quoi il fatigue et provoque l'ennui. Si le lecteur n'a pas saisi le sens, il peut revenir sur ses pas, relire de nouveau, relire encore, jusqu'à ce qu'il soit assuré de comprendre. De cette différence entre les procédés de l'orateur et de l'écrivain, il en résulte une analogue dans

les habitudes des écrivains même. Aussi longtemps
que, par une suite de la nature du gouvernement,
la parole exerce dans les affaires publiques une
influence principale, le langage écrit prend le caractère du discours parlé ; il est abondant, périodique ;
la phrase ne se hâte jamais, elle se déploie avec
ampleur, elle se plaît, en quelque manière, à éta-
ler ses larges plis. Que l'influence politique de la
parole vienne, au contraire, à cesser, le style devient bref, concis, la pensée se resserre et ne veut
pour vêtement que les seuls mots indispensables.
Cela est visible, quand on compare Tite-Live et
Cicéron à Salluste, Sénèque, Tacite. Les orateurs
de la chaire, de la tribune et du barreau pourroient, parmi nous, donner lieu à une observation
semblable.

L'orateur, en outre, agit sur les auditeurs, fait
pénétrer en eux ses sentiments et sa pensée par la
voix, le geste, le regard, le jeu de la physionomie,
par cette espèce d'effusion de vie qui établit entre
les âmes une communication directe. La correction
grammaticale, l'arrangement et le choix des mots,
n'ont pas pour lui, à beaucoup près, la même importance que pour l'écrivain ; il a d'autres moyens
d'expression, et l'irrégularité s'efface dans le rapide
mouvement de la parole, tandis que, rien ne dé-
tournant l'attention de celui qui lit, elle est immé-

diatement aperçue dans l'écrivain. Pour exprimer ce qu'il pense et ce qu'il sent, il n'a qu'une langue nue, silencieuse et toujours incomplète, de sorte que la clarté, et conséquemment l'effet, dépend d'abord de l'observation exacte des règles d'après lesquelles s'enchaînent les parties du discours, et de la propriété des termes, puis des reflets que ces mêmes termes se renvoient par leur rapprochement et leur opposition, et c'est là le secret du style. Tout l'art d'écrire consiste à montrer sous les mots ce qui n'est point en eux, à faire entendre ce qu'on n'a ni réellement dit ni pu dire, à forcer le lecteur de produire en soi l'idée et le sentiment que l'on veut lui communiquer : et l'on voit que ce problème est au fond celui de tous les arts.

Tous les arts, en effet, ont pour objet de réaliser, chacun dans sa sphère, un modèle idéal, lequel n'est autre que le Vrai ou le Beau infini sous un de ses aspects. Réaliser ce modèle, c'est le revêtir d'une forme, d'une enveloppe qui le rende accessible aux sens. Toute œuvre d'art se compose donc de deux éléments unis et distincts, l'idée et l'enveloppe de l'idée. L'idée affecte l'esprit, l'enveloppe affecte les sens, et, quoiqu'elle ait avec l'idée une relation intime, elle diffère d'elle par sa nature, elle en est la limite, non la cause efficiente, ni l'image directe. Mais, comme les objets extérieurs,

par leur action sur les organes, déterminent physio-
logiquement la vision de l'esprit, elle détermine en
lui la vision du modèle que l'artiste a voulu manifester. En d'autres termes, ce modèle, distinct de
ce qui le réalise en le limitant, c'est l'esprit seul
qui le voit, et il le voit, non dans la forme matérielle, dans la limite où il n'est pas, mais dans la
région des essences où il réside immuablement.
Ce que les sens perçoivent est perçu par tous à peu
près également, et par l'animal même aussi bien
que par l'homme, et néanmoins l'idée, l'exemplaire
divin reste éternellement voilé à l'animal, et ne se
découvre à l'homme même qu'en des mesures
très-diverses, selon le développement des facultés
internes, lequel peut être inverse de la perfection
des organes des sens.

On doit remarquer en outre que chaque art particulier n'a, pour atteindre le but général de l'Art,
qu'un ordre de moyens partiel et borné. Ainsi les
arts plastiques et les arts du dessin ne peuvent
arriver à l'esprit que par le sens de la vue, la musique que par le sens de l'ouïe. Chacun de ces arts
ne dispose donc que d'un genre de moyens, et
encore en des bornes très-étroites; car il existe
dans la Nature une infinité de sons, d'intervalles, de
rhythmes, de timbres, ou que la musique n'admet
point, ou qu'elle est impuissante à s'approprier;

et une infinité de lignes, de plans, de reliefs, de couleurs, de teintes, de jeux de lumière et d'ombre, à l'égard desquels la sculpture et la peinture se trouvent dans la même impuissance. Il faut donc que l'artiste supplée par d'autres moyens les moyens qui lui manquent; il faut que, par des combinaisons que lui suggère cette sorte d'instinct qu'on appelle génie, il excite l'esprit et l'oblige à susciter en soi l'idée, le sentiment, l'image, que l'Art ne sauroit directement reproduire. Aussi son œuvre, pour être compris, exige-t-il un certain recueillement, un certain travail, dont la nécessité est un fait d'expérience. Car, qui ne sait que, pour bien entendre, pour bien voir, il faut, comme on le dit, rentrer en soi, il faut que le regard se dirige vers une région qu'éclaire une lumière différente de celle qui révèle le monde extérieur.

Nous venons de dire que chaque art avoit un ordre particulier de moyens, et que chacun de ces ordres partiels étoit, de plus, incomplet dans les limites qui le circonscrivent. Cela se voit clairement en ce qui touche l'art d'écrire. La langue est l'instrument de l'écrivain. Or, point de langue qui ne participe à l'imperfection essentielle du langage, et qui ne soit imparfaite encore comparativement aux autres langues, inférieures elles-mêmes à celle-ci sous d'autres rapports. Toutes ont leur structure, leurs tours propres, des mots qui leur appartiennent exclusivement. Voilà pourquoi la traduction est souvent impossible. Telle nuance d'idée ou de sentiment, tel effet d'harmonie ou de rhythme s'efface et disparoît dans un idiome différent. Combien de beautés que ne sauroit reproduire la langue même la plus riche! Combien, dès lors, s'il n'en existoit qu'une, l'Art seroit-il appauvri! Quelque obstacle donc qu'oppose aux mutuelles relations des hommes la diversité des langues, elle favorise à d'autres égards le développement général, en rendant possible des multitudes de manifestations qui ne le seroient pas dans l'hypothèse d'une langue unique. Mais cela même fait comprendre tout ce que l'écrivain doit surmonter de difficultés pour exprimer ce qu'il sent et ce qu'il pense, comme il le pense et comme il le sent, pour incarner dans le langage l'idéal exemplaire que son esprit contemple intérieurement.

Cette faculté de saisir le Vrai et le Beau, en pénétrant jusqu'à leur source, est le fondement de l'art d'écrire, sa condition première; et, par le petit nombre de ceux qui ont excellé dans cet art difficile, on peut juger de la rareté de ce grand don. Toutefois il ne suffit pas seul. Il faut encore que l'écrivain soit doué d'un autre genre d'aptitude que ne donne pas l'exercice, mais qu'il développe, de l'aptitude à reproduire le type immatériel. Ce travail d'expression, aussi délicat que compliqué, se divise en deux branches, la composition, l'ordonnance générale du discours, et la structure particulière de la phrase. Considérons d'abord celle-ci.

Qu'est-ce qu'une phrase? une pensée revêtue de la forme qui la manifeste. Il est donc nécessaire que la forme corresponde exactement à la pensée, qu'elle la représente avec une fidélité complète. Or, pour cela, on est obligé de recourir souvent à des procédés indirects, que nécessite l'irrémédiable imperfection des langues. Elles manquent de termes, et la combinaison de ceux qu'elles possèdent, toujours resserrée en d'étroites limites, dépend non-seulement des lois universelles de la logique du langage, mais encore des lois grammaticales qui dérivent de la nature propre et de la constitution particulière de chaque langue. Toute violation de ces lois obscurcit le sens et affecte l'esprit d'une pénible impression de désordre. La place de chaque mot dans la phrase n'est cependant pas déterminée si rigoureusement que l'écrivain ne jouisse, à cet égard, de quelque liberté. Or, par la manière dont les mots sont rapprochés les uns des autres, ils se modifient mutuellement, de sorte que, sans perdre leur acception, ils peuvent, ainsi combinés, manifester soit une idée, soit un sentiment qui n'a point d'expression directe, comme certaines couleurs rapprochées donnent, en restant ce qu'elles étoient, la sensation de nuances produites par leurs mutuels reflets : et ce que nous disons des mots doit s'entendre également des membres de la phrase, de leur disposition respective.

Outre cela, quand la langue ne fournit pas le terme cherché, on y supplée par une image que l'esprit transforme dans l'idée qu'elle éveille indirectement en vertu de l'analogie qui subsiste entre elles, et ce procédé est si nécessaire, et si naturel en même temps, qu'il a présidé à la formation de toutes les langues : car il n'en est aucune où, en y regardant de près, on ne reconnoisse que les termes correspondants aux idées les plus spirituelles ont été tous originairement figurés. Enfin, pour atteindre son but, l'écrivain s'aide encore du rhythme et du son, moyen puissant, surtout lorsqu'il veut émouvoir le cœur ou exciter l'imagination, qui se plaît dans le vague et l'indéfini, parce qu'elle abhorre les bornes.

On voit que pour l'écrivain comme pour le sculpteur et le peintre, l'Art a deux éléments, le modèle idéal, et la forme extérieure qui le rend perceptible aux sens. D'où deux ordres de beauté, la beauté du type spirituel et la beauté de la forme dans laquelle il s'incarne. Évidemment la beauté de la forme dérive de la beauté du type, elle emprunte de lui tout ce qu'elle a de réalité ; et quoique la forme, distincte du type, n'en dépende pas dans son existence matérielle, séparée de l'idée qui l'animoit, elle ressemble à un corps dont la vie s'est retirée.

L'art d'écrire a encore un autre rapport avec la peinture [1]. Comme elle, il se compose du dessin et du coloris. Le dessin réalise extérieurement l'idée, en arrête les contours, et c'est de lui que naît l'expression, c'est par lui qu'apparoît le Beau idéal, qu'il se manifeste à l'esprit dans son invisible essence. Le coloris agit davantage sur les sens, et, lorsqu'il prédomine, l'effet, plus vif d'abord, est moins profond et moins durable. Il fatigue même bientôt en émoussant la sensibilité des organes. Dans le discours comme dans la peinture, le coloris doit donc être subordonné au dessin, et, quoiqu'ils soient tous deux nécessaires, le vrai génie d'écrire consiste beaucoup plus dans le dessin que dans le coloris.

Une même pensée n'est pas exprimée de la même manière en des langues diverses, ni, dans la même langue, par des écrivains divers. La raison en est que chaque peuple a, comme chaque écrivain, sa forme intellectuelle, que le premier empreint dans

1. Ut pictura poesis. *Horat.*

sa langue, le second dans son style. Cette empreinte personnelle en fait le caractère, et le caractère du style révèle immédiatement celui de l'esprit. Il est à son égard ce que sont dans l'homme les traits et la physionomie. Il y a des traits communs et des traits distingués, des figures expressives et des figures muettes. Ainsi du style ; et l'absence de caractère est, en ce qui touche l'Art, la plus certaine marque de médiocrité.

Il existe des ouvrages qui se composent de pensées isolées, sans liaison entre elles ; quelques gnomiques chez les Grecs, chez les Romains Publius Syrus, parmi nous La Rochefoucauld, La Bruyère et d'autres. Plusieurs sont remarquables de style. Cependant les grands œuvres d'art forment un ensemble dont les parties, ordonnées dans le tout comme les organes dans le corps vivant, concourent à un but commun. Chaque phrase alors, quoique complète en soi, a d'intimes relations avec celles qui suivent et celles qui précèdent : elles sont dans le discours ce que les mots sont dans la phrase. Elles y remplissent les mêmes fonctions, s'éclairant l'une l'autre et se modifiant pour exprimer ce qui ne pourroit l'être séparément par aucune d'elles. Leur mouvement dessine le tableau, qu'en même temps elles colorent de leurs nuances mélangées et distribuées par l'effet total. Le rhythme aussi varie,

19.

suivant l'impression que l'écrivain veut actuellement produire. Il se hâte, il se ralentit, se brise, se transforme, tantôt se développant avec majesté comme les vastes ondes d'une mer calme, tantôt décrivant mille courbes gracieuses, comme les tiges fleuries qu'agite, en glissant sur la plaine, un souffle léger.

Le sujet détermine le ton général. S'agit-il simplement de parler à l'esprit, de le convaincre, les qualités principales et presque uniques du style sont la clarté, l'ordre, la suite, l'enchaînement logique des idées qui procèdent l'une de l'autre sans effort, sans lacune, s'éclairent et se fortifient mutuellement[1]. Cette sorte de composition n'admet que peu d'ornements et que des ornements graves. Sa beauté, c'est la correction, la pureté du trait, la noblesse, l'élégance sévère et une certaine élévation constante. Parmi les philosophes, Malebranche en offre un modèle achevé.

Plus animé dans la passion, le style en prend tous les caractères, en exprime toutes les nuances. Une autre logique que celle de l'esprit préside au choix des mots et à leur arrangement, les détourne à des sens nouveaux, inattendus. Poussés et repoussés par le flot interne, ils se pressent, se mêlent

---

1. Series et lucidus ordo. *Horat.*

sans règle apparente. Le discours devient figuré, le coloris en est plus vif, le mouvement plus varié. Quelquefois rapide, impétueux, il court, il bondit ; quelquefois il se meut avec lenteur, fléchissant à chaque pas et comme affaissé sous une tristesse pesante. On entend tour à tour des sons tendres et doux qui reposent, et des accents heurtés, des cris aigus qui font tressaillir. Le drame est plein de ces effets ; mais il faut qu'ils soient inspirés, qu'ils se présentent d'eux-mêmes : cherchés, calculés, ils ont toujours quelque chose de faux qui refroidit au lieu d'émouvoir.

La passion abonde en images, parce que l'élément physiologique y domine, et qu'elle a dès lors une liaison étroite avec la sensation. D'un autre côté, le Beau dans l'Art implique essentiellement l'image, puisqu'il implique une forme sensible qui réalise extérieurement l'exemplaire idéal. L'écrivain doit donc être doué d'une vive et féconde imagination. C'est elle qui, contenue dans les bornes du Vrai, donne au style l'éclat, le relief, la vie. A quelque degré qu'on y retrouve les autres qualités qu'exige l'art d'écrire, si l'imagination ne l'a point pénétré de son souffle puissant, de sa vertu plastique, on y sent une certaine sécheresse dont l'impression ressemble à celle qu'on reçoit de la nature morte et d'une campagne nue. Nous ne parlons point ici de l'imagination qui invente un sujet fictif, une épopée, un drame, en dispose les parties, en combine dans une vaste unité les incidents divers; mais de l'imagination du langage, de celle qui anime l'expression et la rend vivante.

Nous l'avons déjà dit, la forme extérieure ne contenant point en soi le modèle qu'elle doit révéler, sa fonction propre est d'exciter l'esprit à le reproduire lui-même. Sous ce rapport, l'art d'écrire ne diffère point des autres arts, et ses procédés aussi sont les mêmes au fond. La langue se refuse-t-elle à exprimer directement ce que l'artiste a conçu, ce qu'il a senti; il le fait jaillir de la combinaison des termes qu'elle fournit, de leur fusion, de leur contraste. Par l'heureux choix des mots, par leur disposition, par les idées accessoires qu'ils réveillent, par des nuances indéterminées qui laissent pressentir toujours quelque chose au delà, il dilate la sphère de la vision intellectuelle, il ouvre à la pensée des horizons immenses, à la rêverie des perspectives qui s'enchaînent à d'autres perspectives, des lointains qui fuient dans l'espace sans bornes. De là le sentiment de l'infini, et avec lui l'idéale beauté, ce je ne sais quoi qui nous ravit dans les œuvres immortelles qu'on a lues cent fois, qu'on relit encore, tant le charme en est inépuisable.

Ce charme, elles le doivent en partie à l'élément

harmonique du langage, au rhythme, au mouvement, à la mélodie. La puissance propre de la musique, combinée avec celle de la simple parole, en augmente l'effet. Mais l'harmonie qui touche, émeut, qui ébranle l'imagination, et par de secrètes affinités aide la conception même, ne consiste point dans une suite monotone de sons cadencés. Elle doit correspondre à la nature, à l'ordre des pensées et des sentiments, se développant, variant avec eux, par des modulations délicates ou de soudaines dissonances, quelquefois limpide et brillante, quelquefois sombre, lugubre, flexible à toutes les expressions, grave, périodique, austère, heurtée, âpre, suave, légère. A cet égard encore, les grands écrivains ont, comme les grands compositeurs, chacun leur caractère, et, pour user de ce mot, leur forme harmonique qu'on reconnoît immédiatement; mais tous aussi ont su la plier aux besoins variés de l'Art et paroître toujours nouveaux en demeurant toujours eux-mêmes.

Le Beau et le Vrai étant identiques par leur essence, point de Beauté sans vérité, et conséquemment, alors même que l'écrivain, dans sa hardiesse et sa liberté, s'élève au-dessus des règles ordinaires, il doit être constamment guidé par une sévère raison, laquelle n'est que cette espèce de jugement instinctif qui résulte de la perception simultanée des rapports souvent si déliés, si compliqués des formes, des images, des expressions, entre elles et avec l'objet qu'elles sont destinées à manifester. Toutefois, en ce qui touche les rapports de l'expression et de l'objet, la vérité n'est pas dans l'Art l'exacte imitation de la Nature, mais la reproduction du type idéal que l'esprit seul découvre, et qui, en s'incarnant dans la Nature, y reste inaccessible aux sens, lesquels n'en perçoivent que l'inerte enveloppe : d'où deux procédés très-divers pour peindre la Nature même. Les anciens étoient admirables en ce point. Ils avoient d'abord merveilleusement compris que le Beau, ayant une relation nécessaire à l'intelligence, n'étoit pas, quant à nous, dans les choses mêmes, mais dans les impressions que nous en recevons, dans les pensées et les sentiments qu'elles font naître en nous. C'est pourquoi jamais ils ne décrivoient simplement pour décrire, jamais ils ne manquoient de joindre à la peinture des objets extérieurs un sentiment, une idée morale qui reportoient immédiatement le regard interne vers le principe éternel du Beau. Par un motif semblable, au lieu de s'étendre sur les détails, ils peignoient l'ensemble, choisissant le trait le plus frappant, et laissant après l'imagination achever le tableau ; car ils savoient qu'ainsi ils l'agrandissoient indéfiniment, et l'embellissoient de toutes les créations dont la pensée et la rêverie peuvent animer une perspective sans limites.

En d'autres temps, on s'est, au contraire, appliqué à décrire uniquement la nature, la nature telle qu'elle est, telle que la perçoivent les sens, et dès lors on s'est jeté dans une stérile profusion de détails qui éblouissent et où la vue s'égare. Pas une nuance de forme, de couleur, de son, pas un accident de lumière et de mouvement qui ne soit rendu à l'aide de métaphores et de comparaisons accumulées, dont chacune prise à part peut avoir sa beauté, mais qui se mêlent et se confondent tellement, qu'incapable de les démêler, de les ramener à un tout que l'esprit saisisse, l'attention succombe épuisée de fatigue, et que de tant de richesses qui ont rapidement passé sous les yeux, il ne résulte qu'une sorte de vertige [1]. Cette manière de peindre appartient à la décadence de l'Art. Elle l'envahit d'ordinaire aux époques où règnent dans la société d'abjectes doctrines de matérialisme et des philosophies sensuelles. Mais on ne s'arrête pas là : il faut descendre la pente jusqu'au bas. L'Art se corrompt toujours davantage. On en vient à ne plus voir, à

1. Qui ne sait se borner ne sut jamais écrire.

Boileau.

Jamais la raison n'a rien dit de plus vrai. On dédaigne beaucoup trop aujourd'hui les vieux préceptes de l'Art et les maximes traditionnelles du bon sens.

ne plus chercher que la simple forme. On lui demande le Beau qui n'est point en elle, qu'elle reflète seulement comme les traits reflètent l'âme; et cette forme morte ne répondant jamais aux aspirations de l'artiste, il la tourmente de mille façons, il pétrit bizarrement le cadavre, et ne parvient qu'à le rendre plus hideux. Alors aussi la langue se dégrade; elle perd sa clarté, sa pureté, son naturel, sa grâce; elle devient une espèce d'idiome bâtard, de jargon informe et quelquefois monstrueux.

Ce qu'on vient de dire s'applique également au vers et à la prose, car le vers ne se distingue de la prose que par une mesure et un rhythme obligés, quelquefois aussi par le retour périodique de certaines consonnances [1]. Nous avons indiqué ailleurs les caractères propres et les avantages respectifs de ces deux formes de langage. Ici nous ajouterons

1. La rime, sous ses formes diverses, est de tous les pays et de toutes les poésies; on en trouve des exemples dans les langues orientales, chez les Grecs, notamment dans l'*OEdipe à Colonne* et les *Trachiniennes* de Sophocle, chez les Romains dans Virgile même, dans les compositions gaëliques et kimriques, et dans tous les idiomes modernes. Mais elle n'est de règle absolue que dans les langues peu prosodiques. Le plaisir équivoque que procure à l'oreille le même son revenant à des intervalles réguliers n'est pas ce qui l'y rend nécessaire; le plus souvent, il n'en résulte qu'une fatigante monotonie. Elle sert, et c'est là sa vraie fonction, à marquer le rhythme que sans elle on saisiroit difficilement : elle bat la mesure, pour ainsi parler.

que toutes les langues sont loin de se prêter au même degré à chacune d'elles. Le vers demande une grande liberté dans l'arrangement des mots et des membres de la phrase, et à cet égard, aucune langue moderne n'est comparable aux langues classiques [1]. Il demande encore que ces mêmes mots offrent, dans leurs syllabes longues et brèves, des valeurs appréciables nettement déterminées, et qu'en outre ils soient affectés d'un accent prosodique, analogue au temps fort dans le rhythme musical. La langue française manque plus qu'aucune autre de toutes ces conditions. Assujettie, dans la

1. Il n'est pas sans intérêt d'observer que l'évolution des langues s'opère exactement comme l'évolution de l'art et de la science, comme l'évolution même de chaque être et de l'ensemble des êtres ou de la Création; c'est-à-dire par l'individualisation progressive de ce qui, originairement enveloppé dans le tout, y subsistoit d'une manière plus ou moins latente, plus ou moins distincte. Les langues primitives, en effet, offrent, ainsi que les idiomes de la plupart des peuples sauvages, un mode de construction compacte, dans laquelle les modifications relatives aux personnes, au temps, aux qualités mêmes des objets, s'expriment par de simples annexes, lesquelles, jointes au mot principal, font corps avec lui. Peu à peu ces annexes s'en détachent et prennent en quelque sorte une existence à part, individuelle et indépendante. Ce progrès apparoît clairement dans les langues que nous nommons classiques, dans le grec et le latin. Il l'est plus encore dans les langues modernes; et, ce qui mérite d'être remarqué, il s'y caractérise surtout par le développement de la personnalité, auparavant absorbée dans le verbe; elle se spécifie, s'individualise en des mots séparés qui la font ressortir et dont l'emploi, qui ôte au discours quelque chose de sa concision, devient rigoureusement nécessaire.

construction de la période grammaticale, à l'ordre
direct, elle n'a qu'une prosodie imparfaite et vague.
De son infériorité sous ce rapport résulte, il est
vrai, une supériorité d'un autre genre, et d'abord
une clarté admirable, puis la facilité d'exprimer
mille nuances délicates et fugitives, l'esprit plaçant
à son gré l'accent sur les différentes syllabes du
même mot, suivant les modifications diverses de la
pensée et du sentiment, que la voyelle muette aide
encore à rendre par l'effet harmonique qui lui est
propre. De là vient que le français est par excellence
la langue de la conversation, mais en même temps
la langue la moins favorable au vers. Le défaut
d'accent prosodique qui en affoiblit la cadence et
le rhythme, permet, au contraire, de varier indéfiniment le rhythme de la prose, par la liberté qu'il
donne d'accentuer la syllabe voulue, selon la
nuance du sens et l'effet à produire. Ces causes
réunies ont eu pour effet d'introduire, en quelque
façon, la poésie dans la prose, circonstance à laquelle est dû le rang supérieur qu'occupent, dans
les littératures de l'Europe, nos grands prosateurs,
qui tous ont été poëtes, et plus poëtes que beaucoup de ceux qui se sont astreints à la gêne du vers.

En parlant de l'art d'écrire, nous nous sommes
proposé seulement d'en rechercher les principes
généraux. Nous les avons trouvés identiques, quant

au fond, avec ceux de tous les autres arts; et cela
devoit être, puisque l'Art est un, et que les arts
divers· n'en sont que des spécifications diverses
relatives à nos différentes facultés. Au reste, l'art
d'écrire marqua, lorsqu'il naquit, un pas immense
de l'humanité : car c'est par lui surtout que le
progrès put s'étendre dans l'espace et se perpétuer
dans le temps; que tous purent être associés au
développement de chacun, que chacun put l'être
au développement de tous. Et ce développement
commun, qu'est-ce, sinon la croissance naturelle
du genre humain, en qui s'opère une unité plus
intime, plus parfaite, à mesure qu'il se dilate dans
le Vrai, dont le Beau est la forme sensible?

CHAPITRE XI.

Jetons un regard sur l'espace que nous venons de parcourir, résumons les principaux points établis dans les pages de ce livre.

L'homme est essentiellement actif. Pour le bien connoître, il faut donc rechercher les lois de son activité, en étudier le développement sous ses aspects divers, caractérisés par la nature des objets auxquels s'applique cette activité même, et par ses fins spéciales, lesquelles se résument dans la fin générale de l'humanité, qui se résume elle-même dans la fin générale et absolue de la Création.

Or, il existe pour l'homme trois sphères d'activité ou trois ordres d'action, unis sans doute parce que l'homme est un, mais néanmoins distincts puisqu'ils se rapportent à des termes différents : l'Industrie, dont le terme est l'Utile; l'Art, dont le terme est le Beau, et la Science dont le terme est le Vrai.

Nous entendons par industrie l'ensemble des

puissances innées et des moyens acquis par lesquels l'homme conserve et développe l'organisme en luttant sans cesse contre le milieu où il est plongé, de sorte que d'abord esclave de la Nature, il s'affranchit progressivement de sa domination, parvient à la dominer elle-même, à l'assujétir à ses volontés, à disposer de ses forces fatales pour atteindre le but où il tend; l'associant ainsi à ses hautes fonctions, et, après s'être en quelque manière incarné en elle, après l'avoir réduite à n'être plus qu'une sorte d'extension de son propre organisme, l'entraînant avec lui dans son mouvement éternel d'ascension vers Dieu.

A ce premier développement de l'homme correspondent les manifestations premières des facultés d'où procédèrent originairement les inventions utiles, les métiers, le langage même. Si la raison, aidée de l'expérience, les perfectionna dans la suite et continue de les perfectionner indéfiniment, ce n'est pas elle qui les créa, parce qu'elle ne crée rien, elle développe seulement. Ils furent le produit spontané de l'instinct, c'est-à-dire de l'action du principe spécifique qui constitue la nature particulière de chaque être, action que, dans les êtres inorganiques, on nomme affinité, l'affinité n'étant que l'instinct des corps bruts, comme l'instinct n'est que l'affinité des êtres doués d'organisation. En vertu d'une loi primitive, universelle et souveraine, l'énergïe de ce principe, laquelle n'est que l'efficace inhérente à la forme, dirige, dans chaque ordre d'êtres, dans chaque genre, chaque espèce, la force interne à la production de certains effets d'où dépend la conservation des individus, leur développement, comme aussi le développement et la conservation du tout immense dont ils font partie, ou de la Création entière. Il est clair, en effet, qu'aucun être ne sauroit agir que selon sa nature, et que chaque être, quel qu'il soit, doit être déterminé par sa nature à produire les actes nécessaires à sa conservation ; sans quoi, comment subsisteroit-il? Quelle autre cause détermineroit ces actes spécifiques nécessaires, les détermineroit dès l'origine et avant même, nous ne disons pas que la raison ait apparu, mais que l'organisme soit achevé?

Si l'homme se développoit seulement dans l'ordre de l'utile, il ne différeroit de l'animal que par la supériorité de ses instincts et ne seroit pas plus perfectible que lui ; car, dans cet ordre même, le progrès, en tant qu'indéfini, dépend de la raison et resteroit sans elle fatalement renfermé, comme chez les êtres inférieurs, en des limites relatives à l'espèce entière, et que l'individu ne franchiroit jamais. C'est à l'intelligence que l'homme doit le privilége de se perfectionner sans cesse, ainsi que le pouvoir toujours croissant qu'il exerce sur la Nature. Totalement absorbé en elle, il ne pourroit réagir sur elle, la dompter, la soumettre à son empire, s'il ne s'élevoit au-dessus d'elle par le don de l'intelligence. Et puisque là où elle n'est pas, tout a des bornes nécessaires et fixes, et que là où elle est ces bornes disparoissent, elle a évidemment une relation naturelle et directe à l'infini. On a vu, en effet, que l'intelligence, dans ce qui la constitue radicalement, est la faculté de percevoir le Vrai ou le nécessaire, l'invariable, l'absolu, c'est-à-dire de percevoir Dieu et les idées en Dieu. A l'instant où elle naît, elle engendre des besoins nouveaux, et par conséquent ouvre à l'homme une nouvelle sphère d'action.

Mais le Vrai peut être perçu, soit immédiatement en lui-même, soit à travers le voile des choses extérieures ou des formes sensibles qui manifestent, au sein de l'espace et du temps, les idées, les types, les modèles éternels de tout ce qui est. Le Vrai ainsi perçu prend le nom de Beau, et le Beau est le Vrai manifesté dans une forme sensible. Dès que l'homme en a la vision, il s'unit à lui par l'amour et cherche à le reproduire dans ses œuvres, à y incarner l'exemplaire divin que contemple l'œil interne. Voilà l'Art, et l'Art humain n'est qu'un rayonnement de l'Art, si on peut le dire, de Dieu même. Qu'est-ce que la Création? La manifestation progressive de l'Être infini sous les conditions du fini ou les conditions de la limite, l'incarnation dés idées divines en des formes matérielles. Dieu est donc le suprême Artiste, puisque la Création ne sauroit se concevoir que sous la notion même de l'Art. Mais réciproquement l'Art aussi ne sauroit être conçu que sous l'idée de Création. Or, toute vraie création étant impossible à l'homme, l'Art pour lui est le travail par lequel il s'efforce de reproduire, au point de vue du Beau, l'œuvre de Dieu dans ses propres œuvres; non pas seulement l'œuvre extérieure et matérielle que les sens perçoivent, mais tout ensemble le type éternel et sa forme sensible indivisiblement unis : et dès lors l'Art humain, relatif à la conception que l'homme s'est faite de Dieu et de l'univers, n'est jamais que l'incarnation de cette conception même, se développe avec elle et varie comme elle.

Il suit encore de ce qui vient d'être dit, que le Beau impliquant deux choses, le Vrai et la forme qui le manifeste, l'Art implique également deux choses, le modèle idéal et la forme extérieure dans laquelle il s'incarne, l'infini et le fini : l'infini, puisque le modèle, qui n'a d'existence que dans l'unité divine où l'esprit le découvre, est inséparable de cette unité infinie et participe à son essence; le fini, puisque la forme qui le rend accessible aux sens est limitée nécessairement. La forme n'a donc de valeur possible que celle qu'elle emprunte du modèle qu'elle réalise au dehors; lui seul la détermine, et sa beauté dérive de la sienne. Sitôt qu'elle s'en sépare, n'ayant plus en soi de principe de vie, elle devient un corps inanimé, une sorte de cadavre dont les traits peu à peu s'effacent, se décomposent, s'altèrent et blessent la vue qui les repousse avec dégoût [1].

Et puisque le Beau réside primitivement, essentiellement dans l'idée, dans le type, et non dans la forme qui manifeste le type, rechercher la forme pour la forme même, ou, en d'autres termes, réduire l'Art à l'un de ses éléments, la forme pure, ce n'est pas seulement le mutiler, c'est le détruire radicalement. La fonction de la forme est de rendre présent à l'esprit le modèle idéal, en dirigeant vers lui le regard interne, de l'exprimer en ce sens. Elle ne fait que cela, ne peut faire que cela. Et que seroit une forme qui n'exprimeroit rien? Elle est le moyen, et non pas le but : le but, c'est la vision spirituelle qu'elle provoque, la pensée qu'elle suscite, le sentiment qu'elle éveille; et la forme, dès lors, n'occupe dans l'Art qu'un rang subordonné;

1. Figurez-vous la plus belle tête du monde, et que, rien ne changeant dans les formes matérielles, cette tête tout à coup devienne une tête d'idiot : que deviendra la beauté?

elle y est ce que, dans l'homme, le corps est à l'être véritable, à l'être intelligent et moral.

Des relations du type idéal et de la forme externe dérivent les lois générales de l'Art, lesquelles se spécifient dans les arts divers, expression des rapports de l'Art complet, essentiellement un, avec nos facultés diverses. Sur quoi, d'abord, nous faisons remarquer que les arts partiels, virtuellement contenus dans le premier de tous, l'architecture, en sortent par une évolution exactement semblable à celle des êtres dans la Création, et, en accomplissant leur développement spécial, conservent une intime liaison qui rappelle leur origine commune.

Nous montrons ensuite qu'ils se divisent en deux branches principales, les arts relatifs au sens de la vue, et les arts relatifs au sens de l'ouïe, entre lesquelles la danse, qui ajoute le mouvement à la statuaire et implique le rhythme musical, forme une naturelle transition. La première de ces branches comprend les arts plastiques et les arts du dessin ; la seconde se compose de tous les autres arts, depuis la musique jusqu'à l'éloquence. En traitant de chacun de ces arts particuliers, nous faisons voir que, quelle que soit la diversité des moyens qu'ils emploient, ils tendent tous au même but, s'aidant et se suppléant mutuellement, reposent sur les mêmes principes, se développent dans le même ordre, s'altèrent par les mêmes causes, et que, dans leurs phases variées, ils ne sont jamais que l'expression des croyances régnantes, qu'ils en suivent fatalement le progrès et la décadence, naissent avec elles, s'éteignent avec elles; qu'ainsi, aux époques où aucunes croyances n'ont encore remplacé celles que le temps a usées, il n'existe proprement point d'art, ce qu'on appelle de ce nom n'étant ou qu'une froide et stérile imitation de l'art ancien, ou que d'impuissantes tentatives pour en créer un nouveau, la recherche inquiète d'une forme dont le modèle, vaguement pressenti, est encore inconnu. L'artiste alors, sans autre guide, sans autre appui que sa pensée, son inspiration personnelle, est lui-même le type idéal qu'il s'efforce de reproduire, type au moins imparfait, toujours obscur, incompréhensible souvent, et qui, ne correspondant à aucune conception générale des choses, à aucune foi vivante dans les âmes, n'y remue rien de profond.

Telles sont les bases fondamentales de la philosophie de l'Art. Il ouvre une sphère nouvelle à l'activité de l'homme qui de l'ordre de l'Utile passe dans l'ordre du Beau. Parvenu là, il s'élève encore. Après avoir contemplé le Vrai sous la forme sensible dans laquelle il s'incarne pour se révéler au sein de l'espace et du temps, il perce l'enveloppe qui le voilait et le contemple, d'une vue immédiate, dans son éternelle essence. La Science naît, et la Science est le travail de l'homme s'efforçant de concevoir les phénomènes variables, relatifs, contingents, dans leurs causes immuables, absolues, nécessaires, ou de reproduire intellectuellement l'œuvre de Dieu, manifestation de Dieu même.

Ainsi, par l'Industrie, par l'empire qu'il exerce sur la Nature contrainte d'obéir à ses volontés, l'homme s'assimile, pour user de ce mot, corporellement la Création, il en fait comme une extension de son propre organisme. Il s'associe par l'Art à l'action créatrice de Dieu, il exprime dans ses œuvres l'exemplaire divin, opère, selon la mesure de sa puissance, l'union du fini et de l'infini, réalise le Beau ; et comme, en s'assujétissant la Nature, il s'incorpore, il s'assimile la création phénoménale ; en réalisant l'archétype incarné en elle, il s'assimile ce divin modèle, qu'il ne sauroit reproduire s'il ne le possédoit en soi, s'il n'étoit devenu soi à un certain degré que détermine son progrès même. Par la Science enfin, continuant de pénétrer en Dieu, il se nourrit du Vrai, il se l'assimile, et participe ainsi toujours plus à la suprême intelligence. D'où l'on voit que, pour lui, se développer c'est s'unir à Dieu, et que le terme de son développement, s'il étoit possible qu'il eût jamais un terme, seroit l'union parfaite avec Dieu, ou Dieu reproduit selon tout ce qu'il est : de sorte que la tendance et la fin particulière de l'homme sont identiques avec la tendance et la fin générale de la Création. Le monde qu'il habite, résumé en lui, s'élève avec lui, et concourt, par les forces qu'il lui prête, à l'accomplissement de ses hautes fonctions, coordonnées à celles qu'exercent, en vertu des mêmes lois, d'autres êtres dans les autres mondes; car rien n'est isolé, tout gravite vers un centre commun et coopère à l'unité perpétuellement croissante. En notre état présent, nous n'en apercevons qu'une ombre. Confinés en un point de l'univers, à peine connoissons-nous quelques-unes des relations qui nous lient à l'ensemble des choses; mais nous savons que ces relations harmoniques existent, nous en concevons la nécessité; et, dans le développement indéfini qu'implique notre nature, elles se découvriront à nos regards selon les invariables lois de l'ordre universel, à mesure que s'étendra, sous d'autres conditions organiques ou d'autres conditions d'espace et de temps, la sphère de nos fonctions, et par conséquent celle de notre puissance, de notre intelligence et de notre amour. Dieu n'a mis de bornes à ses dons que les bornes mêmes qui les rendent possibles, la limite inhérente à ce qui est fini et ne seroit point s'il n'étoit fini. Mais cette limite éternelle éternellement fuira devant nous, semblable aux ombres qui se replient devant l'astre du jour, lorsque, émergeant à l'horizon, il monte et monte encore ; et notre grandeur est de sentir que, si l'expansion de notre être, au sein de l'Être de qui tout émane, est et sera toujours finie, elle n'a de terme que l'infini même.

FIN.

TABLE

PARIS. — IMPRIMERIE DE J. CLAYE, RUE SAINT-BENOIT, 7